「究」叢書・知を究める 4

日韓歴史認識問題とは何か

歴史教科書・「慰安婦」・ポピュリズム

木村 幹［著］

ミネルヴァ書房

はじめに

日韓関係が悪化を続けている。大きな切っ掛けとなったのは、二〇一二年八月一〇日の李明博《イ・ミョンバク》大統領の竹島上陸と、引き続く「天皇謝罪」を求める発言だった。これまで日本に対して比較的好意的に見えた李明博大統領の突然の行動は、日本国内に大きな驚きと失望をもたらした。

もちろん、その予兆はあった。重要だったのは二〇一一年八月、韓国の憲法裁判所が、従軍慰安婦問題が解決していないのは、日韓基本条約に定められた規定に沿って問題を解決する努力を尽くしていない、韓国政府の不作為の結果であるとし、違憲判決を下したことである。これにより韓国政府は慰安婦問題について何らかの行動を起こさざるを得なくなり、同年一二月に京都で行われた日韓首脳会談では、李明博大統領が野田佳彦首相に対して従軍慰安婦問題の解決を強力に呼びかけることとなった。

しかしながら、この時点ではまだ問題は深刻なものとは考えられていなかった。なぜなら多くの日本人にとって従軍慰安婦問題で韓国が一定の要求を繰り返し行ってきたことは既によく知られた事実であり、それ自体が大きなニュースであるとは見なされていなかったからである。加えて、この首脳会談の直後に北朝鮮の指導者である金正日《キム・ジョンイル》の死去が伝えられたことにより、日韓両国の世論は一時期

竹島に上陸した李明博大統領（2012年8月10日）
（Photoshot/時事通信フォト）

両国間の様々な懸案に対する関心を失ってしまうことにさえなった。一言で言うなら、この時点では日韓関係にはまだ回復の望みがあるように見えた。

このような状況で行われた李明博の二〇一二年八月の行動が大きな衝撃を持って受け止められた一つの理由は、それがあたかも日本を意図的に挑発するものであるかのように受け止められたからだった。とりわけ、いわゆる「天皇謝罪発言」が飛び出すに至るまでの経緯は、多くの日本人をして「韓国はもはや日韓関係を真剣に考えていない」ことの証として受け止められた。こうして二〇一二年八月を境にして、日本人の韓国に対する好感度は、大きく低下することになった。

とはいえ日韓間にはその後もまだ期待があった。李明博が竹島に上陸した同じ二〇一二年末には大統領選挙が予定されており、一部の日本人はここでより「親日的」な人物が大統領になることを期待した。そのような人物として日本人の一部、とりわけ政府関係者や一部のマスメディアが期待したのは与党・セヌリ党から立候補した朴槿恵《パク・クネ》だった。背後にあったのは、朴槿恵が一九六五年の日韓国交正常化当時に韓国の大統領だった朴正熙《パク・チョンヒ》の長女だったことである。満洲軍士官学校を経て日本の陸軍士官学校を卒業した朴正熙は、日本では「親日的」な人物として知られており、それゆえその娘である朴槿恵もまた「親日的」な人物に違いない、という期待が持たれたわけである。加えて、朴槿恵が保守的な性向を持った人物だったこともこの期待に拍車をかけた。保守的な人物であるなら、米中対立が激化する状況の中、米中関係より米韓関係を重視し、ひいては在日米軍基地を有する日本との協調を模索するに違いない、という観測がそこにはあった。

しかし、後にすぐ明らかになったように、その結果はこのような一部の人々の期待とは全く異なるものであった。朴槿恵は自らの大統領当選直後から、日本よりも中国を優遇することを明確にし、同じ自由民主主義的価値観を有する国々は団結すべきであるとする「価値観外交」を掲げて共に中国に対抗することを求める日本からのメッセージを明確に拒絶することになった。それどころか政権発足直後には、朴槿恵は自らの対日政策の基本方針として、「歴史認識問題等に断固として対処する」ことを明確に掲げ、その後、繰り返し従軍慰安婦問題等における日本の対応を非難することになった。結果、日韓両国は単独での首脳会談さえ実施不可能な状況に追い込まれてこの文章が書かれている二〇一四年九月の段階に至っている。

このような状況を見て明らかなのは、もはや、日韓の歴史認識問題等をめぐる事態は、大統領や総理大臣がどんな人物であるか、といったような個人的要素のみによって説明され得ない状況にまで至っている、ということである。加えて指摘しておくべきことは、このような事態が日韓両国間で一年の間で五〇〇万人以上もの人々が行き来する時代に起こっていることであろう。言い換えるなら、今日の日韓関係の悪化は新たなる政治的指導者の登場や、単純な両国間の交流の増加によってだけでは、簡単に解決されないものになっている。

そしてまたこれらの問題は、今や日韓両国間のものだけではなくなっている。例えば二〇一四年八月に行われた『朝日新聞』の過去の従軍慰安婦報道「検証」記事は、日本国内におけるメディアの報道のあり方に対する大きな議論を巻き起こした。同年の七月には、国連人権規約委員会がその勧告の中で、従軍慰安婦問題に対する日本政府の姿勢を強く批判するなど、国際社会からの注目もさらに大きなものになりつつある。

にもかかわらず、この日韓間の歴史認識問題をめぐる状況の悪化については、これまで真剣な分析が行われてこなかった。そこでは韓国における「反日教育」の存在や、日本社会の「右傾化」といった要素の重要性が漠然と指摘されるだけであり、それらが実際にどのような役割を果たしているのかについては具体的に分析されてこなかった。そしてそのことのいい加減さは少し考えただけでもすぐに分かる。例えば韓国の反日教育は、独立以後、ほぼ一貫して行われてきたものである。だからこそ、韓国内の反日感情の「変化」はその教育内容の「変化」によっては簡単に説明され得ない。日本の「右傾化」についても同様である。韓国では、日本で何かしらの歴史認識問題に関わる議論が起こるたびに、それが日本社会が右傾化したことの結果だと説明されてきた。しかし、ここで考えてほしい。例えば、従軍慰安婦問題が顕在化した一九九〇年代序盤から中盤は、宮沢政権から細川政権、羽田政権、さらには村山政権と続く、わが国の戦後政治史において最もリベラルな政権が誕生した時期でもあった。いかなる基準においても、一九六〇年代の佐藤政権や八〇年代の中曾根政権よりも、宮沢政権や村山政権の対韓国政策が「右傾化」しており、この結果として従軍慰安婦問題が起こったとはいえないはずである。

重要なのは、日韓間の歴史認識問題を理解するためには、これを冷静に分析し、今日の状況に至った原因を明らかにすることである。問題の原因が分からなければ解決方法や対処方法が見つかるはずもない。そして原因を見つけるためにはきちんとした手続きによる客観的な分析が必要だ。

本書はこのような観点から書かれている。では、早速本文に入っていくこととしよう。

日韓歴史認識問題とは何か——歴史教科書・「慰安婦」・ポピュリズム　目次

はじめに

序章　歴史認識問題をめぐる不思議な状況

韓国併合再検討国際会議

冒頭から昔話で恐縮だが、しばらくお付き合いいただきたい。

今から一〇年以上前の二〇〇一年一一月、筆者はアメリカのマサチューセッツ州のとあるホテルにいた。アメリカ各地で同時多発テロが勃発してからわずか二カ月後のことである。筆者が日本を離れる数日前にもニューヨーク市に近いロードアイランド島で航空機が墜落し、心細い思いで家を出たのを覚えている。

不安な思いの中、アメリカに渡ったのは、理由があった。このホテルでは「第三回韓国併合再検討国際会議」なるものが開かれており、筆者は日本側コーディネーターの「代理見習い」として、この会議に参加しなければならなかったからである。その表題からもわかるように、この会議は、一九一〇年に行われた韓国併合について「再検討」するものであり、そこでの最大の焦点は、この併合が合法か否かだった。会議には、日韓両国のみならず、開催地であるアメリカや、欧州各国からも多くの研究者が参加し、この厄介な問題について論議した。

日韓、そして東アジアにおける歴史認識問題をめぐる多くの国際会議がそうであるように、この会議もまた混乱に満ちたものだった。もっとも、ここで述べたいのは、この会議で、どのような見解がどのような研究者によって披露され、どのような議論が戦わされたか、ということではない。会議そのものの詳細については、かつて、拙文（「第三回韓国併合再検討国際会議――「合法・違法」を超えて」『日本植民地研究』一四号、二〇〇二年六月）にて述べたこともあるので、そちらに譲ることとしたい。

ともあれ紛糾した会議は、当然のように暗礁に乗り上げた。会議場には険悪なムードが漂い、やむを得ず会議は一時休憩となった。どうして日韓両国は、過去をめぐる問題になると、半世紀以上も過ぎた今でも、不毛な議論を続けなければならないのか。いささか投げやりぎみにこのような言葉を呟いた筆者に、この会議のアメリカ側コーディネーターが返したのは、次のような言葉だった。

「あなたは、過去をめぐる問題がそう簡単に解決すると思っているのですか。アメリカの南部では一五〇年以上たった今でも、南北戦争当時のわだかまりが色濃く残っていますよ。」

そうなのだ。我々は時に、日韓両国、あるいは東アジアの国々の間の歴史認識問題をめぐる状況を、ひどく特殊なものと考えがちである。そして、その際には、お決まりのように歴史認識問題をめぐるドイツとフランスの努力とその結果としての歴史的和解が、世界のすべての国が当然倣うべき、「当たり前の事例」であるかのように紹介される。そしてその延長線上で、人々はそれとは異なる東アジアの状況を、きわめて特殊で異常なものだと嘆くことになっている。

しかし実際には、世界の各地には様々な過去をめぐる葛藤が存在し、多くの人々が歴史に対するわだかまりを感じながら暮らしている。先のアメリカ人研究者が言及した南北戦争にまつわる南部の状況は、その一つである。この戦争の発端の一つとなったサムター要塞攻撃事件が起こったサウスカロライナ州の州議会議事堂には、実に二〇〇〇年まで南軍旗が翻っていた。南部連合の「首都」であったヴァージニア州のリッチモンドには、南部連合時代の「もう一つのホワイトハウス」が博物館として残されており、戦争における南部の正統性を今日もなお強調し続けている。

同じアメリカには歴史認識をめぐるもっと大きな対立もある。言うまでもなく、人種をめぐる対立だ。アフリカ系の人々が、多数派である欧州系の人々に対して抱いている反感はよく知られている。しかしより大きな歴史認識の違いを見せるのは、アメリカ大陸の本来の住民であるネイティブ・アメリカンの過去をめぐってである。アメリカの西部には、開拓をめぐる様々な遺跡が存在し、そこでは欧州系の人々がいかにしてこの土地を切り開いたかが、強い郷愁と共に語られている。しかし、そこからさほど離れていない「インディアン居留地」では同じ歴史が、自らの祖先が暴力と欺瞞によっていかにして土地を奪われたかに関わるものとして、強い怒りをもって伝えられている。そこに依然として大きな歴史認識の隔たりと、複雑な感情が存在することは明らかだ。

重要性と特殊性

もちろん、筆者はここで、「だから我々を取り巻く歴史認識問題も、世界によくある過去をめぐる問題の一つであり、大した問題ではないのだ」などと言おうとしているのではない。二〇一二年八月の李明博大統領竹島訪問の以後の状況に表れているように、日韓、そして東アジア各国の間には、依然として深刻な歴史認識をめぐる葛藤が存在する。そして、この歴史認識をめぐる問題は、明らかに、この地域におけるスムーズな国際関係構築の大きな障害になっている。

そして、この問題は単に、何も東アジアの住民にとってのみ重要なものではない。例えば、この歴史認識問題の当事者である、中国、日本、韓国は、揃ってG20首脳会議のメンバーであり、世界のGDPランキングにおいても、二位、三位、そして一五位前後を占める経済の「巨人」達である。そのような世界の「巨人」達が、歴史認識問題により円滑な関係を築けないとすれば、それ自身世界全体にとっても大きな損失である。

しかしながら、重要であることは、特殊であることを意味しない。否、真にこの問題が重要であればこそ、我々はその解決のためにも、我々の直面する問題の他の地域とそれとの違いに過度に執着せず、どうしてこの問題がここまでこじれてしまったのか、という問いに正面から率直に向き合うことが必要である。そのために重要なのは、この問題がこじれてしまった理由を論理的に解明してゆくことである。

それは言い換えれば次のようになる。世界には様々な「過去」が存在する。過去に対する人々の関わり方は様々であり、その違いは、時に人々の間に同一の過去に対する異なる認識をもたらすことになる。そしてその認識の相違が人々にとって大きな重要性をもって現れる時、そこに歴史認識問題が発生する。

そのことは同時に、すべての過去が異なる人々に異なる認識をもたらすわけでもなければ、また、すべての過去に対する異なる認識が歴史認識問題へと発展するわけでもない、ということを意味している。どうして日韓のそれを含む特定の過去が、人々の間に深刻な歴史認識の違いをもたらすのか。そしてそのような状態がもたらされる背後には、どのような原因があるのか。我々が最初に取り組まねばならない問題はここにある。

とはいえ厄介なのは、この過去から歴史認識の相違、そして歴史認識の相違から歴史認識問題の発展へと至る道筋は、一般に想定されるほどには、単純ではない、ということである。例えば、歴史認識問題が深刻化するのは、その大前提として「悲惨な過去」が存在するからだと言う人がいるだろう。確かに多くの歴史認識問題の背後に、「悲惨な過去」が存在するのは事実である。しかし、そのことはあらゆる「悲惨な過去」が歴史認識問題を生み出す、ということを意味しない。世界史には無数の筆舌に尽くし難い「悲惨な過去」が存在する。しかしそれらのうち、今日も我々が頻繁に想起するのはきわめて限られた事例だけである。そして、その想起の如何は、例えば、それぞれの事件の犠牲者数などによってのみ説明されるわけではない。世界のほとんどの「悲惨な過去」は忘却の彼方にあり、誰にも見向きもされない状況にある。

他方、過去がいかに悲惨であったかよりも、その後の人々の行動、例えば、加害者による真摯な謝罪の有無が重要だ、という人もいるだろう。確かに第二次世界大戦後のドイツとポーランドの関係のように、政治的リーダーによる謝罪が、歴史認識問題のあり方に大きく影響を与えた例は存在する。だがそのことは、真摯な謝罪さえあればすべての歴史認識問題が解決されるとか、逆に、謝罪がなければ歴史認識問題は解決しない、ということを意味しない。世界各地の過去をめぐる様々な事例の中には、当時者達から謝罪があったにもかかわらず、依然として葛藤が存在するものもあれば、逆に謝罪など皆無であるのに、今日ではほとんど議論されなくなった問題も数多く存在する。

もっとも、このように書くと、筆者があたかも、日本がもたらした「悲惨な過去」の深刻さや、日本政府による「十分な謝罪」の欠如の重要さを否定しているかのように感じる人もいるだろう。日本と東アジア諸国の間に、東アジアの人々にとって受け入れ難い「不幸な過去」が存在したことは事実であるし、また、彼らの多くが日本政府による謝罪を不十分である、と考えていることも熟知している。そして、これらについては、筆者も一個人として様々な感情をも有している。

分析者としての立場から

しかし、筆者は今、この文章を一研究者として記している。歴史認識問題における筆者の役割は、直面する歴史認識問題に対してできる限り正確な分析結果を提供することであり、また、それにより歴史認識問題の解決や緩和のためのアイデアを提供することである、と信じている。そしてそこにおいて重要なのは、どのような目的でどのような方向に進むにせよ、問題の背後にあるメカニズムへの正確な分析を欠いたままでの対応が、効率的な結果をもたらすことはない、ということである。比喩的な表現が許されるなら、なにゆえに問題がこじれてしまったのかに対する理解なしに、歴史認識問題に向かい合うのは、どのような原因でどのような病気になったのかも知らないまま、病人と向き合おうとするようなものである。

もちろん、そのことは我々が「人間として」目の前に存在する過去にいかなる感情をも持つ必要がない、ということを意味しない。特定の過去に対して、特定の感情を抱くことは当然のことであるし、時には歴史認識問題そのものを解決に導く「エンジン」としても必要であろう。しかしそのことは、分析に当たっても感情的に臨まなければならない、ということは意味しない。否、もしも特定の感情が、歴史認識問題に対する正確なメカニズムの理解を誤らせるのであれば、それはむしろ、この問題に対する適切な対応を阻害することになる。医者としての立場と、患者の家族としての立場が厳然と区別されるように、歴史認識問題についても、分析者としての立場と、当事者としての立場は、厳然と分離されるべきであると思っている。

歴史認識問題と「過去」の探究

いずれにせよ重要なことは、日韓の歴史認識問題を考える上でも、それが今日に至った因果関係を明らかにしなければならない、ということだ。しかしながら、今日に至るまでの日韓両国の議論は依然としてきわめて稚拙なレベルに終始している。多くの議論は、日韓両国のどちらか、あるいは双方の「悪しき行動」に紛争の理由を求める、というきわめて素朴な形式を取っている。しかしながら既に述べたように、「悪しき行動」の存在は、常に国際関係に大きな影響を長期に渡ってもたらすわけではなく、また、そもそも何が「悪しき行動」であり、それがどの程度「悪い」とみなされるかは、それぞれの文脈によって変わって来る。にもかかわらず、この点についてはこれまで長い間、等閑視されてきた。

しかしながら、これは不思議な現象だ。日本においてのみならず、東アジア諸国では、日本の過去をめぐる歴史認識問題は重要なものであると見なされており、事実、多くの人々がそれぞれの立場からこの問題について取り組んでいる。巷には、この問題をめぐる様々な意見が無数に飛び交っている。

しかしながら、もし我々が、眼前に存在する歴史認識問題が重要な問題であると認識し、その解決を求めているならば、我々は直ちに、この問題がなにゆえにこれほどこじれてしまっているのかについてのより内容のある議論を開始すべきであろう。原因に対する理解がないままで、解決策を練ることなどできないからだ。

だが、現実には、歴史認識問題に関わる議論の多くは、歴史認識問題そのものよりも、そこで議論されている過去の事実そのものに向けられている。注意しなければならないのは、歴史認識問題にて議論されている過去について議論することと、この問題がどうしてこじれているのかについて理解を深めることは同じではない、ということだ。

分かりやすくするためにもう一度、先に用いた病気の比喩を使って説明してみよう。あるところで、一人の子供が高熱を出して苦しんでいる。母親は、こうなったのは子供が昨晩、毛布をかけられずに寝かしつけられたからだと主張し、添い寝した父親の責任を追及する。これに対して父親は、自分はきちんと毛布をかけたはずだと反論し、夫婦の間では延々と議論が続けられる。病気になった子供の兄弟達から「証言」が集められ、子供の寝室の乱れ具合が入念に「検証」される。不毛な議論が続く中、肝心の子供は病院にも連れて行ってもらえないまま放置されている。

この愚かな夫婦の間違いは幾つかある。一つは彼らが因果関係の究明と、その一つの可能性の一部にしか過ぎない過去のある事象に関わる検証とを、いつの間にか履き違えてしまっていることである。すなわち、確かに毛布を掛けられなかったことは子供が熱を出したことの原因の一つであったかもしれない。しかしながら、そのことは仮に昨晩、子供が毛布を掛けられなかったこと（そしてその責任が父親にあること）が実証されたとしても、それによりこの「毛布原因仮説」が証明されたことを意味しない。もし、彼らがこの仮説に則って、子供が病気になった原因を本当に考察したいなら、毛布をかけなかったことが、どのようにして子供が熱を出すことに繋がったのかを、さらに綿密に検証しなければならないだろう。

もちろん、そもそも子供の高熱という緊急時に、このような仮説検証に熱を入れている時点で、この夫婦はきわめて愚かである。それは彼らが、問題の核心がどのようにして高熱を出している子供を助けるかだ、ということを忘れてしまっているからである。因果関係は証明されたが、子供の病気は悪化した、では冗談になるはずもない。当然のことながら、彼らはここで子供とその病状そのものに目を向けるべきである。そしてそれこそが彼らが犯している、第二の、そして最大の誤りである。状況が深刻で切迫しているなら、最初にするべきは、自分がまず「現在」何をすべきかを考え、優先順位をつけて迅速に対応することである。そしてそのために重要なのは、原因となっている過去について議論するよりも、「現在」の状況を冷静に観察することだ。「問題」が起こっているのが「現在」である以上、「現在」を知らずして、適切な対応ができるはずなどないからである。

にもかかわらず、様々な問題に対し、我々は時にこの愚かな夫婦のような対応をしがちである。この夫婦が子供をそっちのけにして「毛布原因仮説」をめぐる論争を展開している理由は、恐らく一つしかない。それは彼らがいつの間にか、因果関係をめぐる議論と、問題の責任の所在をめぐるものを取り違えてしまっているからである。つまりこの夫婦は、子供の病気を治すためにではなく、この重大な事態をもたらした責任を互いに逃れんとすべく議論しているわけである。だからこそ彼らは肝心の子供の方を振り向きもしないのだ。

研究への不要な圧力

実際、東アジアにおける歴史認識問題に関わる議論は、時にこの愚かな夫婦の行動によく似ている。日本にまつわる個別の過去の事象に関わる議論が盛んに行われる一方で、それらが歴史認識問題をめぐる今日の状況とどのような関わりを持っているのか、についての検討がなされることはほとんどない。言い換えるなら、そもそも現在を生きる我々にとって歴史認識問題がどのように重要であり、それをめぐって今何が起こっているのか、についての本格的な研究はほとんどなされていない。過去の事象にまつわる議論の大半は、歴史認識問題において既に提起されている特定の理解を前提とした上で、それらが正しいか否かをめぐるものに留まっている。そこから進んで個々の問題が「現在」の歴史認識問題と、どういう関係を有しているかについて議論されることはほとんどない。先の比喩を使えば我々は延々と「毛布原因仮説」の検証だけを続けているのである。違いがあるとすれば、議論の対象となっている「毛布」が複数あるか、どうかくらいの話である。

もちろん、事態がこのような展開になっている理由は幾つかある。その最大の原因の一つは、歴史認識問題における多くの問題が、関係各国のナショナリズムと密接に結びついており、結果、歴史認識問題をめぐる議論が、あたかもそれがネーションの威信をかけたものであるかのように思われているからである。だからこそ、活発な議論は、現在の事態を分析し、それを解決する方向へと導くものであるというよりは、むしろそれ自身が、歴史認識問題を悪化させる、問題そのものの重要な構成要素にさえなっている。

そして実はこうした状況は、単に愚かで非生産的であるだけでなく、時に歴史認識問題をめぐる状況に対する冷静な理解を育む妨げにもなっている。とりわけ、この問題に由来する、朝鮮半島に関わる研究者への圧力は深刻である。なぜなら、朝鮮半島に関わる研究者は、歴史認識問題をめぐる様々な状況の中で、既存の議論の中での「踏み絵」を突きつけられる状況に、頻繁に直面するからである。

例えば、このような問いかけの一つの典型は、ある特定の問題に対する「お前は日本と韓国（あるいは中国）のどちらを支持するのか」という問い詰めの形で現れる。多くの場合、この問い詰めは「自分の見解を支持するか否か」という質問とほぼ同義であり、しかも、問い詰めを行った人物のアイデンティティと強固に結びついている。そして、研究者が彼らの期待と異なる答えを行った場合、その反応はしばしば罵倒という形で現れる。こうして我々朝鮮半島に関わる研究者には時に「日本帝国主義の信奉者」と呼ばれ、またある時には、「韓国からの回し者」というレッテルが貼られることになる。事実、インターネットの掲示板等を見ると、毎日のように、誰か特定の朝鮮半島研究者に対する誹謗中傷を見ることができる。実際、著者の下にも、誹謗中傷としか言いようのないメールや郵便物が来ることは珍しくはない。家族に対して脅迫めいた行為を行われた経験のある研究者も少なくはないだろう。

しかしながら、本当に厄介なのは、このような問いかけを行う人々――残念ながらその中には研究者を自認する人々さえ含まれている——の多くが、歴史認識問題に対して、彼らが前提とするベクトル上以外での回答を認めようとしないことである。実際、これから詳しく議論していくように、今日における歴史認識問題に関わるほとんどの問題は「日本と韓国のどちらが正しいか」といった単純な問いに還元し尽くされないものが数多く含まれている。しかも、そもそも朝鮮半島研究者の大半は、歴史認識問題とは関係のない研究に従事している。その結果、研究者の多くは、自らに誠実であればあるほど、先の問いかけに対して「分からない」あるいは「どちらも正しいとは思わない」という回答をもってすることになる。しかし、このような答えは、時に大きな侮蔑の言葉をもって迎えられる。つまり、彼らは「この問題から逃げている」として激しく非難されることになるのである。

朝鮮半島研究をめぐる悪循環

もっとも、このように言うと、以下のように反論する人がいるであろう。日本と朝鮮半島の国々の間に、様々な問題があるのは周知の事実である。したがって、日本において朝鮮半島研究を志す者たるや、そのような負担を背負い込む覚悟を持つのは当然である、と。

しかし、筆者はこのような意見には同意しない。まず当然のことながら、朝鮮半島に対する研究は、歴史認識問題に関わるものばかりではない。朝鮮半島が、そこに存在し、我々がそこに住む人々との関係を完全に断ち得ぬ以上、この地域に対する情報を集め、分析することは、我々のよき生活にとって必須である。そしてその分析においては、様々な問題に対する、様々な見方がある方が望ましい。また、控え目に言っても、歴史認識問題に関わる議論が、朝鮮半島とわが国に関わる全ての問題の中で最重要なものだと言うこともできない。いずれにせよ、多様な観点からの多様な見方が存在して初めて我々は朝鮮半島とそこに住む人々に対する、我々の見方を深めることができるのである。

にもかかわらず、歴史認識問題において研究者に「踏み絵」を迫るような状況は、多くの優秀な研究者を朝鮮半島にまつわる研究から退出させる効果を持つことになる。研究者には、それぞれの異なる目的と知的関心があり、それを基礎に自らの研究に臨んでいる。そこにおいて、時に、研究対象や地域はその目的と知的関心を満たすための手段にしか過ぎないこともある。だからこそ、仮にある特定の対象を選んで研究することが、研究者にとって無用な負担を背負い込むことを意味するなら、その対象を選択しない方が、研究者にとって合理的であるということにさえなりかねない。こうして、朝鮮半島研究に対するイデオロギー的論争にまつわる負担が大きくなればなるほど、このような論争に関心を持たない研究者は朝鮮半島を対象とする研究を回避することになる。

重要なことは、このようなイデオロギー的論争を忌避する研究者の退出が、結果として、朝鮮半島研究においてイデオロギー的論争を好む研究者が占める割合を大きくさせることである。そして、イデオロギー的論争を好む研究者の割合の増加は、朝鮮半島研究そのもののイデオロギー性をさらに一層高める効果を持つことになる。

そして、もちろん、そのことは朝鮮半島に関わる研究全体に対して以上に、その内部における歴史認識問題に関わる研究についてはさらに極端な形で現れる。こうして、朝鮮半島をめぐる議論はさらにイデオロギー化する、という悪循環を辿ることになっている。

第一章　歴史認識問題を考えるための理論的枠組み

1　歴史認識問題の歴史的展開とその原因

さて、ここまで、今日までの我々の歴史認識問題への対処方法には欠陥があり、少なくとも、それが必ずしも問題の解決に役立っていないことを指摘した。そこにおいて繰り返し強調したのは、仮に歴史認識問題が重要であると考え、真剣に対処しようとするなら、そもそもこの問題がなにゆえにこれほどまでに込み入ったものになってしまったのか、その原因について冷静に探究する必要がある、ということだった。

データベースから見えるもの

それでは我々は歴史認識問題についてどのように考え、分析していけばよいのだろうか。例えば、表1-1を見てみよう。この表は、第二次世界大戦終結、あるいは、日本の朝鮮半島や台湾における植民地支配の終焉から二〇〇九年までの間に、韓国の主要日刊紙の一つである『朝鮮日報』が歴史認識問題に関わる事象をどのように報じてきたかを示した、比較的単純なデータである。より具体的にはこの表は、同新聞において、題目もしくは本文等に、「日本」という語句と、表で示したそれぞれの語

表 1-1　『朝鮮日報』における歴史認識問題に関わる記事数の推移

	日 本	歴史認識	歴史問題	賠 償	親日派（単独）	独 島	強制連行	慰安婦
1945-49	1,236	0	0	47	31	0	0	0
1950-54	936	0	0	13	2	22	0	0
1955-59	3,250	0	0	24	3	9	0	0
1960-64	4,534	0	0	22	2	31	2	0
1965-69	3,535	0	0	7	3	26	3	0
1970-74	5,620	0	0	8	0	6	2	0
1975-79	4,643	0	0	5	1	44	0	0
1980-84	5,133	1	0	4	0	13	2	0
1985-89	4,748	0	0	4	2	12	11	0
1990-94	17,539	45	39	344	79	56	150	3
1995-99	28,121	113	47	357	119	550	186	459
2000-04	34,943	135	56	286	174	386	44	349
2005-09	35,867	101	141	215	217	1341	27	366

出典：朝鮮日報「朝鮮日報アーカイブ」(http://srchdb1.chosun.com/pdf/i_archive/) より筆者作成。

句を、同時に含む記事の数を示している。ただし「親日派」についてのみ、語句自身が「日本」の意を含んでいるので単純にこの語句を含む記事数を出している。

新聞記事の推移は、限定的であるにせよ、世論の動向を示していると考えられるから、我々はこの表を通じて、一九四五年から今日までの韓国における歴史認識問題をめぐる議論の推移をある程度理解することができる。

それでは、この表を見てわかることは何だろうか。第一は、少なくともこの新聞においては、歴史認識問題に関わる記事の数が、一九九〇年代に入って急速に増えている、ということである。もっとも、韓国においては経済成長に伴い、新聞のページ数も時代を下るにつれ増える傾向にあり、またデータベースへの記事の収録の正確度も必ずしも安定していない。したがって、このデータが直ちに韓国社会の状況を正確に反映していると言うことは難しいかもしれない。それでも、一九八〇年代以前と一九九〇年代以後との断絶は明らかであり、我々はこの問題に関わる重要な分岐点の一つが、この時期にあったことを知ることができる。

第二に指摘できるのは、我々が慣れ親しんでいる歴史認識に関わる代表的な事象や、それらの事象に関わる表現の多くが、少なくともこの新聞においては、一九八〇年代まではほとんど登場しないことである。その典型は従軍慰安婦の事例である。今でこそ、日韓両国間における歴史認識問題の中心的なイシューの一つとして認識され、また、日本支配の悪しき部分を示す象徴的な事例として挙論される従軍慰安婦問題であるが、実は一九八〇年代以前の韓国において、この問題が本格的に取り上げられたことはほとんどなかった。また、八〇年代以前においては、今日我々が用いている「歴史認識問題」や「歴史問題」という言葉が用いられることもきわめて少なかった。この表には示されていないが、同じことは歴史教科書問題についても言うことができる。東アジアにおいて、初めて歴史教科書問題が本格的な国際問題として挙論されたのは、一九八二年のことである。

なお、紙幅の関係上、ここでは『朝鮮日報』一紙についてのデータしか挙げることができないが、歴史認識問題についての変化については、日韓両国におけるいずれのメディアのデータを使っても、ほぼ同じ結果になることを付け加えておきたい。

一九九〇年代のアイロニー

いずれにせよ明らかなことは、少なくともこれらのメディア関係のデータベースによる限り、歴史認識問題に関わる世論の関心は、一九九〇年頃を契機に、量的にも質的にも大きく変化していることである。それでは我々はこれをどのように考えればよいのだろうか。

最初に抑えておかなければならないことは、このような歴史認識問題に対する世論の関心の変化は、歴史認識問題において主に議論されている「過去」の事実そのものからは説明できない、ということである。当然のことながら、「過去」は「過去」である以上、いったん確定すれば、それ自身が変化することはない。にもかかわらず、この「過去」に対する我々の関心が変化しているとすれば、それは「過去」ではなく、「過去」を解釈する「現在」の我々の理解が変化しているからに他ならない。そのことは、歴史認識問題の展開を理解するためには、「過去」そのもの以上に、この問題が議論されている「現在」について知らなければならない、ということを意味している。少し飛躍した表現を用いるなら、歴史認識問題とは「過去」に関わる問題である以上に、「現在」を生きる我々により直接に関わる問題なのである。

そして、先に示したような変化は、一時期日本のメディアで盛んに言われたような歴史認識問題に対するある理解とは正反対の関係になっている。すなわち、ある時期までの日本では、歴史認識問題は時間の経過とともに次第に沈静化していくだろう、という楽観的な見解がしきりに唱えられた。そこで挙げられた理由は二つであった。一つは時間の経過であり、もう一つは交流の増加である。時間の経過とともに、植民地支配を知らず、その経験から自由な「若い世代」が社会の主流になり、彼らが互いに活発な交流を持つようになれば、歴史認識問題は、自然に「和解」に向かうことになるだろう。ある段階までのわが国においては、むしろ、そのような楽観的な見方が主流であった。

このような理解に立てば、日韓両国において「戦後第二世代」とでも言うべき、第二次ベビーブーマーが成年に達し、グローバル化の下、両国間の交流が飛躍的に増大した一九九〇年代こそが、歴史認識問題が「和解」に向かうべき約束の時期のはずだった。

しかし、現実は全く逆であった。日韓両国間の歴史認識問題は一九九〇年代に入って激しさを増し、それは現在にあっても解決の兆しが見えるどころか、むしろ悪化し続けている。それでは、一見論理的に見えた、かつての楽観的な予測はどうして外れてしまったのか。

既存の説明の限界——韓国の民主化

もちろん、これまでもこのような現象に対する説明がなかったわけではない。筆者の認識する限り、これに対する一般的な説明には大きく二つのパターンが存在する。一つは韓国側の事情からこれを説明しようとするものであり、もう一つは日本側の事情から解釈しようとするものである。

韓国側の事情からの説明の典型は、その原因を韓国の民主化に求めようとするものである。周知のように、韓国では一九八七年に民主化運動が起こり、今日まで続く「第六共和国」と呼ばれる新しい政治体制が実現された。政治的民主化は、言論空間における自由の拡大をもたらし、その結果、それまでタブー視されていた様々な議論が可能になった。

そしてこの考え方では、歴史認識問題をめぐる議論の活発化も、このような言論空間の自由化の結果として説明される。つまり、歴史認識問題に関わる議論の需要は韓国においては、植民地支配からの解放後、一貫して潜在的に存在していた。しかしながら、日本との関係を重視する韓国の権威主義政権は、これを力で抑え込んできた。だからこそ、民主化後「過去」に関わる議論が自由になった韓国では、歴史認識問題をめぐる議論も活発化した、と言うのである。

しかし、この議論には見落とされている点が存在する。確かに民主化以前、より具体的にはその直前の全斗煥政権以前の韓国国内の言論には大きな制約が存在した。しかし、そのことはこの時期、今日の歴史認識問題に通じるような日本に対する議論が制限されていた、ということを必ずしも意味しない。一九六五年の日韓基本条約締結の当事者であり、また大統領自身を含む政権枢要の人物の多くが、日本による植民地支配への協力者としての「暗い」過去を持っていた朴正熙政権とは異なり、八〇年代の韓国社会に君臨した全斗煥政権は、政権出帆当初から、日本に「事実上の植民地支配に対する第二賠償」として六〇億ドルの借款を求めるなど、日本との過去に関わる問題を自ら積極的に提起した。クーデタを背景に成立し、光州事件という重荷を負った全斗煥政権は、これにより、自らの正統性を補完しようと目論んだ、とさえ言われているほどである。

実際、より仔細に見れば、後に日韓間の歴史認識問題で焦点となるような問題の多くは、民主化以後にではなく、全斗煥政権期に水面下で提起され始めている。そして、そこには政権自身が大きな役割さえ果たしているものさえある。その典型は言うまでもなく、一九八二年における歴史教科書問題である。「大陸への『侵略』という記述が検定により、『進出』と書き改めさせられた」という日本マスメディアの有名な誤報事件に始まったこの問題を、国際問題として日本側に提起したのは、時の全斗煥政権に他ならなかった。先に挙げた六〇億ドル借款要求も重要であろう。なぜならこの議論は、一九六五年の日韓基本条約にもかかわらず、日本には更なる「補償」の義務がある、という後の主張の出発点の一つになっていくからである。

言い換えるならそれは次のようになる。韓国では一九七九年の朴正煕大統領暗殺を契機として、社会全体で大規模な世代交代が進行し、日本統治の中で手を汚していない世代が政権を掌握した。だからこそ、クーデタにより成立した正統性の弱い政権は、ナショナリズムの動員により、自らの正統性の強化を図り、そのために、歴史認識問題を積極的に提起した。一九九〇年代以降における歴史認識問題をめぐる議論の活性化は、一面では、そのような依然として権威主義政権下にあった韓国での、日本統治をめぐる議論のパラダイム転換の産物であった。

もちろん、これらの事実は民主化により韓国の言論空間が活性化し、その副次的効果として歴史認識問題に関わる議論も積極的に議論されるようになる、という先の因果関係の存立可能性自体を否定するものではない。しかしながら、それには前史があったことが重要なのである。つまりそこには、まず、全斗煥政権が自らの弱体な正統性を補うために、「過去」に関わる新たな問題の提起を行い、これが後に民主化により自由化された言論空間の中で大きく注目されることにより、歴史認識問題に関わる爆発的な議論の増加がもたらされた、という二段階の過程があったのである。

日本原因論の検討──再びデータから見えてくるもの

さて、次に日本の状況から日韓関係の悪化を説明する議論についても考えてみよう。言うまでもなく、そこで最も頻繁に指摘されるのは、日本におけるナショナリズムの台頭、あるいは「右傾化」である。つまり、そこでは歴史認識問題の活性化は、この日本側の変化によって生じた当然の結果であると考えるわけである。特に韓国においては、このような考え方は今や一つの常識のようになっている。例えば、筆者も参加した第二次日韓歴史共同研究に参加した韓国のある研究者は、その報告書において、筆者の論文を受ける形で日韓両国間の歴史教科書をめぐる紛争について次のように断言している。「日本が過去の侵略と戦争、そして植民地支配を肯定的なものとし、さらにそれを美化しようとする歴史認識のために、歴史をめぐる紛争、『教科書問題』が起きたのだ」、と。

それでは本当にこの考え方が主張するように、今日我々が直面する「歴史をめぐる紛争」は日本社会の「右傾化」によってのみもたらされたものなのだろうか。ここで注目したいのは、この韓国の研究者も述べている歴史教科書問題をめぐる状況である。既に述べたように、今日の日韓における歴史認識問題の中心の一つを占める歴史教科書問題は、従軍慰安婦問題と並んで、一九八〇年代になって初めて本格的に注目されるようになった歴史認識問題を代表するイシューである。

もし先の考え方が主張するように、歴史認識問題、特に歴史教科書問題が「日本が過去の侵略と戦争、そして植民地支配を肯定的なもの」としたことによって起こったとするならば、当然のことながら、歴史教科書問題をめぐる議論の状況は、日本の歴史教科書の記述をめぐる変化と連動していなければならない。しかし、実際にはどうであったのだろうか。再びここでそれを具体的なデータによって見てみることにしよう。例えば表1-2は、一九七〇年代後半以降のある高校日本史教科書における、日韓近代史に関わる記述の変化をまとめたものである。

表 1-2　東京書籍（高校日本史）教科書における記述の増減
（○は太文字の記述，△はそれ以外の記述）

	1978	1983	1990	1993	1996	2000	2004
第１次日韓協約	○	△	△	△	△	○	○
第２次日韓協約		△	○	○	○	△	○
第３次日韓協約			△		△		
ハーグ密使事件		△	△	△	△	△	○
韓国統監府	△	○	○	○	○	○	○
安重根							○
日韓併合条約	○	○	○	○	○	○	○
朝鮮総督府		○	○	○	○	○	○
土地調査事業		△	△	△	△	△	○
３・１独立運動	△	△	○	○	△	○	○
万歳事件		○	○	△	△	△	△
皇民化			△	△	△	△	○
創氏改名			△	△	△	△	○
義兵運動（闘争）			△	△	△	○	○
関東大震災						○	
従軍慰安婦（慰安婦）						△	○
強制連行							○
資料（日韓議定書）本文	△						
写真　伊藤博文と韓国皇太子	△						
写真　３・１独立運動							△
写真　宮城遥拝する朝鮮の人々							△
写真　義兵						△	△

出典：鄭奈美・木村幹「『歴史認識』問題と第一次日韓歴史共同研究を巡る一考案（1）」『国際協力論集』16 巻 1・2 号，2008 年，72 頁。

一見して明らかなことは、少なくともこの教科書においては、日韓の近代史、言い換えるなら両国の歴史認識に関わる記述は、一九八〇年代以降になってむしろ急速に増えている、ということである。もちろん、周知のように、日本の教科書は検定制度を採用しており、各学年の各科目には複数の教科書が存在するから、この教科書の例だけをとって、日本の教科書の傾向の全てが説明できる、というわけではない。だが、植民地支配をはじめとする日韓関係に関する記述が増加していることについては、この時期に発行されたどのレベルでの日本史教科書を取っても実は同じである。つまり、少なくとも一九七〇年代から二〇〇五年頃に至るまで、どの出版社発行のどの教科書シリーズにおいても、今日の歴史認識に関わる記述は一貫して増加しているのである。

分かりやすく言えば、この時期における日本の歴史教科書は、「右傾化」するどころか、むしろ、日本の朝鮮半島侵略やその支配の実態をより詳しく記述する方向に変化している。そのことはすなわち、一九八〇年代以降の日韓両国間の歴史教科書問題の激化を、「この時期の」日本の教科書の「右傾化」によって説明することは、ほぼ不可能だということを示している。

「言説」の一人歩き

にもかかわらず、韓国においてのみならず、日本においても、教科書問題の激化を、日本の「右傾化」の当然の結果であるとする考え方は未だ顕著に存在する。それでは、そもそもこのような考え方はどのようにして生まれてきたのだろうか。次にその点について具体的に見てみることとしよう。

日韓、あるいは北東アジアにおいて、今日見られるような形での歴史認識問題に関わる歴史教科書問題が初めて本格的に起こったのは、一九八二年のことである。きっかけはこの年に行われた教科書検定において、実教出版社の教科書における記述が「華北に侵略」から「華北に進出」に書き換えさせられた等と日本のメディアが大々的に報道したことだった。そしてこの報道を受けて、中国、そして韓国のメディアや政府が、日本政府に抗議することにより、この年の歴史教科書問題は勃発した。

しかしながら、今では広く知られているように、この報道は厳密には「誤報」であった。第二期日韓歴史共同研究報告書に重村智計が執筆した文章によるならば、その経緯は次のようなものであった。

日本では、新たな教科書の内容が決まると、各学年、各科目の新しい教科書が一斉に公開される。当時の日本のメディアでは、記者クラブの記者達が、この大量の教科書をそれぞれの分担を決めて担当し、それぞれが互いにその分析結果を報告する形で取りまとめを行っていた。この過程で、実教出版の歴史教科書を担当した記者が、検定の過程で文部省から圧力がかかり「侵略が進出に書き換えられた」という話を耳にすることとなった。この記者は、それを「今回の検定で記述が書き換えさせられた」と解釈し、その内容をそのまま他の記者達に伝達した。こうして「一九八二年の検定で侵略が進出に強制的に書き換えさせられた」という言説が誕生した。そして、当の記者本人の所属先を含む各メディアは、その言説を実際の検定前後の教科書の原稿に直接当たって確認しなかった。

しかし、事実は以下のようなものであった。文部省は過去の検定で各出版社に対し、教科書において「侵略」という用語を使わないように要請したことがたびたびあり、それを一部の人々は文部省の圧力であると受け止めていた。実際には、これは強制力のない「修正意見」であり、この要請を受けて、「侵略」の使用を取りやめた教科書が存在する一方で、「侵略」の用語を使い続けた教科書も存在した。いずれにせよ、そしてその話が、取材の過程でいつしか「一九八二年の検定で」「強制的に書き換えさせられた」という形にすり替わってしまったのだ、以上が重村の説明である。

もちろん、日本のメディアはその後、これが誤報だったことを認めて、訂正報道を行った。しかし、この訂正報道は一般、特に韓国においては広く行き渡らず、いつしか「一九八二年の検定で侵略が進出に強制的に書き換えさせられた」との言説は一人歩きを始めることになる。「右傾化する日本政府は出版社に対して教科書を改悪する方向で圧力をかけており、結果、日本の教科書は次第に韓国の歴史認識と乖離したものになっている」。当初の報道の文脈を離れて多くの人々が、そう信じ、それを警戒するようになった。こうして我々のよく知る歴史教科書問題に対する理解が成立したのである。

もっとも、ここで筆者はこのような言説は根拠のないものであり、だから真剣に考慮するに値しない、と言わんとしているのではない。重要なのは、どうして日韓両国の多くの人々が、このような言説を信じるようになったか、ということである。今日省みれば、その理由は明らかである。例えば、朴正熙が暗殺された一九七九年は、エズラ・ヴォーゲルの『ジャパン・アズ・ナンバーワン』が出版された年に当たる。この頃、世界は経済大国と化した日本の台頭に注目するようになっていった。

符合する形で韓国では、国力を増大させる日本への警戒論が浮上していた。歴史教科書問題が起こった同じ年の一一月には、日本国内では憲法改正論者として知られた中曾根康弘が首相に就任している。このような状況の中、日本国内でも、社会の「右傾化」が叫ばれていた。韓国における「日本右傾化論」は、実はこのような日本をめぐる状況と、日本社会の議論をそのまま反映したものだった。だからこそ、そこには一定の説得力があり、その後長く信じられることになったのだ。

2 価値基準としての歴史認識

歴史認識問題の歴史的展開

さて、歴史認識問題の歴史的展開についての大枠的な議論に戻ることとしよう。先に紹介した表1-1では、歴史認識問題に関わる『朝鮮日報』の記事の数の変遷を、そのままの形で示してみた。しかし、その際にも触れたように、一日に発行される新聞の記事の数自体が変化する以上、新聞の記事数の変化がそのままこの新聞におけるそれぞれの歴史認識問題に関わる事象への関心の変化を表している、ということは難しい。我々が事態の展開をより正確に理解するためには、より正確なデータが必要であることは言うまでもない。

したがって、そこでここではもう少し正確を期するために、次のような処理をしてみたい。第一に、まず母数とする記事の数を、記事の本文等ではなく、記事の表題に歴史認識問題に関わる語そのものを含む記事に限定する。理由は、使用したデータベースにおける記事全文の所収のあり方に年次ごとにバラつきがあり、これを整えるためである。記事を表題に問題となる語それ自身を含んだものだけにした結果、該当数が少なくなり、分析に適さなくなった事象を除き、新たに幾つかの事象を入れている。第二に、得られたそれぞれの記事の数を、各時期におけるやはり記事の表題に「日本」という

表 1-3 『朝鮮日報』における日本関係記事全体に対する歴史認識問題主要事項関係記事の割合の変化（単位：%）

	日本＋教科書	慰安婦	挺身隊	靖国	神社＋参拝	独島	独立運動	親日派	日本＋賠償	日本＋平和線
1945-49	0	0	0.16	0	0	2.43	0.89	2.51	3.80	0
1950-54	0	0	0	0	0	8.44	0.75	0.21	1.39	1.07
1955-59	0.06	0	0	0	0	1.35	1.88	0.09	0.74	2.37
1960-64	0	0	0	0	0	1.12	1.30	0.04	0.49	2.01
1965-69	0.06	0	0	0	0	1.98	2.07	0.08	0.23	0.37
1970-74	0.05	0	0	0.11	0.12	0.50	0.77	0	0.14	0.02
1975-79	0.04	0.02	0	0.02	0.04	1.85	0.90	0.02	0.11	0
1980-84	5.55	0	0.10	0.02	0.19	0.95	0.94	0	0.08	0
1985-89	1.52	0	0.08	0.04	0.25	0.84	1.54	0.04	0.08	0
1990-94	0.68	9.80	17.57	0.34	1.80	3.27	4.84	0.56	0.79	0
1995-99	0.84	3.64	1.69	0.19	0.64	5.42	6.18	0.16	1.11	0.03
2000-04	2.33	3.32	0.58	1.25	2.90	4.57	3.71	0.34	0.29	0
2005-09	1.14	2.42	0.34	2.65	1.93	15.94	4.06	0.76	0.25	0
2010-14	1.48	7.86	0.51	2.21	1.76	10.31	1.82	0.30	0.55	0

出典：DB Chosun, http://db.chosun.com/DBmain.html（最終確認 2015 年 3 月 5 日）。朝鮮日報記事データベースにおいて，キーワードを「日本」と指定されている記事のうち，各々のイシューが同じくキーワードとして指定されている記事の割合を示した。

語を含む記事の数で割った数を提示する。後者の数をこの新聞の日本に対する関心の度合いを示す分母として設定し、これに対するそれぞれの事象に関わる記事の割合を示すわけである。つまり、この数値は、この新聞において、それぞれの歴史認識問題に関わる事象が、同じ新聞における日本関係の記事全体に対して、どの程度の割合かを示している。

結果は表1-3のようになる。改めて明らかなことは、先にも述べたように、一九九〇年代以降に歴史認識をめぐる議論が活発化していることである。しかし、同時にこれにより、教科書問題をはじめとする幾つかの問題については、既にその兆候が韓国の民主化以前に見られることも明確になる。もっとも、事象によっては、例えば親日派問題や植民地支配に対する賠償問題のように、これらの一般的傾向を離れて、九〇年代以降よりも、むしろ植民地からの解放直後に集中的に議論されているものもある。さらに領土問題だけについては、この新聞は常に一定以上の水準で議論をしていることがわかる。そのことは、数多くある歴史認識問題と、領土問題とでは異なる特質があることを示している。

以上のことを頭に入れて、この表をもう一度見てみよう。そうすると、日韓の間の歴史認識をめぐる状況には三つの段階があることが見えてくる（この点についてより詳しい情報が必要な方は、拙著『近代韓国のナショナリズム』ナカニシヤ出版、等をご覧いただきたい）。

すなわち、第一の段階は、第二次世界大戦における日本の敗戦、あるいは朝鮮半島の植民地支配からの解放直後である。この時期には、今日、典型的な歴史認識問題の事象として認識されている歴史教科書問題や従軍慰安婦問題、さらには靖国問題についてはほとんど議論されていない。これに対して当時の人々が熱心に議論していたのは、植民地支配に対する賠償問題や、日本支配への韓国人協力者を意味する「親日派」をめぐる問題についてであった。言い換えるなら、この時期には植民地支配や戦争をめぐる個々の事象よりも、植民地支配そのものに対して日本政府や個々の韓国人がどのように関与し、その責任がどのように償われるべきかが、主として議論されていた、ということができる。

しかし、この状況は一九六五年の日韓基本条約締結期、つまり日本と韓国が国交正常化を果たす頃を境に変化している。一九六〇年代後半と七〇年代の特徴は、ほとんど全ての歴史認識問題に関わる事象において、その議論が低調だったことである。この表だけからでは明確ではないが、この現象は日韓間の歴史認識問題に関わる事象のみならず、日本国内における戦争犯罪問題や、韓国国内における親日派問題など、両国の国内における「過去」に関わる事象にも及んでいる。

そして既に述べているように、この状況は一九八〇年代頃から再度変化する。結果は、九〇年代以降のきわめて高いレベルでの歴史認識問題の議論である。そして少なくともこのデータから見る限り、その状況は二〇〇九年に至るまで大きく変化していない。さらに言えば、その後、二〇一二年に李明博竹島上陸が起こり、日韓関係が更に悪化することはよく知られているところである。

それではこのような歴史認識問題に関わる状況の変化を、我々はどのように理解すればよいのだろうか。

理論的分析枠組み

ここで、不思議なことに一つ気づくことになる。確かに、日韓両国の間では、これまで歴史認識問題については様々な議論が展開され、そこでは多くの問題が指摘されてきた。しかし、管見の限り、これまでの議論において、なにゆえに問題がこれほどまでにこじれ、現在に至ったかについて説明する、きちんとした「分析の枠組み」が提示されたことは一度もない。そのことは、これまでの歴史認識問題に関わる研究が、この問題を引き起こしたとされる原因とその結果の関係について、「悪いことをしたから関係が悪くなった」といった類の「直感的な洞察」に依拠してきたことを意味している。

もちろん、それは直感的な洞察に基づく分析には意味がない、あるいはその洞察の結果が誤りである、ということを必ずしも意味しない。しかしながら、同時に、第二次世界大戦以後、日韓両国、さらには東アジア世界全般に大きな影響を与え続けている大きな問題に、我々がこれまできわめて大雑把な分析しかして来なかったことは明らかであり、また、そのことがこの問題に対する我々の理解を大きく損なってきたことは否定できない。控えめに言っても、直感的な洞察の確からしさは、何らかの方法によって検証されるべきであり、それなくして歴史認識問題の正確な理解も、また解決方法の模索も難しい。

そこでここでは、次に歴史認識問題を分析するためのあり得べき理論的枠組みについて、考えてみることにしたい。日韓間の歴史認識問題も国際紛争の一つである以上、当然、それは国際紛争に関わる基本的な理論枠組みにより説明可能なはずである。例えば、ここではケネス・E・ボールディングの古典的著作『紛争の一般理論』から示唆を得つつ、この問題について考えてみることにしよう。

この古典的著作から分かることの一つは、ある事象が紛争に発展するためには、少なくとも次の三つの条件が必要だ、ということである。その第一は、この事象に意味を見出す複数のアクターが存在することである。言い換えるなら、どんなに大きな潜在的意味を持つ事象であっても、その存在と意味が複数のアクターによって実際に見出されなければ、この事象は存在しないも同様である。したがって、ある事象とその意味付けが見出される過程が重要である。もちろん、この事象に意味を見出すアクターが単数の場合には、紛争は起こり得ないから、その「発見」は複数のアクターによってなされなければならないことになる。

第二に、この事象について、複数のアクターが異なる認識を有していることが必要である。一つの事象に意味を見出すアクターが複数存在しても、もしこれらのアクターがこの事象に対して同じ認識――例えばある島がどの国の領土に属するべきか、あるいは、ある歴史的事象がどう解釈されるべきか、等――を有しているなら、やはり紛争は起こり得ない。なぜなら、この場合、複数のアクターは共通の認識に基づいて、この事象に対して一致した行動を取ることが出来るからである。一つの事象に対して一致した行動が取り得る以上、そこで紛争が起こる余地はない。

第三に、これらの複数のアクターが、彼らを実際の行動に駆り立てるに足る十分な利益を見出していなければならない。言い換えるなら仮に複数のアクターがある事象に対して一定の意味付けを見出し、またその意味付けが相互に異なっていたとしても、この意味付けに沿った行動が実行に移されるに至るまでには、その意味付けが一定以上の重要性を有していなければならない。なぜなら、先の二つの条件を満たす状況において、あるアクターがこの事象に対して、自らの利益を実現する行動を直截的に開始すれば、それは直ちに、同じ事象について異なる認識を有するアクターとの衝突へと導かれることになるはずだからである。当然のことながら、その衝突はそれまで二つのアクターの間に存在した関係を損ない、そのことにより行動を起こしたアクターは、何らかの不利益を被ることになる。したがって、このアクターが行動を起こすためには、自らの行動により自らが被ると予想される不利益を上回る、相対的に大きな利益がその行動によりもたらされるであろうという期待が、行動を起こすアクターによって保持されていなければならない。

言い換えるなら、この三つの条件を複数のアクターが同時に満たしている場合のみ、複数のアクターが自らの行動に伴う衝突によりもたらされる不利益をも甘受して、ある事象に関わる行動を起こす、という状況が発生することになるわけである。

そして、このような理論的枠組みは我々に二つの示唆を与えてくれる。一つ目は言うまでもなく、現実の歴史認識問題の発生の過程において、個々の事象に関わるこれらの条件が、どのような状況の中、どのような原因により満たされていくか、を見ていくことにより、これらの事象がなぜ、我々の目前に依然として存在し続けているのかを、ある程度理解することができる、ということである。

そして二つ目は、逆に、日韓の「過去」に関わる事象においても、実はその多くがこの三つの条件を満たすことができず、忘却の彼方にあるはずだ、ということである。実際、今日の日韓の歴史認識問題における議論の大半は、従軍慰安婦や総力戦期の労働者や軍人の「強制連行」、さらには歴史教科書問題や領土問題等、きわめて限られた事象にのみ向けられている。その意味で、日韓の歴史認識問題とは、決して植民地支配やその後の日韓の歴史全般に関わる問題ではない。その背後には忘れられた無数の「過去」があるのである。

3 「歴史」と「歴史認識」

三つの発展段階

もう一度、ここでまとめた理論的枠組みについてまとめてみよう。すなわち、ある事象が紛争に発展するためには、最低限、次の三つの条件が必要である。この事象とその意味付けが複数のアクターによって「発見」され、第二にこれらの複数のアクターがこの事象に対して互いに衝突する「認識」を有し、第三に、これらのアクターがその衝突により失われるであろう不利益を上回る、何らかの「重要性」をそこに見出している、ということである。

それでは、我々はこの図式から、日韓間の歴史認識問題の分析に対するどのような示唆を得ることができるのだろうか。明らかなことは、歴史認識問題を考える上では、我々には次の三つの観察ポイントが存在する、ということである。

このポイントを、先の三つの条件にそれぞれ対応する形で整理すれば、次のようになる。まず、第一の条件から言えるのは、ある事象はそれが存在することにより、直ちに歴史認識問題を引き起こすのではない、ということである。特定の「過去」の事象に関わる問題が、歴史認識問題にまで発展するためには、日韓両国の政府や社会によりこの事象が「発見」され、何らかの「意味付け」がなされる必要がある。したがって、我々は、ある特定の事象が、いかにして「発見」され、「意味付け」されていくかを具体的に観察する必要がある。

第二の条件から言えるのは、「発見」された特定の事象について、日韓両国の政府や社会が、どのような「認識」を持つに至ったかが観察されねばならない、ということである。当然のことながら、いったん「発見」され、「意味付け」された事象においても、その社会における大きな「認識」が形成されるまでには一定の過程が存在する。またある社会のある事象に対して、いったん形成された「認識」が変化し、再構成されることも珍しくない。そしてここでは、どのような変化が、どのような原因により起こったのかを観察することが重要である。

第三の条件から明らかなのは、このようにして形成された「認識」が、どれほど大きな「重要性」

を持って日韓両国の政府や社会に受け止められたか、が観察されなければならない、ということである。そして、この「重要性」を考える上では、事象の「絶対的重要性」以上に、紛争により損なわれるであろう不利益との間の「相対的重要性」が注目されなければならない。例えば、特定の歴史的事象について、日韓両国のどちらがある大きな「重要性」を見出したとしても、この問題を相手側に提起することによって失われるであろう利益が、問題提起により得られるであろう利益よりも明らかに大きいと考えられれば、この問題を提起することは難しい。したがって、それぞれの事象の「絶対的重要性」の変化と同時に、それぞれの時代において、問題提起により予想される不利益が、どの程度に見積もられているかが、同時に明らかにされる必要がある。

このことは同時に、ある事象が歴史認識問題にまで発展するまでには、三つの発展段階があることを意味している。すなわち、ある事象とその意味付けが発見される段階、異なる人々が異なる認識を形成する段階、さらには同じ事象が、それを提起することにより失われるであろう利益をも凌駕する、大きな重要性を獲得してゆく段階、の三つである。

そして、この発展のあり方は、その時々の社会状況により左右される。すなわち、再び、日韓の間に横たわる歴史認識問題とは、単に、日本と韓国の間に横たわる「過去」にのみ関わる問題ではないのである。それは「過去」以上に、それぞれの「過去」と向き合いつつそれぞれの時代を生きる人々の問題であり、そこにはそれぞれの時代の状況が複雑に反映されている。歴史認識問題とは、戦争や植民地支配といった第二次世界大戦以前、つまり、「戦前」の問題である以上に、その「過去」に対峙してきた第二次世界大戦後、あるいは植民地支配終焉後の、つまりは「戦後」の問題なのである。そして、このことは歴史認識問題を考える上で、きわめて重要な、そして基本的な問題を再想起させてくれる。それはそもそも「歴史」とは何か、という古典的な問題である。

例えば日記の場合

言うまでもないことであるが、ここで言う「歴史」とは、すなわち、「過去」そのもののことではない。そのことは例えば、我々が日記を書く時のことを考えれば容易にわかる。日記において我々は、「今日は何時何分何秒に目を覚まし、右手で目を軽くこすった後、瞼を空け、左手で布団を跳ね上げて起き上がり……」といった調子で、ある一日の自分の行動を延々と、微細に書くことが出来る。しかし、どんなに努力しても、我々は自分の一日の行動の全てを書き尽くすことはできないし、そもそも日記には、自分の行動だけが書かれるわけでもない。そこでは自らが直接経験せずとも、他人からの伝聞やメディアで見聞きしたことにより知った事実が記述されるかもしれない。子供が生まれたばかりの人であれば、自分のことはさておいて、子供のことばかり書く人もいるだろう。

重要なのは、「日記には何が書かれるべきか」という不変の基準が存在しないこと、だから我々は日記に何でも書くことができる、ということである。それはまた、我々が自らの日記を書くに当たっては、無限の素材があることをも意味している。言い換えるなら、日記には、ある人物のある一日の出来事がそのまま書かれているのではない。そこには、ある人物がその日、書き記すべきであると考えた、選り抜かれた事実が書かれているのである。

それでは我々はどのような基準に基づき、日記に書かれるべき事実かを判断しているのだろうか。当然のことながら、そこには何らかの価値基準が存在する。つまり、意識的であるにせよ、そうでないにせよ、我々は自らが保有するこの価値基準に従って、特定の事実のみを選び出し、日記に記しているのである。

「歴史認識」の重要性

強調されるべきは、こうした何かしらの価値基準がなければ我々は日記を書くことすらできない、ということである。そして、ある一日の出来事が「過去」であり、それを書き記した日記が「歴史」の一種だとするならば、我々はここで「歴史」とは何かについて明確な示唆を得ることができる。それは、我々が書き記す「歴史」とは、常に、無限の材料を有する「過去」の中から、特定の事実を抜き出して、我々自身が作り上げたものでしかない、ということである。

繰り返しになるが、だからこそ「歴史」を記載するには、一定の価値基準が必要である。つまりそこには自らの「歴史」において何が重要であり、どのような事実が書かれるべきか、という認識が、あらかじめ存在しなければならない、ということでもある。そして言うまでもなく、この価値基準こそが「歴史認識」なのである。つまり、「歴史」と「歴史認識」の間の関係は、「歴史」があって「歴史認識」が存在するのではなく、「歴史認識」があって初めて「歴史」が成立するという関係になっている。「歴史」が人々によって選び抜かれた「過去」の事実から構成されたものである以上、そこには必ず選び出した人々の価値観が反映されている。だからこそ、「歴史」とは常に主観的なものであり、また、主観の産物でしかない、ということが出来る。

そしてそのことは、いかなる「歴史」も価値中立的な存在ではあり得ない、ということをも意味している。だからこそ、異なる「歴史認識」を有する人々によって書かれた「歴史」は、常に異なるものとなることを運命付けられている。「過去」に無限の事実が存在する以上、その中からある特定の傾向性を持った事実だけを取り上げることで、我々は相当程度まで、自らの作りたい、あるいは語りたい「歴史」を、「過去」の事実と矛盾することなく、作り上げることが出来るからである。

その典型例は、他ならぬ我々自身の個人史かもしれない。我々は、その日その日の精神状態に基づいて、時に「肯定的な自分の歴史」を作り、自らを奮い立たせることもあれば、「否定的な自分の歴史」を作り、その日一日、自らの殻に閉じこもることもできる。そして我々自身が気付いているように、それは我々自身が、自らの記憶という名のデータベースから、特定の傾向性を持った「過去」の経験を選び出し、作り上げたものにしか過ぎない。ほとんどの場合、両者は共に我々の実際の経験に基づくものであり、そこに事実に関する偽りは存在しない。にもかかわらず、同じ記憶から作り上げられた我々の歴史は、時に全く異なるメッセージを持っている。

そして本当に厄介なのはここからである。このように「歴史」とは、どこまで行っても、我々が自身の価値観に基づき、特定の歴史的事実を選び出し、作り上げた恣意的な存在にしか過ぎない。にもかかわらず、我々は時に、自らの作り上げた「歴史」を動かすことの出来ない、客観的かつ中立的な存在であると錯覚することがある。その理由は簡単である。今日、世界各地に存在する様々な「歴史」は、よほど粗雑に書かれていない限り、その大部分が「過去」に実際起こった出来事により構成されている。そこに書かれている個々の事実は、確かにその時点に存在したものであり、その確からしさは、文献や考古学調査等により、相当程度まで確認することができる。

しかし、「歴史」に書かれている個々の事実の「確からしさ」は、その「歴史」の中立性を示すものではないし、時には、その事実の束によって紡ぎ出されるメッセージを支える役割さえ果たさない。例えばその典型的な事例として、日本による韓国併合の合法性をめぐる議論を挙げることが出来る。韓国の多くの歴史書では、日本による韓国支配は不当かつ違法なものであるという大前提で書かれており、その違法性の根拠の一つとして、一九〇五年に大韓帝国が外交権を放棄した条約、つまり第二次日韓協約に関わる文書に当時の韓国皇帝、高宗《コジョン》の署名がないことが挙げられる。

言うまでもなく、該当する文書に高宗の署名がないことは周知の事実であり、協約の文書に直接当たることで、簡単に確認することができる。しかしながら、その善し悪しは別として、このことだけで、直ちに第二次日韓協約が無効であるということにはならないし、ましてや直ちに日本による韓国併合が当時の国際法に照らして違法であった、ということを意味しない。なぜならこの条約をはじめとする二〇世紀初頭の国際条約の有効性に影響を与える要素については、様々な議論があり得るからである。

この事例に典型的に現れているように、個々の事実の「確からしさ」は、それにより構成された「歴史」の正しさを保障してくれはしない。ましてやそれは、異なる「歴史認識」に基づいて、異なる事実を援用して書かれた、そして異なるストーリーを持つ「歴史」が誤りであることを意味するものではない。にもかかわらず、我々は時にある「歴史」に援用される、個々の歴史的事実の「確からしさ」を、「歴史」そのものの「確からしさ」と錯覚しがちである。我々が抱える「歴史」に関する議論の問題の一つは、まさにここに存在する、といっても過言ではない。

第二章　歴史認識問題の三要因

1　世代交代

これまでの議論

さて、いったん、ここまでの議論をまとめてみよう。ここまで議論してきたのは、大まかに言って三つのことだった。一つは、日韓の歴史認識問題がいかに変化してきたか、についてだった。そこでは繰り返し、一九八〇年代から九〇年代頃にかけてこの問題をめぐる紛争が激化してきたこと、そしてそのことこそが、日韓の歴史認識問題は単純な植民地期の過去の反映ではないことを示していると指摘した。二つ目はこのような変化が、従前の理解の枠組み、とりわけ韓国の民主化や、日本の「右傾化」によっては十分に説明され得ないということだった。言い換えるなら、だからこそ我々はこの問題に取り組むに当たって、その方法をもう一度真剣に問い直す必要があるとのことだった。そして三つ目に、筆者なりにこの問題に取り組む理論的方法を提示した。そこで提示したのは、この問題を考える上では、それぞれの時代を生きる人々にとって、歴史認識問題に関わるそれぞれの事象がどの程度の重要性を持って存在するかを見落としてはならないこと、そして、その発展の段階には、事象の発見、社会的認識の形成、最後にその事象の一定以上の重要性の獲得とそれに伴う人々の行動の開始、の三つがあるということだった。さらに、このような歴史認識問題のあり方は、そもそも歴史とは何かという根本的な問題と深い関係を有していることを指摘した。

しかしそれならば、このように理解される歴史認識問題の歴史的変化に影響を与えているのは、どのような要素なのだろうか。ここからは、この点について、日韓両国の実際の経験に照らして具体的に見ていくこととしよう。

第一の時期——「戦後処理」の時代

さて、これまでも議論してきたように、日韓両国の間の歴史認識問題の展開は、大きく三つの時期に区分される。すなわち、第一の時期は、一九四五年から一九五〇年代、あるいは一九六〇年代前半頃までの時期であり、第二の時期はそれ以降、一九八〇年代前半頃までの時期、そして第三の時期は、一九八〇年代後半から一九九〇年代以降、現在までの時期であった。

それぞれの時期について見てみるなら次のようになる。第一の時期の特徴は、この時期における歴史認識問題に関わる議論が、今日のそれとは大きく異なっていることだった。すなわち、当時活発に議論されたのは、韓国においては、日本による植民地支配への賠償や、わが国で言う「李承晩ライン」（韓国では「平和線」と言う）をめぐる問題、さらには「親日派」と通称される、植民地期における日本統治への韓国人協力者とその処罰に関わる問題であり、またわが国においては、「東京裁判」こと極東国際軍事裁判等、第二次世界大戦やそれ以前の出来事にまつわる「戦争責任」の問題だった。

そしてある意味でそれは当然のことだった。なぜなら、当時は第二次世界大戦と、植民地支配が終了した直後の時期であり、その責任を誰がどのように負うべきかが、リアルタイムで議論されていたからである。言い換えるなら、今日では歴史認識問題の一部として理解されているこれらの問題は、この時期においては「過去」の問題ではなく、彼らが生きる「現在」に直接関わる問題だったと言える。

例えば、日本と韓国が国交を正常化するに当たっては、「李承晩ライン」をめぐる議論に現れたように、竹島を含む両国間のどこに境界線を引くかを決定することは——結果的に日韓両国がこれをうやむやに処理することを選択したにせよ——いったんは議論せざるを得ない問題だったし、植民地支配に対する賠償の如何もまた論議の対象とされる運命にあった。日本国内においては、どのような人々が第二次世界大戦の戦争責任を負うべきであり、また、どのように処罰されるべきかは、敗戦後の日本がどのような国家として生まれ変わるかに関わる重大な問題だった。

この点について、例えば戦後すぐの日本の状況について考えてみよう。つい数年前まで、首相や主要閣僚として内閣に君臨し、あるいは陸海軍の指揮官として絶大な権限を振るった人々が、A級戦犯として連合国の裁きを受ける姿は、当時の日本人の大きな関心の的とならざるを得なかった。BC級戦犯をめぐる問題は、関係者にとってはより切実なものだった。この裁判の行方は、彼らの親族らにとっては、文字通り、自らの運命に直接関わる問題だったからである。また、戦場において様々な体験をした人々にとっては、これらの連合国による裁判は、少し間違えれば、自らもまた、同じ法廷に立たされる可能性のあった出来事として映っていた。靖国神社をめぐる問題も同じであった。当時の人々にとっては、靖国神社はまさに自らの親族や友人が眠る場所であり、また、戦友と「再会」することを誓った場所でもあった。だからこそ、そこにおける議論は「過去」に関わるものではなく、「現在」に関わる真剣で切迫したものとして認識されていた。

韓国人にとっても事態は同様であった。彼らにとって、日本からの賠償をめぐる問題は、第二次世界大戦下の総動員と、植民地支配からの解放後の混乱の中から、自らの生活を立て直すための、最低限の経済的基盤をいかにして構築するかという問題と深く関わっていた。この問題は、当時の朝鮮半島南半をめぐる特殊な状況と併せて、より深刻なものとなっていた。なぜなら、日本の敗戦と帝国の解体により、朝鮮半島南半には三種類の人たちが着の身着のままで、大量流入していたからである。

一つは、戦時中に軍人・軍属や労働者として朝鮮半島から動員された人々であり、彼らは日本敗戦直後から、大量に朝鮮半島に帰還した。二つ目は、ソ連占領下に入った朝鮮半島北半からの流入者であった。越南者と呼ばれた彼らの多くは、ソ連による土地改革等で財産を失った人々であり、それゆえ、強い反共意識を有していた。最後は、旧満州からの帰国者である。戦前の満州には朝鮮半島からの新規入植者が多く存在した。彼らの多くは、日本の敗戦と日本が樹立した満洲国の壊滅により、生活の基盤を失い、朝鮮半島へ戻ることとなった。生活基盤を喪失したこれらの人々にとって、日本からの賠償は、自らの生活を立て直すために必須のものであると考えられており、そこには強い期待が寄せられていた。

「親日派」と呼ばれた植民地期の日本支配に協力した韓国人の処遇をめぐる問題は、解放後の韓国をどのような国家として作り上げるかをめぐる問題であると同時に、多くの韓国人にとってその処罰の範囲いかんでは、いつ自らに直接火の粉が降りかかっても不思議ではない問題だった。なぜなら植民地期の朝鮮半島では、多くの人々は生きるために植民地権力と何らかの関係を持つ必要があったからである。だからこの問題に関しては、多くの人が脛に深い傷を持っていた。解放直後に帰国したとある亡命政治家の言葉を借りるなら、見方によっては「国内にいた者はすべて親日派だ」と言われても仕方ない状況が、そこにはあった。「平和線」、つまり「李承晩ライン」の死守は、日本漁船と比べて貧弱な装備しか持たない漁船で海に出る当時の韓国の漁民にとっては、生活に直結する問題であった。

いずれにせよ、これらの今日、「過去」に関わるものとみなされている問題の多くは、この時代には依然、切実な「現在」の問題であった。だからこそ、日本においては、極東国際軍事裁判を経て、サンフランシスコ講和条約により、主権が回復される一九五〇年代序盤、また韓国においては、日韓国交正常化が行われる一九六五年頃を境として、これらの問題をめぐる議論が低調になったのは当然の結果であった。なぜなら、これらの条約により、先に述べた問題の多くはとりあえず「解決」し、いったん「過去」になったからである。

サンフランシスコ講和条約と日韓基本条約

こうして日本においては一九五〇年代後半から、そして韓国においてはそれから約一〇年遅れた一九六〇年代後半から、歴史認識問題をめぐる議論はいったん急速に鎮静化した。日韓の間で一〇年のずれが生じた原因は、両国にとっての、日韓国交正常化が持つ重要性の違いにあったろう。そこで以下、この点について少し触れておくことにしたい。

日本にとっては、敗戦後の対外関係上の最大の問題は、いかにして自らの国家としての主権を回復するかであり、そこにおいて最重要視されたのは、言うまでもなく、旧敵国である連合国との関係修復に他ならなかった。だからこそ、日本における歴史認識問題に関わる議論転換の大きな契機となったのは、一九五一年のサンフランシスコ講和条約の締結であった。

もっとも、正確に言うなら、サンフランシスコ講和条約の締結は、日本にとっての戦後処理の完全な終結を意味しなかった。深刻化する西側諸国との対立下、ソ連を中心とする東側諸国はこの条約に調印しなかった。中国についても、対立する中華人民共和国政府と中華民国政府のどちらを正統政権として招待すべきかの意見が、米英両国の間で一致せず、両「中国」政府の講和会議への招請そのものが見送られた。イギリス帝国の一部として、連合国の主要な一部を構成したインドでさえ、その内容を不満として講和会議から脱落した。

言い換えるなら、サンフランシスコ講和条約以降も、日本は依然として、戦後処理をめぐる数多くの外交的懸案を抱えていた。そしてそのような多くの外交的懸案を抱えた日本にとって、韓国との国交正常化の重要性は、決して他国とのそれと比べて重要性の大きいものとは言えなかった。ソ連や中国との交渉が、「片面講和」を連合国全てとの関係正常化を意味する「全面講和」に変えるために必須のものであったとするならば、韓国との関係は、「連合国でもない新興独立国」との「新たな関係構築」にしか過ぎなかったからである。

そのような日本の状況を当時の朝日新聞の記事の増減により確認するなら、表2-1のようになる。

表 2-1　『朝日新聞』に見る歴史認識問題に関わる記事の変遷（各期間において，それぞれの語を表題に含む記事の数を示した）

	慰安婦	強制連行	戦争責任	戦争犯罪	戦犯	竹島	東京裁判	靖国	歴史認識	歴史問題
1945-49	0	0	32	260	348	1	406	35	0	0
1950-54	0	0	1	182	683	63	5	35	0	0
1955-59	0	0	1	1	328	8	0	42	0	0
1960-64	0	1	1	0	0	55	1	24	0	0
1965-69	0	0	2	19	58	73	2	83	0	0
1970-74	0	5	17	11	32	8	1	138	1	0
1975-79	1	15	10	3	68	71	6	93	0	0
1980-84	1	8	17	0	57	15	17	216	3	0
1985-89	6	14	80	2	97	17	6	402	2	1
1990-94	600	275	20	23	75	15	11	151	17	1
1995-99	822	222	55	26	141	108	11	132	102	6
2000-04	126	169	27	19	152	79	6	723	43	18
2005-09	225	142	31	14	120	500	47	906	92	32
2010-14	413	57	13	8	56	371	9	324	70	31

出典：朝日新聞「聞蔵Ⅱビジュアル」（http://database.asahi.com/library2/）より筆者作成。

しかしながら、状況は、韓国にとっては異なった。韓国にとっての日本は、植民地支配の当事者そのものであり、その関係の整理は、植民地支配をめぐる問題を、彼らが生きる「現在」の問題から「過去」の問題へと変化させるのに不可欠だったからである。サンフランシスコ講和会議に「連合国の一員として認められない」との理由により、韓国政府が招待すらされなかったことは、韓国人の間に大きな不満をもたらしており、植民地支配をめぐる議論は鎮静化するどころか、むしろ大きく活性化することになった。

だからこそ、韓国における第一の時期が終わるためには、一九六五年の日韓基本条約とそれによる国交正常化を待たなければならなかった。いずれにせよ、およそ一五年の時期の違いの差こそあったものの、こうして日韓

日韓基本条約正式調印（1965年6月22日）
握手する韓国の李東元外務部長（左）と佐藤栄作首相。（時事通信フォト）

の歴史認識問題をめぐる第一の時期が幕を閉じることになる。

第二の時期――沈黙の時代

第二次世界大戦と植民地支配終焉後、一時期は活発に議論された、戦争と植民地支配に関わる議論は、日本においては一九五一年のサンフランシスコ講和条約締結以降、また韓国においては一九六五年の日韓基本条約締結以降、急速に鎮静化した。実際、日韓両国のいかなるメディアのデータを見ても、この時期から一九八〇年代序盤頃までの、いわゆる「過去」に関わる議論は、いずれも低調な水準で推移している。

それではどうしてこのような「歴史認識問題論争の停滞期」が生まれたのだろうか。その原因は幾つか考えることができる。一つは先に述べたように、一連の条約や軍事裁判、さらには法制度の整備の結果、「当面の問題」が「解決」されたからである。第二次世界大戦直後に活発に議論された、植民地支配に対する賠償や、戦争責任、さらには、李承晩ラインに典型的に現れた日韓両国間の境界線をめぐる問題の多くは、サンフランシスコ講和条約や日韓基本条約、あるいは、極東国際軍事裁判や親日派裁判等により、竹島問題等、露骨に「棚上げ」された例外的な事例を除き、そのほとんどが少なくともいったんは、法律的な解決を見ることになった。だからこそこの時期以降、日韓の「過去」をめぐる議論は、むしろ、これらの条約や裁判の解釈やその結果を受け入れるか否かを軸に展開されることになる。

第二は、当時の国際環境において、日韓両国が、これらの条約や裁判の結果を受け入れる以外に、選択の余地をほとんど持たなかったことである。第二次世界大戦において無条件降伏を余儀なくされた日本では、自らの体制の選択や戦争責任者の処罰において、連合国の意向を拒否する権利は最初からほぼ存在しなかった。程度の差こそあれ、同じことは韓国についても言うことができた。日韓基本条約締結と前後して、大規模な反日デモが展開されたことからも分かるように、韓国の世論には、当時の日本との国交正常化のあり方に対する強い不満が存在した。しかし、切迫する経済的困難と、冷戦下、継続する北朝鮮との間の軍事的緊張、さらにはベトナム戦争下、共に自らの同盟国である日韓両国の関係正常化を強く望むアメリカの意向により、韓国がこの条約を拒否することは著しく困難になっていた。

第三に、両国におけるこの時期独特の政治・社会状況が存在した。一九五〇年代から六〇年代の日韓両国は共に、太平洋戦争以前の支配層の一部が、再び社会の中枢部に返り咲いてゆく時期に当たっていた。日本においては、五〇年代に入って、鳩山一郎をはじめとする、占領下において連合国から公職追放を受けた政治家が次々と復権し、再び政界の主流を占めるに至っていた。一九五四年に成立した第一次鳩山内閣では、極東国際軍事裁判でA級戦犯の一人として有罪判決を受けた重光葵《まもる》が外務大臣の座を占め、また、同じくA級戦犯指定を受けた岸信介が与党民主党の幹事長に就任した。そして周知のように、一九五七年にはその岸が首相の座を射止めることになる。一九六二年には、やはりA級戦犯として有罪判決を受けた賀屋興宣《かやおきのり》が「日本遺族会」の会長に就任している。

同様の状況は、程度の差こそあれ、韓国においても存在した。日本植民地支配期において積極的な役割を果たした韓国のいわゆる「親日派」が、大韓民国成立直後の微温的な処分を経て、李承晩《イ・スンマン》政権期にその大部分が復権を果たしたことはよく知られている。事実、五〇年代、「建国の父」李承晩大統領の下で、国務総理をはじめとする政府の重要ポストに就いた人々の大部分は、今日の観点から見れば、「親日派」だと批判されても仕方ない植民地期の経歴を持つ人々だった。もちろん、植民地支配との関係においてより決定的だったのは、一九六一年の朴正煕等による軍事クーデタだったろう。満洲国の陸軍軍官学校を経て、日本の陸軍士官学校を卒業し、日本の統制下にあった満洲国軍の士官を務めた朴正煕が、クーデタを経て大統領に就任したことは、この頃の韓国における植民地支配の「過去」をめぐる状況が、どれほど錯綜した状況にあったかを如実に示している。

しかも複雑だったのは、日韓両国における彼らの台頭が、当時の日韓両国の世論とは無関係の出来事ではなかったことである。鳩山一郎の首相就任が吉田内閣時代の官僚的な雰囲気を一掃することを期待する「鳩山ブーム」により迎えられたこと、さらには、岸信介が首相就任直後の解散総選挙で戦後初の絶対安定多数を獲得したことにも現れているように、少なくとも当時の日本においては、かつての「公職追放組」政治家は——連合国による戦後処理への複雑な感情ともあいまって——一定以上の好感を持って迎えられていた。むしろ苦労していたのは、韓国の朴正煕政権の方だった。朴正煕は政権掌握以降に行われた大統領選挙や国会議員選挙においてたびたびの苦戦を余儀なくされ、最終的には七二年、自ら「上からのクーデタ」を引き起こし、この状況に強制的に幕を降ろすことになった。とはいえ、そのことも必ずしも彼が「親日派」の系譜にいたことの結果だとは言えなかった。なぜなら、当時の人々が朴正熙に対する攻撃の材料として利用したのは、クーデタにより民主主義を中断させたこと、そしてさらには、植民地支配からの解放後、彼に「共産主義者としての過去」が存在したことの方であり、彼を「親日派」として糾弾する声は当時においては、今日のように大きなものではなかったからである。

「私は貝になりたい」

では、どうして彼らの第二次世界大戦以前の「過去」は、今日考えられるほどには、大きな問題とはならなかったのだろうか。理由の一端は、当時の日韓両国社会における、政界以外の分野における主要な顔ぶれを見れば容易に知ることができる。例えば、両国のマスコミに君臨していた人々の名前を見てみよう。当時の日本の有力紙、『朝日新聞』と『読売新聞』の社主であった村山長挙《ながたか》と正力松太郎は共に公職追放措置を受けた経験のある人物であった。同様の状況は韓国においても存在した。二大紙である『朝鮮日報』と『東亜日報』の解放直後の社主、方応模《バン・ウンモ》と金性洙《キム・ソンス》の両名には、共に植民地支配への協力の過去が存在していた。政権党に対峙すべき野党においても同様の問題が存在した。日本の最大野党、社会党には、右派の領袖であり一九六一年に委員長にも就任した河上丈太郎をはじめとする多くの公職追放経験者が所属しており、また韓国においても、野党幹部やその大統領候補の多くには、何らかの植民地当局との協力の過去が存在した。

明らかなのは、この一九六〇年代から七〇年代の時期に、日韓両国の社会において主要な位置を占めていた人々の多くが、戦時期の過酷な総力戦体制を経験し、その中で、当時の体制と一定以上の関わりを持たざるを得なかったことだった。そして同じことは一般の人々についてさえ言うことができた。言葉を変えて言うなら、一九四五年から四半世紀前後を経たに過ぎない当時において、総力戦期の過去は、多くの人々にとってその責任を互いに追及するには、未だ余りにも生々しすぎる「現実」だったのである。

このような当時の状況を典型的に示すのは、草創期の日本テレビ界を代表するドラマとして知られる、「私は貝になりたい」の大ヒットであったかもしれない。ドラマの主人公は第二次世界大戦末期に上官の命令により連合軍パイロットを殺害した容疑でBC級戦犯に指定され、死刑宣告を受けた元軍人である。日本軍の残虐な体質や、その状況を理解しようとしない連合国の処分に対する鬱屈した思いを赤裸々に描いたこの作品で、死刑執行のための階段を登る主人公が最後に呟くのが、「どうしても生まれ変わらなければならないなら、私は貝になりたい」という有名な台詞である。そこには理不尽な現実にもかかわらず、自らの思いを抑圧して、それを受け入れるしかない状況下に置かれた、当時の人々の苦悩が凝縮されている。

重要なことは、一九六〇年代から七〇年代の日韓両国社会において中心的な地位を占めた人々が、総力戦において最も大きな傷を負った世代に属していたことである。言い換えるなら、彼らこそが、兵士、労働者、あるいはその他の形で、戦場や、鉱山、工場に動員され、あるいは最も国粋主義的な教育を受けた人々に他ならなかった。だからこそ彼らの心理的傷はあまりに大きく、だからこそ彼らはこれらの問題を積極的に提起することができなかった。

第三の時期——戦後世代の登場と歴史の再発見

一九六〇年代から七〇年代において、「過去」をめぐる議論が積極的に提起されなかった理由は、恐らく、もう一つ存在した。それは、当時の社会の構成員の大多数が、総力戦期や植民地支配末期を実際に生きた人々であり、当時の状況の詳細について、あえて確認し、語る必要がなかったことである。異なる表現を用いるなら、この当時の日韓両国の社会において主流派を占めた人々は、その立場こそ様々であったにせよ、実際に今日問題となっている「過去」を生きた人々だった。だからこそ彼らの間には、「何を語るべきか」以上に「何を語る必要がないか」に関わる了解事項も存在した、ということになる。

しかし、このような状況は、第二次世界大戦と植民地支配が終結して三五年以上を経過する、一九八〇年代になると変わることになる。つまり、社会全般において「戦後世代」が登場する時期である。ここでいう「戦後世代」とは、総力戦期や植民地期を直接体験しなかった人々のことであり、彼らが社会において存在感を増すにつれ、「過去」をめぐる議論は全く性格を異にするものへと変容することになった。

このような当時の状況を典型的に示すのが、一九八〇年代頃を境に、日韓両国において一斉に「歴史の再発見」とも言える、戦時期に関わる研究や当時の状況を糾弾する運動が開始されることである。言うまでもなく、その代表的な事例は、従軍慰安婦をめぐる動きである。七〇年代、日本の一部研究者や運動家によって提起され始めたこの問題は、同じ時期の韓国では、ほとんどと言ってよいほど関心を持たれなかった。例えば、この研究分野における韓国での開拓者的な役割を果たした尹貞玉《ユン・ジョンオク》は、英文学を専門とする人物であり、そのことは従軍慰安婦をめぐる問題が、日本側の一部からの問題提起にもかかわらず、この時点での韓国歴史学界において、ほぼ完全に無視されていたことを示している。事実、韓国の主要学術データベースによると、「従軍慰安婦」や「挺身隊」に関する学術論文は、七〇年代以前にはほぼ皆無であり、また、八〇年代においてさえ、わずか数本しか存在しなかった。また、その限られた論文も大半が歴史学ではなく、キリスト教系の女性問題に関わる雑誌に掲載されている。

しかしながら、この状況は一九八〇年代末になると劇的に変わる。従軍慰安婦問題をも内含する韓国での最初のシンポジウムは八八年に行われ、ここで先の尹貞玉はそれまでの研究成果を披露している。九〇年には、尹貞玉は、韓国の進歩系紙『ハンギョレ新聞』に、有名な「挺身隊　怨念の足跡取材記」の連載を開始した。連載は当時の韓国社会において大きな注目を浴び、この問題はやがて九一年末頃には、日韓間における最重要な「歴史認識問題」のイシューへと浮上することになる。

さて、本節において重要なのは、この従軍慰安婦問題の展開過程が、当初、「隠された歴史の真実を発掘する」形で行われたことである。つまり、この時期になると、植民地支配期の状況をめぐる研究や運動は、その実態を人々が知らないことを前提に行われるようになっていたわけである。そのことを何より如実に示すのは、従軍慰安婦問題をめぐる運動の中心の一つが、「従軍慰安婦その人を探す」

ことに置かれたことであったかもしれない。このことは、一九八〇年代末の韓国では既に、日本統治期をめぐる「過去」の記憶が曖昧になりつつあったことを典型的に示している。そして、そのことは従軍慰安婦問題において如実に現れた。なぜなら、それまでの韓国では、「従軍慰安婦であったこと」は恥ずべきことであると見なされており、それゆえ、多くの元従軍慰安婦は自らの過去を隠して暮らすことを余儀なくされていたからである。だからこそ、「誰が従軍慰安婦であったか」は、解放後の歴史の中、一時は半ば意図的に忘れ去られていくことになっていった。

2　国際関係の変化

従軍慰安婦問題から見えるもの

「戦前世代」にとって、植民地支配は自らが直接体験した「思い出したくない現実」であり、だからこそ彼らはその詳細について、積極的に語ろうとはしなかった。加えて、そこにはたとえ、彼らが自ら勇気を振り絞って、体験した過去について声を上げようとしても、それを困難にするような状況も存在した。なぜなら声を上げることは、自分自身を含む多くの人を傷つける可能性のある行為であり、それゆえに大きな声を上げることには、時に大きな圧力すらかけられることになったからである。

だからこそ、その「戦前世代」の社会の一線からの退場は、社会における大規模な過去に対する忘却をもたらした。従軍慰安婦問題をめぐる状況は、まさにそのような世代交代によってもたらされた新しい状況を典型的に表していた。忘却の後には事実の再発見があり、再発見された事実はそれが忘却の彼方にあったからこそ、若い世代に衝撃を与えた。そして周知のように、従軍慰安婦問題は、一九九〇年代に入ると、日韓両国間の最大の懸案事項にまで浮上する。

そしてこの問題の展開は、我々に日韓両国に横たわる歴史認識問題を考えるもう一つの鍵を与えてくれる。既に述べたように、従軍慰安婦問題をも包含するシンポジウムが韓国で最初に行われたのは一九八八年であった。しかし、それがなにゆえに八八年でなければならなかったのかにも理由があった。それは、韓国にとっての八八年が、ソウル五輪開催の年であったからである。

ソウル五輪・「キーセン観光」批判・歴史認識問題

ここでの問題は、ソウル五輪と従軍慰安婦問題の関係である。まず理解しなければならないのは、当時の韓国にとってこの五輪がいかに重要なイベントだったかであり、またそれゆえに大きな負担だったことである。一九八八年における国際社会では、未だ冷戦が続いており、韓国の政治的・経済的影響力は今日とは比べ物にならないほど小さかった。そのような当時の韓国にとって国際社会の耳目を集める五輪開催は、文字通り、自らの「国運」をかけた出来事だったのである。さらに厄介なことに、当時の五輪は深刻な危機にも見舞われていた。それは、ソウル五輪に先立つ二つの五輪が、東西冷戦の下、ボイコット騒ぎに見舞われていたからであった。すなわち、八〇年のモスクワ五輪は、ソ連のアフガニスタン侵攻に抗議するアメリカなど西側諸国のボイコットにより片肺大会に終わり、その報復として、ソ連など東側諸国もまた、四年後に行われたアメリカのロサンゼルスでの大会をボイコットした。つまり、ソウル五輪に先立って八〇年代に入って開かれた二度の五輪は、それが圧倒的な国力を持つ米ソ二超大国によって行われたにもかかわらず、いずれも世界のアスリートが一同に会する場となることに失敗していたわけである。当時の五輪はその存在意義さえ疑問に思われる状況にあった、と言っても過言ではなかった。

このような状況において、続く五輪の大会を、東西冷戦の最前線に位置する、アジアの小さな分断国家である韓国が主催することは、無謀にさえ思われた。実際、東側諸国には、ソウル五輪をボイコットする理由は無数に存在した。その第一はもちろん、五輪直前までの韓国を支配したのが、二度の軍事クーデタと光州事件を経て権力を掌握した全斗煥政権だったことであろう。この政権下における人権や民主化をめぐる状況を考えれば、東側諸国が五輪を人質にする形で、韓国、そしてその背後にあるアメリカに揺さぶりをかけたとしても、むしろそれは当たり前のことであるとさえ見なされたかもしれなかった。そもそも依然として激しい北朝鮮との対立状況にあった当時の韓国は、スポーツ大国でもあったソ連や中国、さらには東ドイツとの、国交さえ持っていなかった。一九八三年には、ソ連による大韓航空機撃墜事件と、ミャンマーのヤンゴンでの北朝鮮による全斗煥大統領暗殺未遂事件、いわゆる「ラングーン事件」が相次いで起こっており、五輪の直前の年、八七年には、やはり北朝鮮による大韓航空機爆破事件も起こっている。このような状況下で、韓国において五輪が正常に開催されるのは、控えめに言ってもきわめて困難であるかのように見えた。

だからこそ、当時の全斗煥政権は、この五輪開催に全力を注ぎ、韓国という国を世界に積極的にアピールすることに努めることになった。そして、その一つのアピール方法が海外からの観光客の誘致だった。より多くの世界からの観光客を誘致することにより、韓国社会の魅力と安全性をアピールし、五輪の成功へと繋げようというわけである。そして当時の韓国にとって、隣国であり、一九八〇年代のバブル景気に沸く日本はその最も重要なターゲットであり、当然の如く、そのマーケットに対して、活発な宣伝活動が展開された。渥見二郎が歌う「釜山港へ帰れ」が大ヒットし、その原曲を歌う趙容弼《チョー・ヨンピル》がＮＨＫの紅白歌合戦に招かれた時代である。結果として、この時期、韓国を訪れる日本人の数は劇的に増加した。ソウル五輪直前の時期は、第二次世界大戦後、初めて「普通の日本人」が大量に韓国を訪問するようになった時期でもあったのである。

しかしながら、この一見、肯定的に見える現象には、暗い影の部分が存在した。それは当時の韓国への日本人観光客の多くが男性によって占められており、その相当部分の観光目的が「買春」にあったことだった。この「キーセン観光」と呼ばれた観光のあり方は、当時の韓国人、特にその女性をして、日本人に対して反感を持たせるに十分であった。かつて軍事力で自分達を支配した人々が、今度は経済力にものを言わせて、韓国の女性を「買い」にやって来る。彼女らは、こうして日本人に対する反感を新たにし、またその日本人を、諸手を挙げて歓迎する、時の政権に反発した。

結果として大きな運動の「結び目」ができる。「キーセン観光」への反発は、日本への反発となり、それは過去の日本による植民地支配批判と結びついた。日本人は昔も今も同じ「汚れた」存在だ、というわけである。そして、その結果として発掘されるのが、従軍慰安婦問題なのである。だからこそ、この運動が当初から歴史学者たちよりも、女性運動家たちによって担われたのは、ある意味では当然

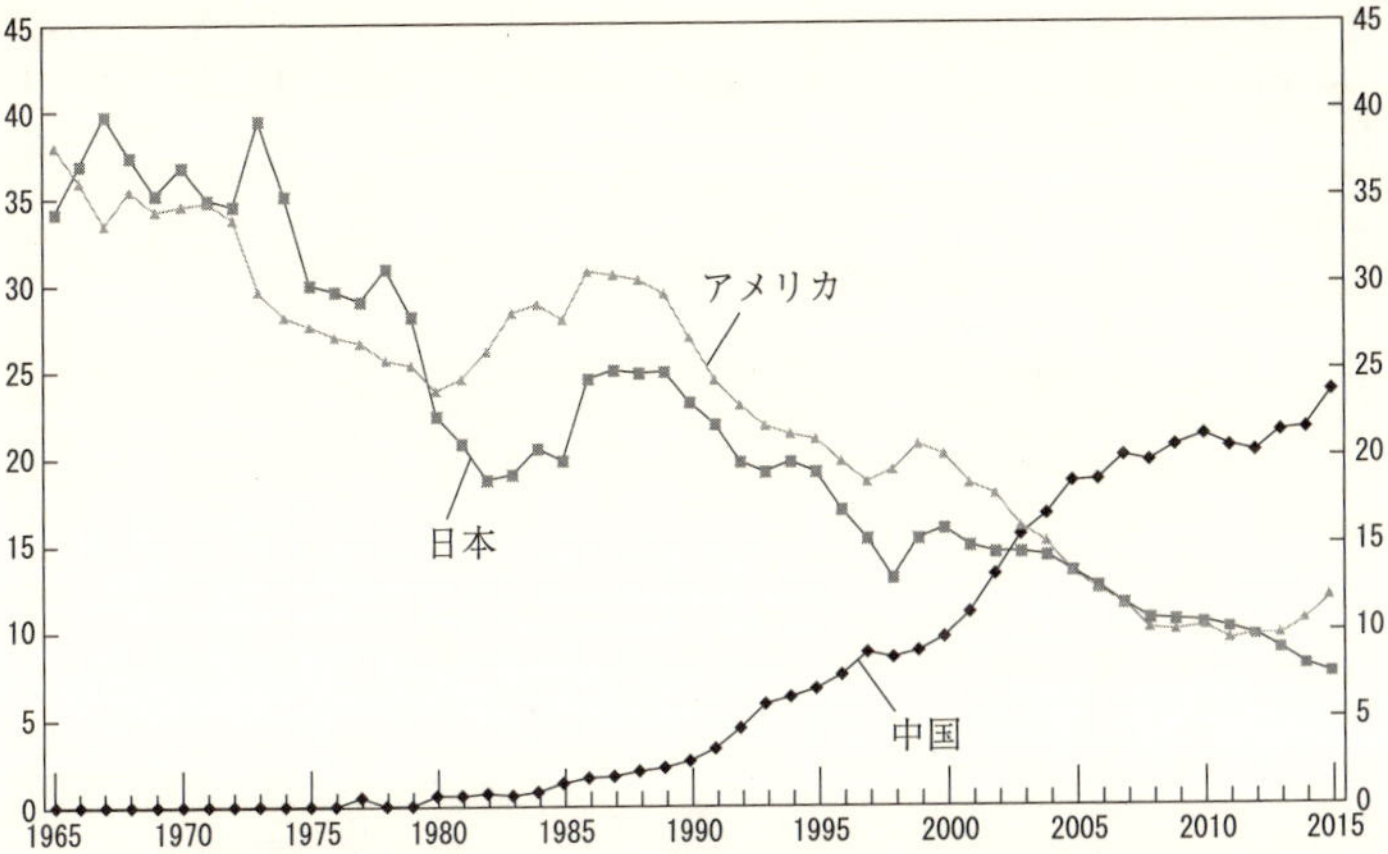

図 2-1　韓国貿易における主要諸国のシェア（輸出入合計）
出典：KOSIS 国家統計ポータル（http://kosis.kr）より筆者作成。

のことだった。そして、この運動は既述のように時の政権批判の要素をも有しており、当時の韓国において大きな流れとなりつつあった民主化運動とも容易に結びついていくことになる。こうして従軍慰安婦問題は、韓国の女性達による、植民地支配批判運動と女性の権利向上運動、そして民主化運動の三重のシンボル的地位を獲得していくことになる。

韓国をめぐる国際情勢の変化

さて再び重要なのは、先の従軍慰安婦問題の展開に見られるように、歴史認識問題のあり方が、その時々の日韓関係や両国の国内状況によって、大きく影響を受けていることである。そこで、ここではまず、国際関係の変化が歴史認識問題にどのような影響を与えているかを、違う観点から少し整理して見ることにしよう。

指摘しなければならないのは、韓国をめぐる国際状況が、八〇年代を前後する時期に大きく変化していったことである。例えば、図2-1は、韓国の対外貿易に占める主要三カ国、つまり、日本、中国、アメリカのシェアの変化を示したものである。日韓関係について、このグラフから第一に読み取れるのは、日本のシェアがほぼ一直線に低下していることである。アメリカと違い、軍事力により存在感を示せない日本にとって、経済力は国力の最大の源であるといってよい。そして貿易は投資と並んで、ある国におけるその国の経済的な存在感を示す重要な指標であり、そのシェアの急激な低下は、この時期の韓国における日本の影響力の低下を如実に示している。ちなみに同様のシェアの低下は直接投資額についても言うことができる。つまり、この時期の韓国経済にとっての日本の重要性低下は広く見られた現象であった、ということになる。

それでは、このような韓国における日本の経済的シェアの低下は、どうして起こったのだろうか。このような時、通常言われるのは、次の二つのことであろう。一つは、日本経済自身の低迷であり、もう一つはこれに代わる中国の台頭である。つまり、そこには衰えた日本のシェアが、躍進する中国により奪われる、という比較的単純な理解が存在する。

しかしながら先のグラフを少し仔細に見れば、その理解が単純に過ぎることがすぐに明らかになる。貿易面における日本のシェアの急激な低下は、一九七〇年代後半に既に始まっている。日本経済が、その後、バブル経済の絶頂期に向かって行くことを考えれば、この時期の日本のシェア低下が日本経済の低迷によると見ることは、きわめて難しい。中国については、七〇年代後半には、韓国との直接貿易は皆無に等しい。先にも述べたように、冷戦期の中韓両国は国交さえ有していなかったから、公式の直接貿易をすることは不可能だったからである。

日本のシェアの低下が、日本経済の低迷や中国の台頭のみによって説明されないことは、もう一つのアメリカの数値の変化を見れば、より明らかになる。アメリカの貿易上のシェアは日本のそれとほぼ平行した形で推移しており、そのことは、この経済的シェアの低下が、日本側の要因によってのみ説明され得ないことを示している。一九八〇年代以降、中国のシェアは劇的に伸びてはいるが、その水準は二〇〇九年においてさえ、絶頂期の日本のシェアの半分を少し超えた程度である。七〇年代後半から二〇〇九年までの間に、日米両国は併せて五〇％以上のシェアを失っているが、中国はその半分にも満たない二〇％強を吸収したに過ぎない。

それではこの現象はどのように理解すればよいのであろうか。ここにおいて留意すべき点は大きく二つある。すなわち、特定の問題をめぐる個別の事情と、それを取り巻くより大きな状況である。言葉を変えて言うなら、日韓の例にのみ見られる特殊な現象と、日韓以外の例にも見られる一般的な現象である。ここではまず、後者の一般的な現象の方から見ていくことにしよう。

最初に確認しなければならないのは、日韓間以外の各国における状況がどうなっているかである。結論から言うなら、日韓間に見られるような現象は、多くの国々において見ることができる。例えば、貿易や投資における日本のシェアの低下は、中国や東南アジアにおいても観測することができる。そしてさらに言うなら、これを「ある途上国において、かつては圧倒的な存在感を誇った旧宗主国をはじめとする先進国の経済的存在感が顕著に低下した現象」だと見なすなら、我々は類似した例を世界中の多くの国で発見することができる。韓国におけるアメリカの影響力低下は既に述べたところであるが、同様のアメリカの経済的存在感の低下はやはり中国や東南アジアでも観測することができる。ヨーロッパにおいても、似た現象は存在する。経済的統合の著しい進展が指摘されるEUにおいてさえ、その域内貿易のシェアは通貨統合に代表されるような制度的な整備にもかかわらず、この一〇年間はむしろ減少する傾向を見せている。

このような現象は、二つの要因から説明することができる。一つ目は、世界経済全体における「古い」先進国全体のシェアの低下である。先進国と途上国の間には、その定義上、必然的に賃金格差が存在する。低賃金労働によって生産された途上国の商品は、当然、高賃金労働によって作られた先進国のそれより、価格を低く設定することができるから、品質さえ同じであれば、より大きな競争力を持つことができる。このような低賃金労働を利用した途上国の経済発展は、韓国をはじめとするいわゆるアジアＮＩＥｓの経済発展に刺激される形で、多くの途上国が輸出主導型経済発展戦略をとることとなった八〇年代後半以降、世界各地で見られるようになった。そして、今日では途上国全体の成長率が先進国全体のそれを上回るのは当たり前の状況が続いている。結果として世界経済における先進国の比重が低下している以上、その先進国の一つである日本が、韓国をはじめとする各国の市場においてそのシェアを低下させているのは、ある程度必然的な現象である。

そして、このような状況は、平行して進む、二つ目の現象と相まって、より大きな影響を持つようになる。すなわち、世界経済のグローバル化である。グローバル化とは、簡単に言うなら、我々の生活における国際的選択肢の増加を意味している。例えば一般の人々にもわかりやすい例としては、海外旅行の選択肢の増加を挙げることができるだろう。今から四〇〜五〇年前、未だ海外旅行が限られた人々のための贅沢であった頃、多くの日本人が訪れた最初の外国は、韓国や台湾といった隣国や、グアムやハワイのような比較的日本に近い所にあるリゾート地だった。もちろんそこからさらに余裕がある人は、大枚を叩いて、アメリカ西海岸や西ヨーロッパに足を運ぶこともあったかもしれない。しかし、大抵の場合、そこまでが限界だった。言い換えるなら、仕事や研究等の特別な事情がある場合を除き、当時の日本人にとって、それ以外の国々を訪れることは、きわめて困難なことだった。中東やアフリカ、さらにはラテンアメリカの国々は、人々にとって依然として漠然とした想像の中にしか存在しなかった。テレビでは、これら「見知らぬ国」の話が面白おかしく紹介され、怪しげな「探検隊」の冒険ドキュメンタリーが、お茶の間にまことしやかに届けられていた時代である。

しかしながら、現在の海外旅行は、かつてとは随分様変わりしたものとなっている。旅行会社に行けば、様々な種類のツアーが並んでおり、行き先も実にバラエティに富んでいる。一昔前には、大金を積んでも行くことの難しかった世界の各地は、今や気軽に足を運ぶことができる場所になった。大事なことは、このような選択肢の増加が、必然的にかつては特殊な重みをもって受け止められていた古い選択肢の重要性の低下をもたらすことである。同じ海外旅行の例を用いるなら、例えば今から半世紀近く前、一九六五年のジャルパックが開始された頃なら「ハワイに行ってきた」という言葉は、明らかな誇らしさをもって響いただろう。しかし、海外旅行が一般化し、その手段や行き先も多様化した今日では、同じ言葉は、もはや文字通り以上の意味を持ってはいない。

日韓間の人的移動から

そして言うまでもなく、日韓関係もこのようなグローバル化のただ中にある。例えば表2-2を見てみよう。今やあちこちでハングル表記が見られるようになったことに現れているように、わが国を訪れる韓国人観光客は増加傾向にある。

しかしそのことは、韓国人、あるいは日本人にとって、互いの国がより重要な訪問先になっている、ということではない。そのことは同じ表2-2に載せてあるように、旅行先としての日本のシェアを見ればわかる。為替の変動に影響され、大きな凸凹があるにせよ、韓国人にとっての海外旅行先としての日本が占めるシェアは減少傾向にある。韓国を訪れる訪問客に対する日本人の比率に至っては、ピーク時から見て激減と言ってもよい。そして、そのことは、この間に、サッカーワールド杯共催や韓流ブームがあり、また、リーマンショックに伴う劇的なウォン安による日本人観光客の絶対数増加があったことを考えれば、驚くべきことだとさえ言うことができる。

そしてその原因は明白である。日韓両国間の交流が増えているにもかかわらず、そのシェアが低下している原因は、その他の地域との交流がより急速に増加しているからである。事実、現在の韓国では日本は以前ほど人気のある観光地だとは言えない。逆にかつては日本人観光客目当てに、韓国の各地で掲げられていた日本語の看板も、今では中国語のそれに取って代わられようとしている。

このことから明らかなのは、交流の量的拡大が必ずしも、相互がより密接になることを意味しない、ということだ。グローバル化の進む世界ではこれまで交流の少なかった地域との交流が、交流の多かった地域との交流よりも早い速度で拡大する。脱線を承知であえて付け加えるなら、例えば、そのよ

表 2-2　日韓両国間の人的移動（1996〜2010 年）

	日本→韓国 (A) 単位：人	韓国→日本 (B) 単位：人	合　計 単位：人	世界→韓国 (C) 単位：人	韓国→世界 (D) 単位：人	韓国訪問者に対する日本人の割合（A/C） 単位：%	韓国出国者に対する日本訪問者の割合 (B/D) 単位：%
1996	1,526,559	1,111,316	2,637,875	3,683,779	4,649,251	41.4	23.9
1997	1,676,434	1,126,573	2,803,007	3,908,140	4,542,159	42.9	24.8
1998	1,954,416	822,358	2,776,774	4,250,216	3,066,926	46.0	26.8
1999	2,184,121	1,053,862	3,237,983	4,659,785	4,341,546	46.9	24.3
2000	2,472,054	1,100,939	3,572,993	5,321,792	5,508,242	46.5	20.0
2001	2,377,321	1,169,620	3,546,941	5,147,204	6,084,476	46.2	19.2
2002	2,320,820	1,266,116	3,586,936	5,347,468	7,123,407	43.4	17.8
2003	1,802,171	1,435,959	3,238,130	4,752,762	7,086,133	37.9	20.3
2004	2,443,070	1,588,472	4,031,542	5,818,138	8,825,585	42.0	18.0
2005	2,440,139	1,739,424	4,179,563	6,022,752	10,080,143	40.5	17.3
2006	2,338,921	2,117,325	4,456,246	6,155,047	11,609,878	38.0	18.2
2007	2,235,963	2,600,694	4,836,657	6,448,240	13,324,977	34.7	19.5
2008	2,378,102	2,382,397	4,760,499	6,890,841	11,996,094	34.5	19.9
2009	3,053,311	1,586,772	4,640,083	7,817,533	9,494,111	39.1	16.7
2010	3,023,009	2,439,816	5,462,825	8,797,658	12,488,364	34.4	19.5
2011	3,289,051	1,658,073	4,947,124	9,794,796	12,693,733	33.5	13.0
2012	3,518,792	2,042,775	5,561,567	11,140,028	13,736,976	31.5	14.8
2013	2,747,750	2,456,165	5,203,915	12,175,550	14,846,485	22.5	16.5
2014	2,280,434	2,755,313	5,035,747	14,201,516	16,080,684	16.0	17.1
2015	1,837,782	4,002,100	5,839,882	13,231,651	19,310,430	13.8	20.7

註：韓国文化観光研究院（http://www.tour.go.kr/stat/st_inbound_viw.asp）より筆者作成。2010 年の数値は速報値。

うな状況は、地域統合に対する逆風としても現れる。東アジアでもヨーロッパでも、全体に対する域内の貿易や投資のシェアは増加するどころか、減少している。その背景にあるのも、やはりグローバル化である。以前は地理的に近い所にあるからこそ重要だった近隣諸国との関係は、今や、遠隔諸国との関係のより早い速度での進展により、相対化されようとしている。そして、日韓関係もこのような大きな流れの中にある。かつては密接であった日韓両国互いの存在は、グローバル化の中で否応なく相対化される危機に晒されているのである。

3 経済政策と冷戦の終焉

韓国の経済発展と発展戦略

しかしながらそのことは、韓国にとっての日本の重要性の低下が世界経済における先進国の地位低下と、グローバル化の進展という、世界の他の地域でも見られる一般的な現象によってのみ説明されるということを意味しない。日韓関係には、他の地域の国際関係には見られない重要な特徴が存在し、それらもまた、今日の日韓関係に大きな影響を与えている。次にその点について考えてみよう。

この問題を考える上でヒントになるのは、今日の日韓関係の変化の非対称性である。本書では、ここまで韓国における日本の存在感が低下していることを、経済と人的移動の双方から示してきた。しかしながら同じことは、日本における韓国の存在感においては少なくとも大規模には起こっていない。

事実、日本全体の貿易に占める日韓貿易のシェアも、また、日本人の出国先としての韓国の位置も、増加こそしていないものの韓国における同様のものほどは大きく減少しているわけではない。つまり、韓国における日本の重要性が大きく低下する一方で、日本における韓国の重要性はそれほど変化していない。文化交流等の面に顕著に現れているように、日本においてはむしろ韓国の存在感が大きくなっている部分すら存在する。韓流ドラマがテレビにあふれ、一昔前には見られなかったハングルの看板が、街にあふれるようになったことはそれを如実に示している。だからこそ、我々は韓国において日本の存在感や、日韓関係の重要性が大きく低下している、という事実を突きつけられると、逆に大きく驚かされることになる。

このような日韓関係の非対称性を説明する第一の要因は、韓国の経済成長である。例えば、日韓間の貿易の規模は、韓国にとっても日本にとっても同じだから、韓国にとってのシェアが低下し、日本にとってのシェアが大きく変わらないとすれば、それは日本全体の貿易額の成長の速度よりも、韓国全体の貿易額の成長の速度が大きいからである。そして、そのような韓国の貿易の拡大をもたらしている一つの要因が、韓国の経済成長なのである。一九六〇年代には極東の小さな発展途上国にしか過ぎなかった韓国は今や、G20に名を連ねる世界の「経済大国」の一つになっている。目覚ましい経済成長の結果、韓国は、かつては大きな関係のなかった諸国にも自らのマーケットを広げることになった。その中で「古いお得意様」であった日本の重要性は、否応無しに低下することとなった、というわけである。

ここまで、韓国における日本の経済的地位の低下の原因を三つ指摘した。一つは、普遍的な現象としての、世界経済全体における古い先進国の地位の低下であり、その一つである日本の経済的地位の低下は、この傾向に沿ったものだということができた。二つ目はグローバル化であった。グローバル化が我々の生活における国際的選択肢の拡大を意味している以上、グローバル化の結果、以前は圧倒的な比重を占めていた韓国経済における隣国、日本の位置が相対化されるのは必然であった。これらの現象は、類似する二国関係、つまり、地理的に近接するかつての先進国と途上国の関係においては、普遍的に見られるものであり、その意味では、日韓関係の変化は、ある程度、他国と同じ文脈で説明することができた。

グローバル化を加速させる経済政策

しかしながら、そのことは日韓関係の変化を考える上で、その特殊性を考えなくてもよいことを意味するわけではなかった。そのような特殊性の一つとして挙げたのが、第三の要素である、韓国の経済発展であった。一九六〇年代以前には極東の小さな貧しい分断国家に過ぎなかった韓国が、以後、急速な経済成長を遂げたことはよく知られている。韓国は経済成長により、その影響力を世界に拡大し、今日では世界各地に様々な取引先を持つこととなった。結果としてやはり日本のシェアは低下せざるを得なかった。

とはいえ、このような理解は、あくまで韓国をめぐる状況からその変化を類推したものに過ぎない。グローバル化一つとっても、それが世界的に進行しているということが直ちに、その影響が直接的に全ての国に及ぶ、ということを意味するわけではない。例えば、いささか極端な例ではあるが、同じ

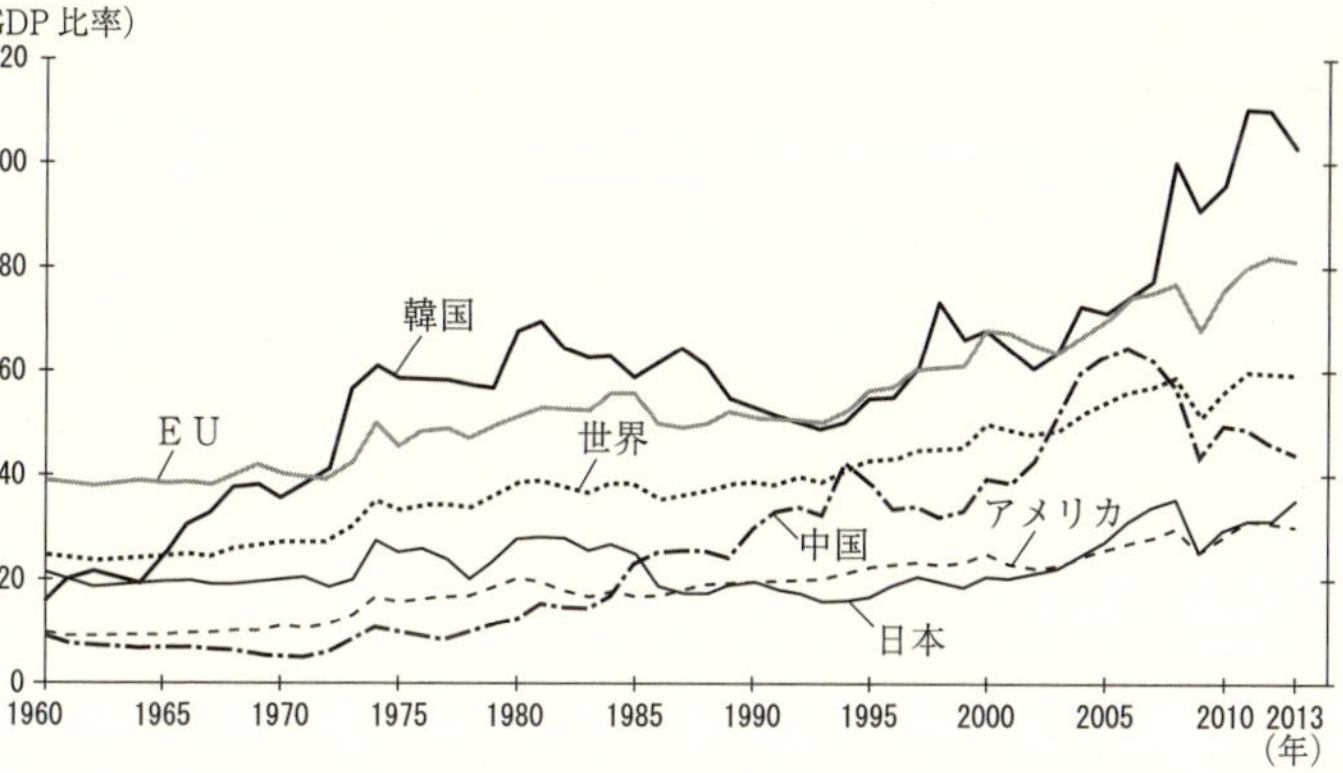

図 2-2　貿易依存度の推移（1960～2008 年）

出所：世界銀行のデータベース（http://databank.worldbank.org/data/home.aspx）より筆者作成。

朝鮮半島の北半を占める北朝鮮は、グローバル化する世界をあざ笑うかのように、閉鎖的な経済体制を維持している。北朝鮮の例は、各国は政策次第でこれらの現象の自らに対する影響をある程度まで変化させ得ることを意味している。

それでは韓国はこれらの状況にどう対処してきたのだろうか。この点を考える上で我々に重要な示唆を与えてくれるのが、上の図2-2である。ここで示されているのは、韓国や日本、そしてアメリカや中国、ＥＵ、さらには世界全体の貿易依存度の推移である。貿易依存度とはすなわち、ＧＤＰの金額に対する貿易額の割合であるから、これが伸びているということは、ＧＤＰの成長を上回る速度で、貿易が拡大している、ということを意味している。

明らかなのは、この貿易依存度のグラフにおいて、日韓両国は全く異なる動きを示している、ということである。世界経済が貿易依存度を上げているにもかかわらず、日本のグラフは停滞し、むしろ時期によってはその数値を低下さえさせている。これに対して、韓国のグラフは、急速な伸びを見せているだけでなく、同じく急速な経済成長を遂げている中国と比べてさえ、きわめて高い水準で推移している。

それでは韓国の貿易依存度はどうしてこのような推移になっているのだろうか。その理由はグラフをもう少し細かく見ると知ることができる。韓国の貿易依存度が大きく向上しているのは、一九七三年と八〇年、そして九七年から九八年と、二〇〇八年の三つの時期である。言うまでもなく、それぞれの時期にあったのは、第一次と第二次の石油危機、九七年に起こったアジア通貨危機、そして我々の記憶に未だ新しいリーマンショック後の金融危機に他ならない。そしていずれの時期においても、韓国経済は大きく追い込まれ、なかんずくアジア通貨危機においては、国家破産の瀬戸際にまで追い込まれた。

韓国の貿易依存度がこれらの危機ごとに大きく上がっていることは、すなわち、彼らがこれらの危機を乗り切るために、より大きく貿易に依存する経済体制へと舵を切って来たことを意味している。さらにいったん上昇した貿易依存度は、危機が去った後も元の水準には戻ることはなく、一定のレベルで高止まりしている。それはすなわち、韓国経済が危機を迎える度に、その性格をより世界経済に依存する方向で構造改革を行うことを繰り返して、過酷な国際競争を生き残ってきたことを意味している。それは、バブル崩壊後の日本が、積極的な構造改革を行わず、結果、低い貿易依存度に終始してきたのとは好対照になっている。

もちろん、日韓両国が異なる道筋を歩んだのには様々な理由がある。何よりも重要だったのは、為替をめぐる状況だったかもしれない。世界的な経済危機においては、常にウォンは売られ、円は買われる傾向にある。ウォンの暴落が危惧される一方で、他の主要通貨に比べて円は安定していると見なされているからである。そしてだからこそ、韓国にとって経済危機は、通貨不安をもたらすものであると同時に、ウォン安の恩恵を受けた輸出拡大の好機でもあった。対して、経済危機に際して円高が進む日本では、金融危機が限定的な範囲で留まる一方で、輸出産業は大きな打撃を受けた。このような状況は危機に際して、韓国政府をして輸出振興を機軸とするグローバル化に即した改革の方向に舵を切らせる一方で、日本の対外経済政策をより内向きなものにさせることになった、ということができる。

経済政策とその背景の分析はこの辺りにしておこう。ともあれ本書において重要なことは、一九七〇年代以降、韓国は後にグローバル化と呼ばれることになる現象に積極的に対処し、これを正面から受け止める方向で改革を続けてきたことである。その結果、韓国においては、先進国の影響の低下も、グローバル化の影響も、また経済成長による取引相手の増加のそれも、他国よりも大きく現れることになったのである。

冷戦と内戦からの出発

しかし、これらもまた、韓国における日本の存在感の急激な低下の説明として十分ではない。なぜなら、日韓関係はその出発点が既に特殊だからである。例えば、既に図2-1で示したように一九七〇年代前半、韓国の貿易の四〇%近くが日本との取引で占められており、続く地位を占めたアメリカのシェアを併せれば、日米両国だけで七五％近くものシェアを占めていた。今日考えれば、そもそもこのような状態自体、きわめて特異であり、当然、韓国がなにゆえにこのような状況にあったかが説明される必要がある。

結論から言えば、その背景にあったのは冷戦である。例えばそのことは、朝鮮戦争直後の韓国の貿易額を見ればすぐわかる。朝鮮戦争が終結した翌年、一九五四年の韓国の輸出高は約二四二五万ドル、これに対して、輸入はその一〇倍近い二億四三三二万ドルだった。言うまでもなく、このような異常な状況を支えていたのは、アメリカからの大量の援助であった。つまり、当時の韓国はアメリカからの膨大な援助で海外の物資を輸入することでどうにか経済をやりくりできる状態だったと言える。同じことは国家財政についても言うことができた。文字通り、財政・経済ともにアメリカからの援助頼みの状態だった、ということが出来る。

当然のことながら、このようなアメリカに大きく依存する韓国が、冷戦下、ソ連や中国をはじめとする社会主義圏諸国に接近することなど不可能だった。窮乏する状況の中、物資はどこからか輸入されねばならず、その役割を担ったのが日本だった。アメリカが援助し、日本が輸出する、こうして韓国を取り巻く特殊な経済状況が形成されていった。

周知のように、このような状況は、やがてアメリカがその戦略的関心を朝鮮半島からベトナムに移し、それにより韓国に対する援助を急減させると変わることになる。時は既に朴正熙政権期であり、外貨不足に苦しむ韓国は、その獲得のために輸出主導型経済発展戦略を発動することを余儀なくされた。とはいえ、大量に輸出できる一次産品もなければ、自力での工業化を推進できるだけの力を持たなかった当時の韓国にできることは限られていた。すなわち、外資を受け入れて工場を設置し、低賃金労働力を利用した労働集約型産業から作り出された商品を輸出して、外貨を稼ぐ、という方法である。しかしながら、貧しく、政治的にも不安定な、極東の分断国家に過ぎない当時の韓国への投資に関心を見せる国は多くなかった。だからこそ結局、韓国はここでも日本に多くを頼ることとなった。合弁を中心とする形で韓国に進出した日系資本によって建設された工場では、日本から輸入した中間財と生産財を利用して作り上げた製品が、世界各地へと輸出された。だから結果として、一九六〇年代以降七〇年代半ばまで、韓国の日本に対する依存度はむしろ上がり続けることとなった。

しかし、それもまた、冷戦下における特殊な状況がもたらしたものだった。だからこそ、一九七〇年代後半に入ってベトナム戦争が終結し、デタントが進む頃になると、韓国を取り巻く状況は変化を見せることとなる。統計上でも一九七四年にはソ連との貿易額が初めて登場し、一九八〇年には中国との直接貿易額も公になった。交流が進んだのは経済分野だけではなかった。例えばその一つに、スポーツをめぐる交流があった。一九八八年のソウル五輪の、事実上のリハーサルの意味合いを持って開催された一九八六年のアジア大会には、北朝鮮の強い反対にもかかわらず、未だ韓国との国交を有していなかった中国が大選手団を派遣した。本番であるソウル五輪には、ソ連も顔を揃え、当時のスポーツ大国であった東ドイツの選手団と共に、スポーツの祭典を飾ることとなった。

ともあれ、これらの要素は複雑に絡み合いながら、韓国における日本の重要性を低下させ、日韓間における「歴史認識問題」が起こりやすい状況を作り上げてゆくことになった。それでは事態はより具体的にはどのように展開してゆくこととなったのか。そこで以下、一九八〇年代前半から現在までの日韓間の歴史認識問題をめぐる展開を具体的に見ていくことにより、この問題についてより深く考えてみることとしたい。

第三章　日韓歴史教科書問題

1　歴史教科書問題の起源

　さて、ここからは、より具体的に日韓の間に横たわる問題と、それに対する日韓両国政府の取り組みについて見てみることにしよう。最初に取り上げるのは、歴史教科書問題である。

歴史教科書問題の重要性

　歴史教科書問題を取り上げるのには、理由がある。第一は、この問題が日韓両国の歴史認識問題において、最重要視されているものの一つだからである。後に述べる日韓歴史共同研究――民間レベルの共同研究ではなく、二〇〇一年の首脳会談における日韓両国政府の合意の下、両国政府が選抜する委員によって行われた共同研究――が、歴史教科書問題を念頭に置いて組織されたことに現れているように、歴史教科書問題は今日の両国の歴史認識の乖離を象徴するものとなっている。日韓両国は、新しい日本の歴史教科書が公開されるたびに、その記述をめぐって紛争を繰り返し、それは今やある種の「年中行事」となった感さえある。

歴史教科書問題が注目されるのにはもちろん理由がある。その形式こそ異なれ、教科書作成において、政府が関与するプロセスを持つ日韓両国においては、歴史教科書の変化を、ある程度両国政府、そして両国社会の歴史認識の変化を反映するものと見なすことができるからである。つまり、我々は歴史教科書とそこにおける記述の変化を通して、日韓両国における歴史認識の移り変わりを知ることができる。これが歴史教科書とそれを分析対象にする第一の理由である。

歴史教科書問題を取り上げる第二の理由は、この問題が典型的な「八〇年代以降に顕在化した問題」だからである。既に述べたように、日韓間の歴史認識問題が今日のような形で議論されるようになったのは八〇年代以降のことである。言い換えるなら、七〇年代以前においては、歴史教科書問題や、従軍慰安婦問題といった、今日において歴史認識問題の代表的イシューと考えられている問題は、ほとんど議論されていなかった。しかし、状況は八〇年代に入って大きく変わる。そして、今日、これら八〇年代以降において活発に議論されるようになったイシューのうち、最初に議論されることとなったのが歴史教科書問題なのである。

三つ目の理由は、この問題が「事態のエスカレーションが、議論の対象とされているものの様態からは、直接には説明できない事例」だからである。以前にも表1-2のようなデータを挙げて説明したように、教科書問題が活発に議論されるようになった八〇年代以降から二〇〇五年頃までは、むしろ日本の朝鮮半島に対する植民地支配やその前後の教科書記述が急速に充実していった時期に当たっている。つまり、この時期の日本の歴史教科書は、韓国からの要求により近い形で変化していたことになる。にもかかわらず、当時の日本の歴史教科書は韓国の人々から大きな批判を浴びることとなった。だからこそ、我々はこの一見矛盾して見える状況を分析することで、日韓両国の間で、歴史認識問題に関わる事態がどのように進行し、その背後に何があったのかを、具体的に知ることができる。

最後、そして四つ目の理由は、この問題については、議論が本格化した時期が明確だからである。日韓両国の間で最初に日本の歴史教科書をめぐる本格的な紛争が発生したのは、一九八二年のことであり、これは動かしようもない事実である。だからこそ、我々はこの時期に集中して、何がどのようにして起こったのかを、時期を絞って明確に分析することができる。

しかしそれではなにゆえに、それは一九八二年だったのか。以下、まずこの点を切っ掛けに当時の状況を見てみよう。

歴史教科書問題と家永裁判

一九八二年の教科書問題が、同年六月二六日の日本のマスメディアによる「誤報」事件から始まったことはよく知られている。この日、日本のマスメディアは、既に紹介したような理由に基づく事実誤認から、文部省（当時）がこの時の検定において、実教出版の教科書における中国大陸への「侵略」という記述を、「進出」へと書き換えさせた等と報じることとなった。これにより、教科書問題の火蓋が切られることになった。

この一九八二年六月二六日の報道については、既に述べた所でもあり、詳しく繰り返す必要はないであろう。しかし、そこでは触れなかったことが一つある。そもそもどうして日本のマスメディアが、この時の教科書検定に注目し、かくも見事に各社横並びでこの「誤報」に飛びついてしまったのか、ということである。なぜなら、「誤報」にもそれがなされた理由が必ず存在するはずだからである。

ここにおいて明らかなのは、この「誤報」事件が、当時日本国内の大きな注目を浴びていた、家永教科書裁判の延長線上に存在した、ということである。周知のように、東京教育大学教授であった家永三郎が、文部省による教科書検定を憲法違反だとして訴訟を開始したのは、一九六五年のことであった。家永は以後、三次に渡って同様の訴訟を行っている。

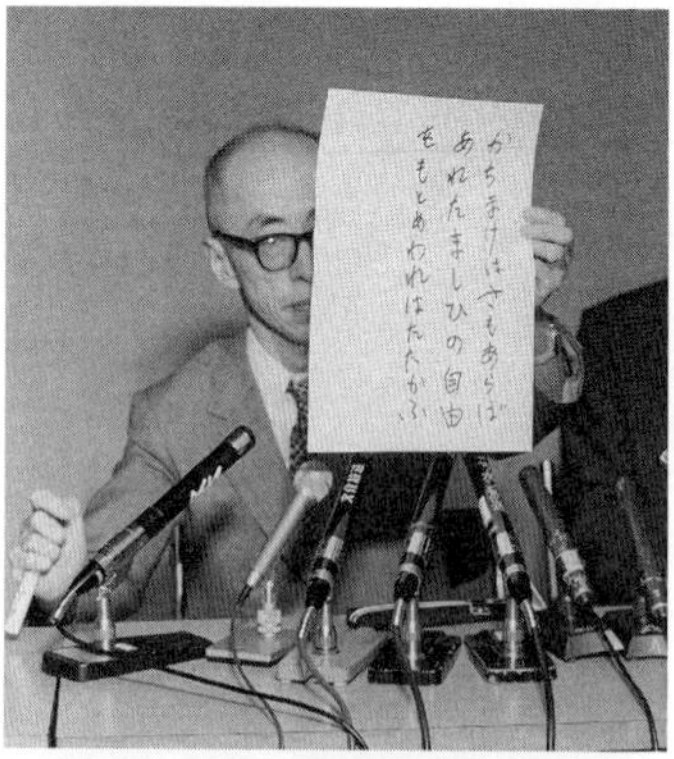

第1次教科書訴訟判決後の会見
（1974年7月16日）（時事）
心境を和歌に託して披露する家永三郎教授。

このうち、一九六六年の検定において自らが執筆した『新日本史』を検定不合格にされたことを不服とする第二次訴訟は、一連の訴訟においてもとりわけ重要なものだった。なぜならこの訴訟において家永は第一審についで第二審においても勝訴していたからである。加えて、この第二次訴訟は、先に始められた第一次訴訟よりも、裁判の進行が先に進んでいた。だからこそ、これに続く第三審、すなわち、最高裁判所における判決は一連の教科書裁判の行方を決定づける重要性を持っていた。なぜならその判決は、一連の教科書裁判において、初めて最高裁が判断を下すものであり、第二審までの流れを考えれば、ここで家永が勝訴する可能性は大きい、と考えられていたからである。

日韓間の歴史教科書問題を考える上で重要なのは、この家永第二次訴訟の最高裁判決が出たのが、一九八二年四月、つまり「誤報」事件が発生するわずか二カ月前のことだったことである。当然のことながら、この前後における日本の世論やマスメディアの歴史教科書検定に対する関心は前例がないほどまでに高まっていた。結果として出された判決は、八二年のこの時点では既に教科書執筆の基準となる学習指導要領が大きく書きかえられており、家永の訴えの利益は消滅したとして原判決を破棄、差し戻しするものであり、実質的な家永の敗訴だった。そして、これにより家永裁判とわが国の教科書検定をめぐる議論の方向は大きく変わることとなる。

一九八二年六月の教科書検定結果公表はこのような日本国内における歴史教科書問題をめぐる特殊な状況の中、行われた。背後には、最高裁判決に意を強くした文部省が、これまでよりもさらに強力な締め付けを行うだろうという予測があった。検定不合格になった教科書を一般向け書籍として発売した、家永の『検定不合格　日本史』がベストセラーになったことにも表れたように、当時の世論では、家永に対して同情的な声が強く、一部の人々は、文部省がこれにより検定を強めれば、そのことを新たな教科書検定反対運動の契機として利用できるはずだ、とさえ考えていた。

だからこそ、とあるジャーナリストの基本的な情報確認の誤りにより生み出された単純な「誤報」は、瞬く間に大半の日本メディアが共有するものとなった。つまりこの「誤報」は、当時の世論やマスメディアの「期待」に意図せずして応えるものであり、それゆえに、人々に広く事実として信じられることとなったということができた。

2　中韓両国の反応

報道直後の韓国の反応

とはいえ当然のことながらそのことは、この時日本において初めて、教科書検定をめぐる問題が本格的に報じられたことを意味しなかった。一九八二年の段階では、家永裁判は既に開始から一七年近くを経過しており、日本のマスメディアはこれまでもその展開過程を詳細に報じてきたからである。それどころか、一部の日本のマスメディアは、家永裁判以前の、一九五〇年代から日本の教科書検定制度を問題とする報道を繰り返し行っていた。後に日韓間の歴史教科書問題において焦点となる「強制連行」問題や在日朝鮮人の来歴をめぐる問題についても、少なくとも一九七〇年代初頭までの段階で、教科書の記述との関連での議論がなされている。つまり、一九八二年の日本では、教科書とそれに関わる歴史的事実の記述をめぐる問題は既に人々によく知られた「お馴染みの問題」になっていた、ということが出来る。

対照的に、一九八二年以前の韓国では、日本の歴史教科書に関わる問題はほとんど注目を浴びていなかった。否、注目を浴びていなかったのは、一九八二年の歴史教科書問題が発覚した当初も似たようなものだった。例えば、日本のマスメディアが、この問題を大々的に報じた六月二六日およびその翌日、当時の韓国の主要紙であった『朝鮮日報』や『東亜日報』がこの問題に対して割いた紙面は、ほんの申し訳程度にしか過ぎなかった。例えば、『朝鮮日報』の場合、その記事は次頁の写真のように、新聞の十面の左下隅に、小さく掲載されたに過ぎなかった。その小ささはよほど新聞を細かく読んでいる読者でなければ、この記事の存在にさえ気づかなかったに違いないと思えるほどである。

韓国における日本の教科書問題に対する関心の低さは、その後もしばらく続くことになった。同じ『朝鮮日報』は、翌日以降この問題に対して沈黙した。辛うじて六月二九日、この教科書問題に対する中国の反応を、小さな囲み記事で伝えた後、同紙は再びこの問題に対して沈黙し、この沈黙は、七月八日、同じ有力紙であった『東亜日報』と同時に、日本の教科書検定を非難する社説を掲載する時まで続いた。ちなみに光州事件から二年しか経っていない当時、韓国のメディアは時の全斗煥政権に厳

일단 破局모면했지만 "불씨" 살아있다
"처벌" 겁주며 "對話"로 회유
派出所-동직원들까지 곤욕치러
藥局밤새돌며 "아침에 문열라"
지하철工區 23곳 事故위험
鋼材假設분야 가장 취약
施工회사 對策 아직도 소홀
건물陽性化대상 제외

図 3-1　当時の新聞の紙面（『朝鮮日報』1982 年 6 月 27 日朝刊 10 面）
実線で囲まれた部分が日本の教科書問題にふれた部分。

しく統制されていたから、我々はこの主要二紙が同時に類似した社説を掲載した事実から、当時の韓国政府の意図を見ることが出来るかもしれない。しかしながら、この社説の後、韓国各紙は三度沈黙に入った。結局、この時点での韓国メディアの日本の歴史教科書問題に対する報道は、散発的かつ小規模なものであった。つまり、彼らは一九八二年の日本の歴史教科書問題に対して、当初は大きな関心を見せなかったことになる。

だが、この状況は日本でこの問題が報道されてから約一カ月経過した七月下旬になると、突如、劇的に変わることになる。すなわち、この頃を境に、韓国のメディアは以前とは比べ物にならない大きさと頻度で日本の教科書問題を扱うようになり、これに刺激される形で、広範な大衆運動も展開されることとなった。新聞には、日本の歴史教科書における「歴史の歪曲」の詳細が掲載され、韓国人の怒りと関心は急速に膨らんでゆくことになった。

中国の反応の重要性

それでは、なにゆえに韓国における日本の歴史教科書に対する反感は、日本のマスメディアが「誤報」事件を起こした六月下旬の段階では大きく広まらず、一カ月近く経った七月下旬になって突然広まることとなったのであろうか。言うまでもなくその鍵は、七月下旬に何があったか、ということになる。

結論から言うなら、転換点となったのは、七月二〇日に中国の『人民日報』が「この教訓はしっかりと覚えておかねばならない」と題する、日本の教科書検定を公式に批判する「短評」を発表したことだった。とはいえ考えてみれば、このような中国側からの反応はある程度当然のことでもあった。

そもそも当時の歴史教科書問題において最も注目されたのは、日中戦争に関わる記述が「侵略」から「進出」へと書き換えられた、とする報道をめぐるものであり、それは日韓間ではなく、日中間でこそ問題になるべき性格のものだったからである。にもかかわらず、当時の中国政府がこの公式の反応を出すまで、およそ一カ月かかった理由は必ずしも明らかではない。あるいは中国政府は、この間に日本政府が自らの自助努力により、教科書の内容を書き換えるように水面下で働き掛け、その成果が出ることを期待していたのかもしれなかった。

ともあれ、それまでニュース記事の一部として小さく報道、論評されるに過ぎなかった日本の教科書検定をめぐる問題に対して、中国共産党の機関紙である『人民日報』が、明確で厳しい批判を向けたことは、中国政府が公式にこの問題について日本政府に抗議したものと受け止められた。そして、その理解が誤りでなかったことは、続く中国側の行動ですぐに明らかになった。七月二三日には、中国国営の新華社通信もまた、中国教育学会会長、日中友好協会副会長、中華学生連合会主席等の談話を伝える形で、今回の検定結果は「日中共同声明と日中平和友好条約の精神に違反する」ものであり、「日本の歴史教科書検定は中国人民への挑戦である」として、激しく非難することになったからである。『人民日報』は続く七月二四日にも、「日本の中国侵略の歴史を改ざんすることは許さない」と題する「短評」を掲載した。こうして以後、中国政府はこの教科書検定問題について、日本政府を批判する「一大キャンペーン」を展開することになった。

当然のことながら、このような中国政府の激しい反応は、日本政府を大いに動揺させた。見落とされてはならないのは、この事件が起こっているのが、一九七八年に日中間の平和友好条約が締結されてからわずか四年後の一九八二年だということである。当時の日本国内には「日中友好」への大きな期待があり、日中関係は着実に前進を続けている、と理解されていた。八〇年には中華人民共和国の要人として、初めて華国鋒総理が来日し、この事件が起こる直前の八二年五月にも、失脚した華国鋒から交代した趙紫陽総理がやはり来日を果たした時期のことである。

重要なことは、この時期の日中関係が一つの分岐点に差し掛かりつつあったことだった。一九七二年の日中共同声明に至るまでの過程において、中華民国政府に対抗する形で中華人民共和国政府が戦争賠償に関わる一切の権利を放棄し、また、当時の周恩来総理が尖閣諸島をめぐる問題を用心深く回避したことなどに表れているように、一九七八年の日中平和友好条約の締結に至るまでの中国政府は、今日の歴史認識問題に繋がるような事象については、できるだけ多くの問題を棚上げ、あるいは自ら譲歩することにより、この時点での東アジア唯一の経済大国である日本との関係改善に努めていた。言うまでもなく、その背景にあったのは、当時未だ続いていた冷戦状況であり、またそれ以上に深刻化していた中ソ対立に他ならなかった。だからこそこのような状況下において、中国政府が、日本の歴史教科書の内容にまで踏み込んだ強い抗議を行うことは、当時の日本政府関係者にとっては「想定外」の出来事であったのである。

言い換えるなら、この時点までの日本政府や日本社会にとって、歴史教科書問題とはあくまで、新憲法下における教科書検定をどのように考えるべきかという、純然たる国内問題にしか過ぎなかった。

しかし、先の中国政府の抗議により、歴史教科書問題は突然、国際問題へと発展した。その意味において、教科書検定に関わる中国の強力な抗議は、日本の歴史教科書をめぐる議論の性格を大きく変える決定的な契機であった、ということができる。

誤認された「現実」

ここで重要なことは、このような中国側の教科書問題への対応が、日本政府や日本社会に対してのみならず、韓国の政府や社会にも大きな影響を与えていったことである。ここで注意しなければならないのは、当時の中韓関係が、今日のそれとは性格を全く異にしていることである。既に述べたように第一次歴史教科書紛争が勃発した一九八二年は未だ冷戦真っ只中の時期であり、中国は鄧小平による改革開放路線の道半ば、韓国の全斗煥政権もまたわずか二年前に事実上の軍事クーデタと光州事件を経て権力を掌握したばかりの状態にあった。冷戦下の状況において、中国共産党が支配する中国と、典型的な「反共」権威主義体制であった全斗煥政権下の韓国の間に国交が存在するはずもなく、両者の間には直接貿易さえほとんど行われていなかった。つまり、今日、通俗的に言われるような「反日的な中韓両国政府が協力して歴史認識問題で日本を批判する」という状況は、この時点では、想像することすらできなかった。

しかしそれでも、日本の教科書検定に対する中国の抗議は、韓国においても大きく報じられ、結果、韓国の政府・社会は、いったんはそのまま忘れ去られるかに見えたこの問題に、改めて着目することとなった。とはいえ、韓国の動きはこの時点では、それほど能動的なものだとは言えなかった。もちろん、その理由は明らかであった。この時点で焦点になっていたのは、依然、日中戦争に関わる記述であり、韓国に関わる記述は大きな問題になっていなかったからである。だからこそ、七月二四日の段階でも、韓国政府は、東京の韓国大使館に対し、日本の教科書検定制度や教科書の内容について詳細な調査を行い報告するように訓令するに留まっている。この訓令から明らかなことは、当時の韓国政府が日本の教科書検定やその制度について十分な知識を有しておらず、何をどうしたら良いのかについての、満足な見取り図さえ有していなかったことだった。

にもかかわらず、事態はその後韓国にも飛び火してゆくことになる。なぜなら、先の韓国政府の訓令に典型的に表れているように、この中国の抗議をきっかけに、韓国においても日本の歴史教科書の記述に対する関心が飛躍的に高まっていったからである。そしてその結果明らかになったのは、日本の歴史教科書の内容が韓国のそれと大きく異なる、というある意味では当たり前のことだった。重要なことは、この過程で、歴史教科書問題の本質が変化したことだった。つまり、当初、この問題を日本のマスメディアが報じた際には、歴史教科書問題はあくまで日本国内の問題であり、また何よりも、戦後の新憲法下での教科書検定の当否を問うものだった。しかしながら、中国の抗議により、まずこの問題は国内問題から国際問題へ発展した。だが、その時点では問題の焦点は未だ、教科書検定とその結果としての記述の変化をめぐるものであった。しかし、議論の過程で、中国、そして次いで韓国の議論は、検定のあり方を離れて、日本の歴史教科書の内容そのものへと焦点を移していくことになったのである。

もちろん、それは当然であった。なぜなら中国や韓国にとって、教科書検定が新憲法下における検閲の禁止とどのように関わるかといった日本国内の法律的議論は、そもそも関心の外にあったからである。彼らにとって重要だったのは、法律の規定や言論・出版の自由といった内容ではなく、経済大国となった日本がどこに向かいつつあるかであり、とりわけ彼らが危惧していたのは、当時日本の内外でしきりに叫ばれていた、日本におけるナショナリズムの台頭に他ならなかったからである。つまり、中韓両国は、当時の日本の歴史教科書の記述を、「日本においてナショナリズムが台頭しつつあることの証である」と見なし、だからこそこれに大きな批判を展開した、ということになる。

しかしながら、この理解には重大な瑕疵が存在した。なぜなら、「日本の教科書の内容が中国や韓国の教科書の内容と大きく乖離している」ことは、「その乖離が大きくなりつつある」ということを、必ずしも意味しなかったからに他ならない。既に具体的なデータを挙げて示したように、当時の日本の歴史教科書は、むしろそれ以前に比べて植民地支配や日本の大陸進出に対しての記述を増やすようになっており、日本の教科書と中国や韓国のそれらとの記述の乖離はむしろこの時期小さくなりつつあった。つまり、少なくとも教科書の記述だけみれば、当時の日本におけるナショナリズムの台頭がその変化に表れていると言うことは不可能なはずだった。にもかかわらず、当時の人々は、この変化を冷静に観察せず、「日本の歴史教科書の内容が中国や韓国のそれと異なっているのは、今現在、日本社会の右傾化が進行しつつあることの証左である」というステレオタイプな理解の中に、現実を押し込んでいくことになった。比喩的な表現が許されるなら、その意味において、「歪曲」されたのは、「過去」の歴史的事実ではなく、当時の人々が生きた当時の「現実」の方だった。そして重要なのは、

「現実」を歪曲して理解していったのは、中国人や韓国人だけではなく、日本人もまた同様だったことである。だからこそ、日本人もまた事態の異常さに気づかず、この状況にブレーキをかけることができなかった。こうして事態は、当時の「現実」を離れた主観的な理解の下、暴走を始めることになる。

韓国における認識の変化

日本ではナショナリズムが台頭しつつあり、軍国主義の亡霊がその歩みを早めている。韓国の人々が歴史教科書問題をその現れとして理解するようになり、その理解が一種の「常識」とさえ見なされるまでには、さほどの時間を要しなかった。八月になると、韓国メディアは、日韓両国の歴史教科書内容の違いを大々的に報道するようになり、韓国の「識者」達はこれを日本で軍国主義が台頭しつつあることの現れであると、もっともらしく解説した。明らかなことは、当時の人々が自らの目の前に存在する教科書の変化について、真剣な分析をしようとせず、安易な印象論に流れていったことである。

もっともここで筆者は、当時の韓国の知識人やメディアを非難しようとしているのではない。なぜなら、当時の韓国の「識者」が用いた議論は、そもそも家永裁判を起こし、支持したような日本国内の一部の人々の論理をそのまま受け入れたものに過ぎなかったからである。言い換えるなら、当時の韓国の議論は日本から直輸入された論理により支えられていた。そして、この輸入された論理を下に、韓国の世論は日本の歴史教科書に対する不満を高めていくことになるのである。

そして、歴史教科書問題は歴史認識問題の大きな画期を作り出していくことになる。次にこの点について、見てみることにしよう。

3　日韓両国政治の流動化の中で

日本の「右傾化」を歓迎する韓国メディア？

さて、まずは資料を見ていただくことにしよう。次の文章をお読みいただきたい。

また、原子力発電所は資源のない日本にとって、石油エネルギーに対する重要な代替エネルギー供給源であり、その危険性を考慮に入れても、技術管理が可能であるというのが日本政府の立場である。

にもかかわらず、日本の社会的雰囲気は反対一辺倒だ。靖国参拝や自衛隊合憲は、軍国主義の復活であり、原子力発電所の建設は、日本国民の滅亡に繫がる、という社会的雰囲気が作られつつある。

第三者の目から見た時、靖国神社はどの国にでもある「国立墓地」に過ぎず、世論の八〇％以上が既に自衛隊の存在を肯定的に評価している以上、憲法をより現実的なものに改正するのは当然だ。

さて、どこの国でいつ頃書かれた文章であると思われるであろうか。この多くの人が、近年のわが国の保守系新聞、あるいは同様の雑誌のそれと見間違うに違いないこの文章は、実は第一次歴史教科書紛争が勃発するわずか一年余り前、一九八一年五月九日朝の『朝鮮日報』、つまり今から三〇年以上の前の韓国の主要紙の一面に掲げられたものである（図3-2）。表題は「『反対ヒステリー』日本社会――今度は右傾化アレルギー」。世界各国の現状を紹介する「四〇億のパノラマ――世界ではこんなことが」と題するシリーズの第八回目の文章の一部として書かれている。文章の上には、前年に日本で行われた戦没者追悼式の大きな写真が掲げられ、次のようなキャプションも付けられている。「毎年、第二次大戦終戦記念日に行われる戦没者追悼式。しかし、日本の野党とメディアは最近、閣僚

(3) 12版 第18487號

反對히스테리 日本社會…이번엔 右傾化알레르기

40億의 파노라마

世界엔 이런일이…

⑧

言論의「반복교육」이 국민洗腦

改憲등 現實論엔 일제히 "거부"

理性보다 感情…「명목 否定」合理化 요란

図 3-2 日本の「右傾化アレルギー」を伝える記事（『朝鮮日報』1981年5月9日朝刊1面）

と国会議員が彼らの護国英霊を祀る靖国神社を参拝したことを『右傾化』であるとして、ヒステリックな反応を見せている」。執筆者は当時朝鮮日報社の東京特派員だった、李度珩《イ・ドヒョン》という人物である。『東亜日報』と並ぶ長い植民地期からの歴史を有する『朝鮮日報』は、韓国において最もナショナリスティックな新聞の一つとしても知られている。だからこそこの新聞のそれも一面に、日本の「右傾化」を擁護するかのような文章が掲げられていることは、今の多くの人々にとって驚きであるに違いない。しかし、それよりも驚くべきは、先にも述べたようにこの記事が第一次教科書問題の勃発する一九八二年六月から七月に先立つこと、わずか一年あまり前に書かれていることである。ここまで述べて来たように、八二年、韓国の人々は、当時の日本国内における言説を受け入れる形で、この年の教科書検定の結果を、日本が「右傾化」していることの表れであると受け止め、日本政府を強く非難した。その状況と、このわずか一年余り前の文章の内容はあまりにもかけ離れているように見える。

例えば、第一次教科書問題の最中の一九八二年七月二五日、同じ『朝鮮日報』は、「歴史の罪を繰り返そうとするのか」という表題の、慎鏞廈《シン・ヨンハ》ソウル大学教授と韓相一《ハン・サンイル》国民大学教授の対談を掲載している。この対談において、後に韓国を代表する民族主義史学者として知られることになる慎鏞廈は次のように述べている。

自民党とその背後で日本政治の重要政策を決定している六十代の人々は、第二次世界大戦当時の青年将校や軍属達《ママ》だ。彼らは近年、憲法改正により再武装を実現しようとする具体的な動きを見せており、国外においてはわが国や中国、さらには東南アジア諸国に対する経済的進出による強大な足場を基礎にして、国内においてはかつての軍国主義による侵略を正当化し、これを美化する出版物や映画を作るなどの動きを、近年、見せている。彼らはそれによりこれまで自制してきた自らの欲望をいよいよ白日のもとに晒している。

言うまでもなく、ここに見られるのは、今日も頻繁に見られる韓国における典型的な日本の「右傾化」糾弾の議論である。重要なことは、このような論理が当然のものとして韓国内で定着していったのが、この一九八二年を前後する時期だということである。同じ韓国メディアの論調のわずか一年余りでの大きな違いは、そのことを如実に示している。

それではこの変化の背景には何があったのだろうか。まず明らかにすべきは、一九八二年以前の韓国には、日本の「右傾化」に関わる二種類の議論が併存していた、ということである。一つは言うまでもなく、先の慎鏞廈の言葉に見られるような、日本軍国主義の復活を警戒する見方である。韓国は日本による植民地支配を受けた経験を持つ国であり、その意味において、この時期、世界の主要な経済大国にまで成長した日本が、再び韓国の脅威となるのではないか、と警戒したことはある程度、やむを得ないことであった。

一九八〇年代初頭という時代

しかしながら、既に見たように一九八二年頃までの韓国には、日本の「右傾化」を歓迎する論調もまた存在した。言うまでもなく、先に掲げた八一年五月の『朝鮮日報』の論説はその代表的なものである。この一見、奇妙に見える状況を理解する鍵は、当時の日韓両国が置かれていた、国内的、国際的事情にある。その中でもとりわけ重要なのは、八〇年代初頭までの韓国が置かれていた国際的状況であろう。ここまで幾度も指摘して来たように、八〇年代は依然冷戦華やかなりし時代であり、米ソを中心とする東西二大陣営の間で、激しい競争・対立が繰り広げられていた。レーガン米大統領が有名な「悪の帝国」演説を行ったのは一九八三年のことであり、彼はこの演説で東西両陣営の対立の中で、アメリカと自由主義陣営が劣位に立たされていることを強調した。そのことは当然のことながら、分断国家として冷戦の最前線にいる韓国が依然として、大きな国際的脅威に晒されていたことを意味していた。

当時の韓国についてもう一つ指摘すべきは、時の全斗煥《チョン・ドファン》政権が朴正熙暗殺後の一連のクーデタと、その直後の血腥い光州事件を経て樹立された政権であり、政権としての支配の正統性を著しく欠いていたことである。このような全斗煥政権にとって、冷戦下の主要友好国である日米両大国の支持は、自らの政権を維持するための必須条件であると見なされていた。だからこそ、全斗煥は政権樹立の翌一九八一年には自ら訪米し、レーガン新大統領との関係を強化するとともに、日本に対しても積極的な外交を展開した。結果彼は八四年には韓国大統領としては初の日本公式訪問を果たすことになる。

当時の韓国にとって厄介だったのは、このような韓国と全斗煥政権にとっての重要性にもかかわらず、一九七〇年代以降の米韓、あるいは日韓関係が円滑とは言い難いものだったことだった。とりわけ重要だったのはアメリカの動きだった。六〇年代末に始まるアジアでのデタントへの動きは、七一年のキッシンジャー大統領補佐官の訪中と、翌年のニクソン大統領の北京訪問により本格化し、七五年のベトナム戦争終結以後、さらに鮮明なものとなった。韓国にとってその最大の影響は、在韓米軍の削減となって現れた。七〇年代に入り削減が開始された在韓米軍は、七七年に成立したカーター政権下では、進んで全面撤退さえ議論されるようになった。このようなアメリカ政府の姿勢に時の韓国政府は大きく反発し、米韓関係は大いに動揺した。

並行して一九七五年には、アメリカの余剰農産物買い付けをめぐる韓国政府による議会関係者買収工作、いわゆるコリアゲートが明るみに出た。調査の結果、事件は韓国政府自身を巻き込んだ本格的なスキャンダルへと発展し、長年、韓国政府が米議会有力者に働きかけ、アメリカの極東政策を自らに有利なように誘導するための買収工作を展開していたことが明らかになった。七九年にはこの事件について米議会で証言した、アメリカ亡命中の元ＫＣＩＡ長官金炯旭《キム・ヒョンウク》がパリにて失踪する、という事件も発生した。同じ七九年の一月には、同じく「反共国家」であった中華民国がアメリカとの間の国交を失い、直後に実質的な中国の指導者である鄧小平が訪米を果たしている。アメリカの中国との接近に韓国政府は焦りを深め、米韓関係は四八年の大韓民国建国以来、最悪の状態に陥っていた。

状況の悪化は、日韓関係についても同様だった。一九七三年に勃発した金大中《キム・デジュン》拉致事件は、隣国の首都において、外国の情報機関が実質的な亡命政治家を白昼堂々と拉致し、殺害を試みたという点で、露骨に日本の主権を侵害するものであった。結果、日本政府の韓国に対する心証は著しく損なわれた。逆に翌一九七四年に勃発した文世光《ムン・セグァン》事件、つまり、在日朝鮮人文世光による朴正熙大統領暗殺未遂事件と、その流れ弾を受けた朴正煕の妻、陸英修《ユク・ヨンス》の死は、日韓両国の捜査関係者の軋轢から、韓国側の日本に対する不信感を高調させる結果をもたらした。事件が大阪の派出所から盗まれた拳銃により行われたこと、さらには、朝鮮総連関係者の関与を確信する韓国側の捜査に、日本側が十分に協力しなかったことが、その主たる理由であった、と言われている。このような韓国側の日本側に対する不信感の背後には、七二年の日中国交正常化と日本と中華民国との断交があったことは言うまでもない。

結局、一九七〇年代末の韓国政府は、自らが日米両国に見捨てられつつあるのではないかという焦燥感を強めていた。日米両国の中華民国との断交、ベトナム戦争における南ベトナムの敗北と消滅。同じアジアの「反共国家」の一員として、デタント開始以降の国際情勢は、韓国に対して著しく不利に働いているように思われた。

そして、その認識は何も、韓国だけが持っていたのではなかった。一九七〇年代末の世界とアジアは、冷戦終焉の訪れるそれから一〇年後、つまり一九八〇年代末とは全く異なる状況にあった。いわゆる「自由主義陣営」は、自らをめぐる状況を「勝利」とは程遠いものであるとの認識を有していた。先に触れたレーガン米大統領の「悪の帝国」演説はまさにその典型的な表れであり、そこにおいてレーガンは、アメリカを中心とする「自由主義陣営」は、ソ連を中心とする「共産主義陣営」に対して劣位に置かれており、それゆえ、全面的にその戦略を立て直す必要がある、と強調した。カーター政権下における在韓米軍撤収構想やソ連のアフガニスタン侵攻を理由としたモスクワ五輪ボイコット、さらにはレーガン政権下における「レーガン・ドクトリン」は、その方向こそ異なるものの、等しく「劣位に置かれた」アメリカの焦燥感の産物であった。わが国においても、一九七八年にはジョン・ハケットの『第三次世界大戦』が翻訳され、ベストセラーになっている。一九七〇年代末から八〇年代初頭、それは人々が未だ「共産主義陣営の脅威」について真剣に語り、それを前提とした上で、自らの行く末を考えていた時代だった。

日本政治の流動化

そして、ここに当時の日本の国内事情が作用する。一九八〇年代初頭、日本国内では、依然、自民党と社会党による「一ヶ二分の一政党制」が続いていた。

多党化の進行とともに、保守政党である自民党の議席占有率は、五〇年代以降、減少を続けており、七六年には、遂に結党以来初の過半数割れに追い込まれている。自民党の過半数割れは、続く七九年の衆議院議員選挙においても再現され、政権はいよいよ不安定さを増すこととなっていた。

加えて、当時の自民党では党内対立が激化し、大平正芳と福田赳夫という二人の領袖間の角逐を軸とする、いわゆる「四〇日抗争」が繰り広げられていた。結果、七九年の衆議院議員選挙後の首相指名選挙では、同じ自民党から大平と福田の両名が立候補するという異常事態が出現し、主流派の代表である大平が決選投票にて辛うじて首相の座を維持するに至っている。大平と福田の対立は、その後も継続し、翌八〇年には、野党の提出した内閣不信任案の決議に際して、福田ら反主流派が欠席し、結果、賛成多数により不信任案が可決されるという事態に発展している。いわゆる「ハプニング解散」がそれである。日本の政局はその後、不信任案可決を受けての大平の衆議院解散と、史上初の衆参同日選挙、そして選挙戦最中の大平の急死と、これを追い風にした自民党の大勝、とめまぐるしく変化することとなる。

明らかなのは、この時期の日本の政治情勢が急速に流動化しつつあったことであり、それゆえにその将来の見通しがきわめて困難だったことである。加えて、この時点においては、自民党に対抗する社会党は、未だ健在であるかに見えていた。彼らは依然として政権獲得を断念しておらず、共産党との連合による「社共路線」と、公明党や民社党との連携による「社公民路線」の間を揺れ動きながら、自らを中心とする政権獲得の機会を窺っていた。そして、一九七〇年代、彼らの戦略は地方レベルにおいては、大きな成功さえ収めていた。すなわち、都市部を中心として全国に出現した「革新自治体」の誕生がそれである。この時期の「革新自治体」は、東京都、神奈川県、京都府、大阪府、横浜市、名古屋市、神戸市等のいわゆる「東海道ベルト」の主要自治体に広がっていた。もちろん、このブームは七九年の統一地方選挙において、社会党・共産党推薦候補が相次いで敗れることをきっかけに、急速に終焉することとなる。しかしながら、八〇年代初頭の時点では、誰もそれが本格的な「終わり」の始まりなのか、単なる「一時的な揺り戻し」に過ぎないのかを判断することはできなかった。

社会党と北朝鮮の蜜月

そして韓国に取って最も厄介であったことは、当時の日本における最大野党である社会党が、大韓民国政府の正統性を公式に否定し、代わりに朝鮮民主主義人民共和国への支持を明確に打ち出していたことだった。とはいえ、そのことは社会党が結党当初から常に北朝鮮寄りの立場を維持していたことを意味しなかった。朝鮮戦争の開戦責任は韓国側でなく北朝鮮側にある、と主張していたことに現れているように、一九五〇年代半ばまでの社会党は必ずしも北朝鮮寄りの政党ではなく、朝鮮半島において韓国と北朝鮮の双方との関係を持とうとする中立的な立場を有していた。しかしながら、一九五〇年代末以降、韓国政府が一方的に設置したいわゆる「李承晩ライン」をめぐる紛争が激化すると、社会党は韓国政府を激しく非難するようになる。そして、一九六〇年代序盤、日韓基本条約に向けての国交正常化交渉が明確な形を取り、この条約が韓国を「朝鮮半島唯一の正統政府」と認めていることが知られるようになると、社会党は公式にこの条約を否定するに至る。六五年、大規模な日韓基本条約反対運動に乗り出した社会党は、翌年には北朝鮮との交流を促進することを決定し、以後、これを北朝鮮が利用する形で、社会党と北朝鮮政府、より正確にはその政権政党である朝鮮労働党は、急速に接近することになる。言わば冷戦下における自民党政府による韓国との国交正常化が、これに対抗する社会党を北朝鮮の側に押しやった形である。

そして一九七〇年代に入ると、社会党と北朝鮮の関係は大きく進展した。当初は一般議員レベルのものに過ぎなかった社会党と朝鮮労働党の交流は次第に格上げされ、七〇年の成田知巳《ともみ》委員長の訪朝以降は、社会党委員長が直接平壌を訪問することが慣例となった。先に紹介した日本の左派勢力を非難する『朝鮮日報』の記事が書かれた八一年五月のわずか二カ月前にも、当時の飛鳥田一雄《いちを》委員長をはじめとする第六次社会党訪朝団が、金日成《キム・イルソン》北朝鮮主席と面会を果たしている。飛鳥田にとっては自身二度目の訪朝であり、また、自身が委員長に就任してから、実に四回目の訪朝団の派遣であった。

この会談で飛鳥田は、「社会党は当面、日本の自衛隊増強に反対し、日米安保条約の破棄、非同盟、

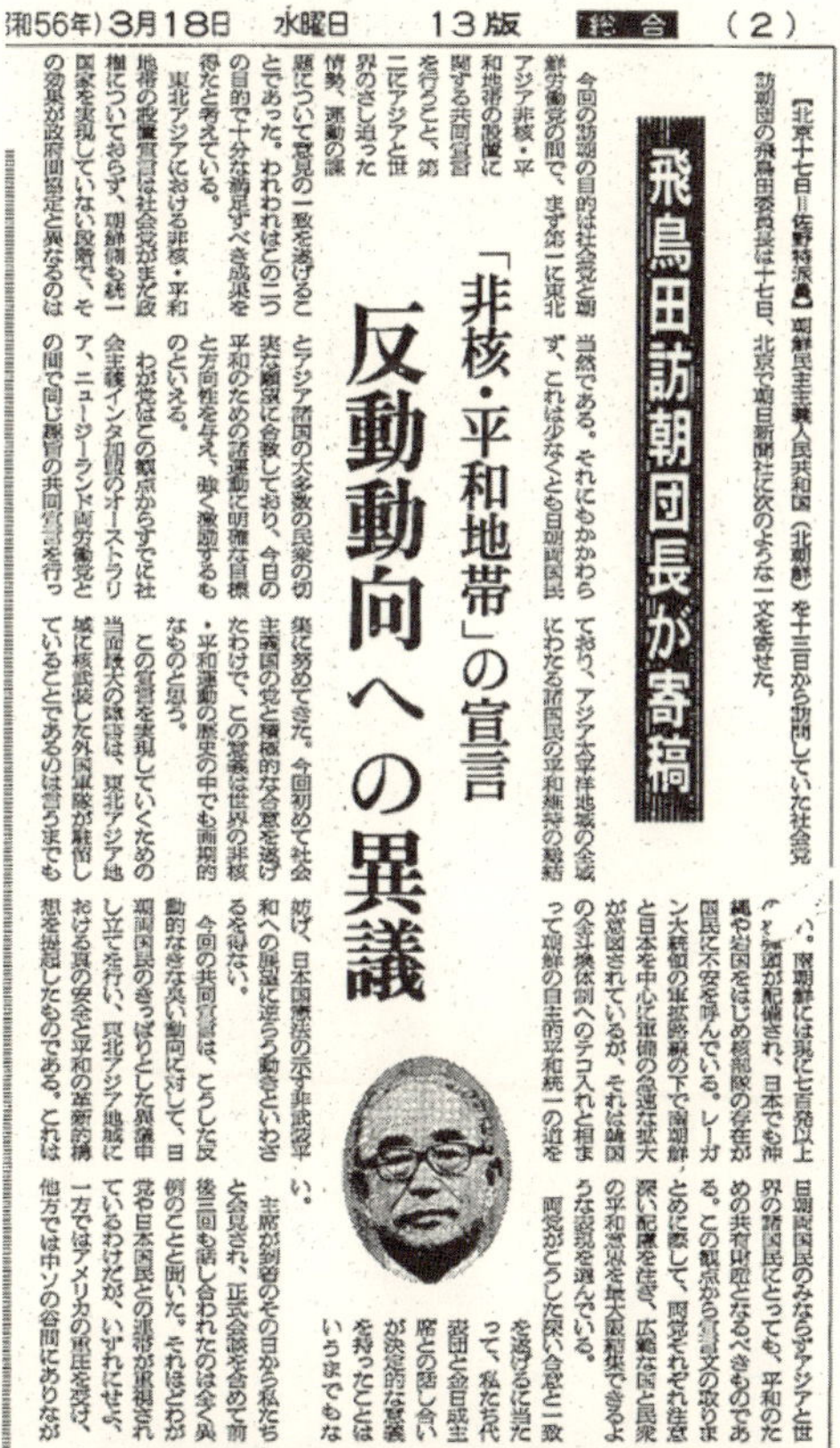

図 3-3　訪朝した飛鳥田委員長の寄稿
（『朝日新聞』1981 年 3 月 18 日朝刊 2 面）

積極的中立、非武装中立を目指す闘いを更に強める」と述べている。同時に当時の社会党は、原子力兵器廃絶運動から出発し、原子力発電所廃止運動にも手を染めていた。八一年三月の飛鳥田・金日成会談では、「東北アジア」における「非核・平和地帯」の設定に関する共同宣言も行っている。朝鮮労働党側は当初、社会党側から提案された「日本及び朝鮮、その周辺」という「非核・平和地帯」の範囲に対する提案に対し、核保有国であるソ連や中国が含まれることに憂慮を示した、と当時のメディアは報じているから、この部分において宣言を主導したのが社会党の側だったことは明らかである。

全斗煥政権の警戒

そしてこのような日本の社会党と北朝鮮との特殊な関係を理解して、我々は初めて、なにゆえに一九八一年頃の韓国メディアに、日本の右傾化を歓迎する論調が掲げられているのかを理解することができる。先に掲げた『朝鮮日報』の文章から明らかなように、そこで指摘されている「右傾化アレルギー」の内容は、原子力発電所建設反対、自衛隊合憲化反対、そして靖国神社公式参拝反対等、いずれも当時の社会党の政策に沿った内容になっている。つまり、同紙による「右傾化アレルギー」批判とは、すなわち日本社会党批判であったのである。

明らかなことは、当時の韓国にとって、仮に日本の「左傾化」が、このような北朝鮮との密接な関係を有する社会党の勢力伸張を意味するものであれば、全く受け入れ難いものだったことである。事実、一九八一年三月の金日成北朝鮮主席との会談において飛鳥田委員長は、「日米韓三国が一体となった軍事体制づくりが進んでいる」との認識で一致するとともに、韓国の全斗煥大統領を「最も危険な分子」と決め付けていた。

実際、当時の全斗煥政権にとって日本の社会党の存在は、単に北朝鮮との関係においてのみ、厄介なのではなかった。一九六〇年代以降、社会党は軍事政権批判の意も込めて、歴代の韓国政府の人権弾圧にも強い批判を寄せていたからである。とりわけ一九七二年以来の金大中拉致事件以降、同党は金大中ら韓国の民主化勢力とも一定の関係を有していた。そのような中、全斗煥等、いわゆる「新軍部」は八〇年五月一七日に事実上のクーデタを敢行して、韓国全土に戒厳令を施行、金大中を拘束、やがて死刑判決を下すことになる。このような当時の韓国の状況に対して社会党は批判を強め、日本政府に対して「重大な決意」をもって韓国政府に臨むべきことを強く要求した。

社会党の影

加えて社会党は韓国に対する経済援助にも否定的であった。一九八〇年九月一日に大統領に就任した全斗煥は、翌年八月、盧信永《ノ・シンヨン》外相を東京に派遣して、日本政府に六〇億ドルもの巨額の政府借款を要求した。今日ではすっかり忘れられているが、この韓国政府の要請に、日本国内で最も強硬に反対した政治勢力の一つは社会党だった。同党は国会において「六〇億ドルは結果的に軍事費に使われる」、「巨額の借款供与はわが国の経済協力の秩序を混乱させる」として反対を表明し、進んでは日本政府による韓国政府との交渉の全面凍結さえ主張した。

韓国に対する援助への強い反発の背景には、社会党が、一九七五年にアメリカにて勃発した「コリアゲート」に触発される形で、日韓両国の政治的・経済的癒着の存在を指摘し、強い警鐘を鳴らしてきたことも作用していた。このような同党の対韓国援助に対する否定的理解は、八〇年代初頭の段階でも全く変わっておらず、社会党は、韓国へ経済協力を行えば、この資金の一部は日本に還流し、与党政治家の資金源になっていくのだと、たびたび主張することになっている。

北朝鮮との協力、国内の民主化勢力支援、借款への反対、そして腐敗の追及。結局、当時、全斗煥政権にとって、一九八〇年代初頭の社会党は――日本国内での勢力の縮小にもかかわらず――様々な方面で自らの活動を妨げる存在として現れていた。だからこそ、全斗煥政権と政権を支持する韓国内の勢力は、社会党の勢力拡張を意味する日本の「左傾化」を許容することは絶対にできなかった。

こうして見ると、当時の韓国政府が家永三郎を中心とする人々によって推し進められてきた、それまでの、そして日本国内の枠組みにのみ規定された「歴史教科書問題」に便乗できなかったのは当然であった。家永の訴訟を背後から支えた組織の一つは、日本教職員組合（日教組）であり、日教組の政治組織である日本民主教育政治連盟は、社会党との間にも密接な関係を有していたからである。そして、それは「冷戦」という当時の国際状況が作り出した日韓関係の異なる一側面であった。

にもかかわらず、一九八二年の歴史教科書問題の勃発により、その構造は大きく変わることになる。未だ冷戦が完全に終焉していない時期、日韓の間ではいかなる事態が進行していたのだろうか。次に章を変えて歴史認識問題において重要な転換点となった、八〇年代という時代について考えてみたい。

第四章　転換期としての八〇年代

1　終焉へ向かう冷戦

デタントの中の韓国

ここまで、歴史教科書問題を例に、一九八〇年代のある時期において、歴史認識をめぐる状況が大きく変化する様を明らかにしてきた。それはこの時期において、日韓両国をめぐる状況、そしてその大前提としての日韓両国の社会そのものが大きく変化しつつあったことを意味していた。第二次世界大戦以降、この地域に大きな影を落としていた冷戦の存在は、七〇年代におけるデタントの進行により、次第に形を変えるようになり、その変化は、日韓両国の間の関係にも大きな影響を与えることになった。

とはいえここにおいて注意しなければならないのは、この動きが、後に見られるような東西両陣営の融和や、社会主義陣営の崩壊へと一直線に繋がっていったわけではない、ということである。アメリカ大統領が太平洋を渡って北京を訪問する、という形で行われた、一九七二年のニクソン訪中に象徴的な形で表れていたように、この時期のデタントの特徴は、それが自由主義陣営の社会主義陣営に対する主観的な「劣位」の結果として出現したということであった。言うまでもなく、このような現状をもたらした最大の要因は、ベトナム戦争におけるアメリカの敗北だった。そしてだからこそ、このような七〇年代の政治状況は、とりわけ東アジアにおける自由主義陣営諸国に強い危機感をもたらした。

そして、その中でも最も深刻な危機感を持つこととなったのが、当の冷戦の最前線に置かれた韓国であった。当時の韓国政府や知識人は、新たな国際情勢の変化の中で自国が取り残され、孤立してゆくことへの強い警戒感を有していた。だからこそこのような状況下、彼らは、依然として大きな力を持っていた社会党を中心とする、日本の「革新勢力」の動向に警戒の目を向けていた。一九七二年、「日中共同声明」により中華人民共和国との間で国交を正常化した日本は、返す刀で台湾を支配する中華民国政府を容赦なく切り捨てた。その翌年、アメリカもまた、北ベトナムとパリ協定を結んでベトナムから軍隊を撤収し、事実上、南ベトナムを見放した。だからこそ、日米両国が、今度は同じ自由主義陣営に属する分断国家である韓国をも見捨てても不思議ではない、韓国の人々がそう考え、恐れたのはある意味では当然のことだった。

当時の状況をより正確に理解するために、ここでいったんタイムラインを整理してみよう。一九七九年一〇月、朴正熙が暗殺された時点のアメリカでは、在韓米軍撤退を一時期公約に掲げたカーター大統領が依然健在であり、自らの再選にも強い意欲を見せていた。ベトナム戦争終結と、ウォーターゲート事件の記憶が強く残る当時のアメリカにおいては、リベラルな民主党の保守的な共和党に対する優位が続いており、民主党は一九七八年の中間選挙においても、共和党に大差をつけて勝利していた。民主党内では、現職のカーター大統領に加えて、これよりもさらにリベラルな政治的姿勢で知られるエドワード・ケネディ上院議員もまた大統領選挙に強い意欲を見せており、多くのメディアでは、この両者のどちらかが次期大統領になるものと予想されていた。そして既に述べたように、朴正煕の暗殺直前に行われた日本の衆議院議員選挙では、自民党は二度目の過半数割れに追い込まれており、混乱した自民党内では大平正芳と福田赳夫の間での激しい「四〇日抗争」が展開されていた。

国際情勢は世界の他の地域においても、韓国にとって憂慮すべき兆候を見せていた。これより少し前の一九七八年から一九七九年初頭、やはり冷戦下のアメリカの重要なパートナーの一つであったイランにおいてイスラム革命が進行し、結果として反米的な政権が樹立されることとなっていた。この革命はそのまま第二次石油危機へと直結し、世界経済は大きな打撃を受けることになった。一九七九年の一二月には、アフガニスタンへのソ連の軍事侵攻が開始された。このアフガニスタンへの侵攻は、第二次世界大戦以降におけるソ連軍の最大規模の軍事作戦であり、だからこそ一部の人々は、その動きに大きな警戒の念を寄せていた。軍事的に活発化しつつあったのは、ソ連だけではなかった。同じ一九七九年の二月には、中国もまたベトナムに対して五〇万人以上とも言われる兵力を動員し、大規模な侵攻を行っている。いわゆる中越紛争がこれである。

忘れてはならないのは、朴正煕の暗殺から、全斗煥等「新軍部」による粛軍クーデタ、そして一九八〇年五月一七日の政権奪取のための事実上のクーデタから、翌日の光州事件へと繋がる韓国の一連の事件が、このような激変する国際情勢の中で行われていることである。軍部をはじめとする韓国の「反共」勢力が当時の国際情勢の展開に対して抱いていた大きな危機意識を抜きにして、彼らの行動を理解することは不可能である。

しかしながら、このような国際的状況は、全斗煥等が政権を掌握した直後から全く異なる方向へと変化して行った。とりわけ韓国にとって重要だったのは、日米両国の政治状況の変化だった。日本における転機は、一九八〇年六月に行われた衆参同日選挙にあった。自民党の内紛により、野党提出の内閣不信任案可決がされるという、異常事態の中で行われたこの選挙は、運動期間中における大平首相の急死という予期せざる「追い風」を受けて、自民党の歴史的大勝へと帰結した。

日本の首相の座は、この後、大平の「代役」として起用された鈴木善幸によって担われることになり、このことは自民党内部の各派閥間勢力配置にも大きな影響を及ぼした。大平、鈴木と二代続いて、同じ派閥から首相を出したことにより、同じ大平派に属する「ハト派」の重鎮、宮沢喜一による政権獲得の可能性が遠のく一方で、鈴木政権下においてナンバー・ツーの座を占めた、「タカ派」中曾根康弘の地位が急上昇することとなったからである。周知のように、その後、中曾根は一九八二年に首相の座に就任し、韓国民主化の年である一九八七年まで、その座を占めることとなっている。

だがそれよりも遥かに重要だったのは、言うまでもなく、一九八〇年一一月におけるレーガンのアメリカ大統領当選だった。一九七六年の共和党予備選挙にて、当時の現職大統領フォードをあと一息のところまで追い詰めた実績のあるレーガンは、当時のアメリカ政界において異端的な「右派」言説で知られた人物であり、共和党の中でさえ、大統領選挙戦の開始時においてはレーガンの勝利を疑問視する声が多かった。しかし、これまた後に大統領となるブッシュとの激しい党内予備選挙を制したレーガンは、大統領選挙本選においても、経済的不振と、投票日のわずか数週間前に発生した、イランにおけるアメリカ大使館員人質事件という二つの「追い風」を受けて、現職のカーターに対して終始優位を保つことに成功した。大統領選挙の結果は、一〇%以上の大差をカーターにつけてのレーガンの圧勝。日米両国における「タカ派」あるいは「右派」政権の成立は、分断国家である韓国にとって朗報だった。こうして韓国、あるいは韓国の「反共」勢力は、一時期の危機的状況から脱出することになる。

「日本を知らない世代」の登場

だからこそ韓国は、この後、新たな国際情勢の変化の中、自らの位置づけを大きく変えていくことになる。そしてこのような変化においてもう一つ注目すべきは、朴正煕の暗殺がもたらした、意図せざる韓国内の政治的・社会的変化であった。すなわち、朴正煕の死後、政権の中枢に座った人々が、それまでの政権の中枢を担った人達より遥かに若い世代に属していたことが、ここで重要な意味を持つことになったのである。例えば、朴正煕と全斗煥という二人の大統領の生まれ年を比べてみよう。一九一七年生まれの朴正煕に対して、全斗煥は一九三一年生まれ。両者の間には一四歳もの年齢差があり、一九八〇年の大統領就任時、全斗煥は未だ四九歳にしか過ぎなかった。あまり指摘されないが、一九三一年生まれの全斗煥は、彼の後に大統領になる一九二七年生まれの金泳三や一九二四年生まれの金大中より若い世代に属しているのである。

そしてこのような若い大統領の誕生は、韓国社会全般に大きな変化をもたらした。当時の韓国の政治・社会においては、軍出身者が大きな影響力を有しており、彼ら軍出身者の間では、エリート軍人養成学校である士官学校の何期生であるかが特別な意味を有していたことがその背景にある。だからこそ、全斗煥ら、陸軍士官学校第一一期生を中心とするクーデタの成功は、軍内部のみならず、政界その他の多くの分野における、第一〇期生以前の士官学校出身者や彼らと結びついた古い世代に属する人々の、韓国社会中枢部からの退場を早める効果をもたらした。

このような影響は、例えば、当時の韓国政界において巨大な影響力を行使した、大統領秘書室における劇的な世代交代となって現れた。具体的には、全斗煥政権初期の大統領官邸の中枢部を占めた人物として知られる、「スリー・フォー」（韓国語では「許」という漢字が、ホに近い音で発音されることに由来している）と俗称された許和平《ホ・ファピョン》、許三守《ホ・サムス》、許文道《ホ・ムンド》の例を挙げることが出来る。彼らは共に、一九三七年前後の生まれであり、政権獲得当時、いまだ四十代前半の若年にしか過ぎなかった。朴正熙政権の大統領側近として権力を握った、李厚洛《イ・フラク》、金載圭《キム・ジェギュ》等が一九二〇年代半ば生まれであったことを考えれば、大統領官邸の主要メンバーは、政権交代により一挙に一五歳近くも若返った計算になる。このこと一つとっても、全斗煥政権成立による韓国国内の世代交代がいかに急であったかを知ることができる。

重要なことは、このようにして全斗煥政権下で急速に浮上した世代が、一九三〇年代以降生まれの、「植民地支配に責任を負わなかった世代」に属していたことだった。彼らはいずれも植民地期においては、一定の社会的地歩を得たことがなく、将校、あるいは兵士としての、第二次世界大戦における従軍経験も有していなかった。進んで言えば、大統領となった全斗煥が、第二次世界大戦終結当時、いまだ国民学校の五年生（満州帰りの彼は通常より学年進行が遅れていた）だったことに端的に現れていたように、彼らの多くは日本統治下における高等教育の洗礼さえ受けていなかった。

だからこそ、彼らの世代の日本に関わる経験は、先立つ世代とは全く異なっていた。日本統治下の韓国に生まれ、初等教育までをその支配下で受けた彼らは、確かに一定の日本語を理解することはできた。しかしながら同時に彼らは、朴正煕政権を支えた人々のように、自らの人生経験の中で培われた日本との強い人的つながりは有してはいなかった。彼らの日本に対する知識や人脈はきわめて限られたものであり、またその関心も決して大きなものとはいえなかった。

それゆえに、この時期、韓国の日本との関係は、大きく変化していくことになった。七〇年代、進行するデタントの中で韓国は国際的な孤立とそれゆえの焦燥感を深めていた。にもかかわらず、七〇年代の韓国政治・社会の主導権は、依然として日本統治下に高等教育を受けた世代が握っており、だからこそ彼らは大きな不満を持ちつつも、自らが有する人的ネットワークをフル活用して、日本との関係を維持することに努力した。それは、彼らにとって日本が、最も身近な外国であり、また自らの活動を支援してくれる、最も利用しやすい隣国だったからに他ならない。

しかしながら、朴正煕死後の韓国政治・社会における急速な世代交代は、まもなく訪れた国際情勢の好転とも相まって、韓国における日本の重要性を大きく引き下げた。とりわけ、レーガン政権成立による、アメリカとの関係改善は、この新しい世代にとって特殊な意味を持っていた。見落とされてはならないのは、当時、権力を掌握した軍人たちの多くが、日本よりも、同盟関係にあるアメリカへの親近感をより強く有していたことであろう。建国期、あるいは朝鮮戦争期における極端な人材不足の中、士官学校で簡単な促成教育しか受けることのできなかった朴正煕やその政権下において主要な地位を占めた人々とは異なり、全斗煥等が属した第一一期以降の士官学校卒業者は、四年間の本格的な士官育成教育を受けている。韓国における士官学校の教育課程は、アメリカ亡命経験を持つ初代李承晩大統領たっての希望により、「ウェスト・ポイント・スタイル」を採用しており、必然的に生徒たちはアメリカへの憧れを強く持つこととなっていた。加えて彼らの多くは、在学中あるいは任官後、実際にアメリカ留学の機会をも与えられていた。だからこそ、そのような彼らが、実際に暮らしたこともない日本よりも、自らの馴れ親しんだアメリカにより大きな期待を寄せたのは当然だった。事実、大統領となった全斗煥もまた、一九五九年から二年間、アメリカ陸軍特殊戦学校への留学経験を持つ典型的な「親米派」将校の一人だったのである。

ともあれ重要なことは、全斗煥政権期に韓国社会の上層を占めた人々が、「日本語はしゃべれるものの日本経験を持たない」特殊な人々だったことである。だからこそ、政権掌握後の全斗煥らの対日政策は、朴正煕政権時のそれとは異なるものとならざるを得なかった。日本に対する親近感が小さく、ネットワークも限られていた彼らの対日政策は、時に唐突であり、行き当たりばったりの傾向を強く有していた。その最も極端な現れは、先に述べた、全斗煥政権初期における六〇億ドルという巨大な日本への借款要請であったかもしれない。背景には好転する米韓関係が存在し、韓国が自らの立場に対する自信を急速に深めつつあることがあった、とも言われている。

2 日韓関係の変化

「新しい知日派」の登場

変化は、当時の韓国社会における「知日派」の間でも起こりつつあった。ここで重要だったのは、一九四五年から一九六五年の間、日韓両国に正式な国交が存在しなかったことだった。もちろん、後に在日韓国人として滞留する多くの人々が、この間、様々な形で日本にやってきたことに現れているように、国交正常化以前の段階においても日韓間には一定以上規模の物的、人的交流は存在した。しかし、国交の不在は、両国間の交流の拡大、特にエリートレベルでのそれへの大きな妨げとなって現れた。結果として、一九五〇年代の韓国に君臨した李承晩政権の反日的な姿勢とも相まって、この時期に新たなる「知日派」は形成されず、日韓は植民地期に形成された古い「知日派」が有する紐帯に依存する関係に留まった。

その点について具体的なデータを見れば次のようになる。『韓国統計年鑑』（一九六七年）によれば、一九六六年、つまり日韓国交正常化の翌年における、在日韓国人を除く日本に滞在する韓国人留学生の数はわずか二二名にしか過ぎなかった。同年の韓国から日本への公式な入国者も、一万七〇六五名に過ぎないから、当時の日韓関係がいかに限定されたものであったかを知ることができる。参考のた

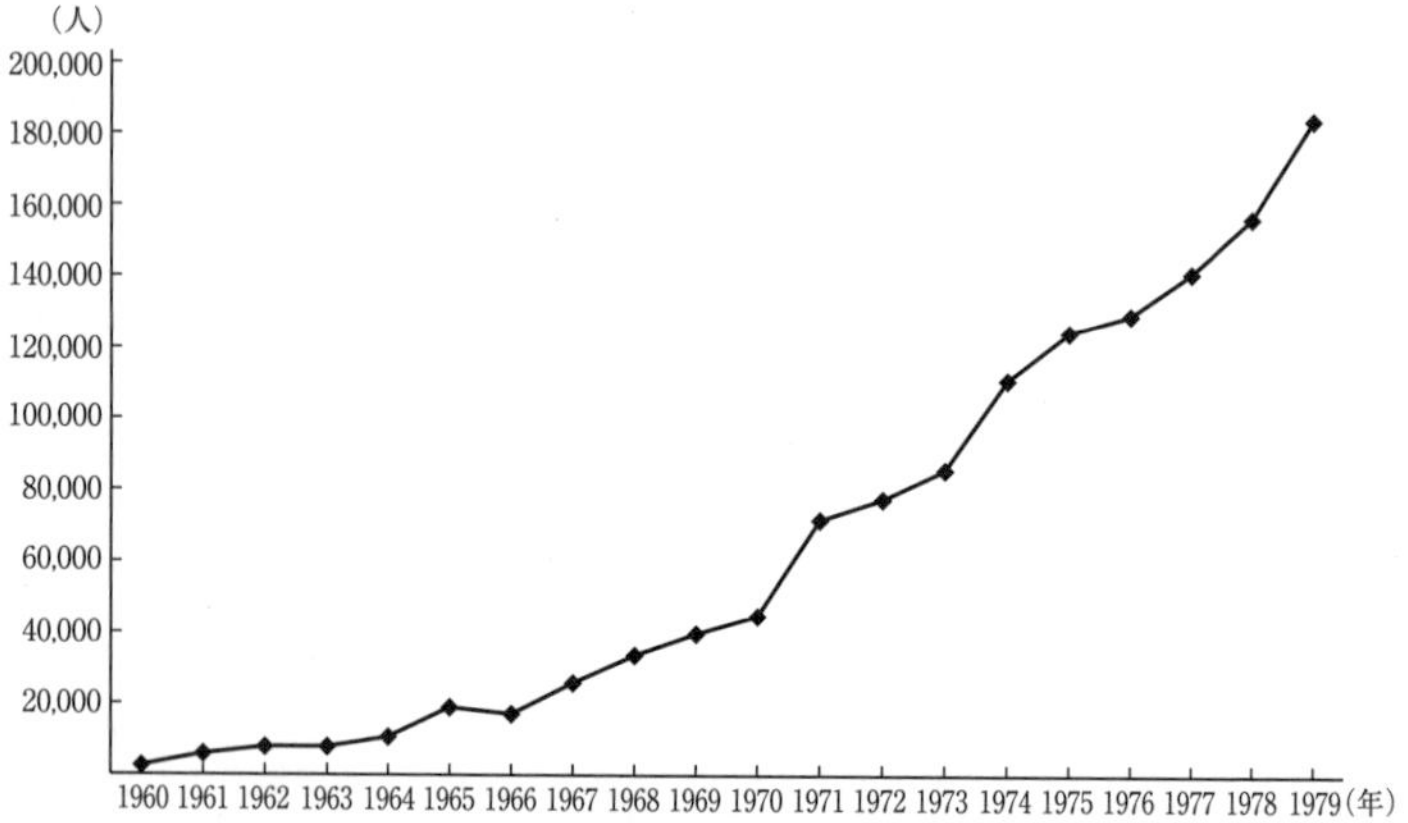

図 4-1　韓国人入国者

出典：総務省統計局「統計データ」（http://www.stats.go.jp/data/index.html）より筆者作成。

め、二〇一三年における韓国から日本への留学生は約一万五〇〇〇人、同じく入国者数は約二四六万人であるから、当時の日韓間の交流の規模は現在の一〇〇分の一を大きく下回るものであったことになる。

しかし、この状況は、やがて大きく変化した。留学生の数が、翌一九六七年には前年の八倍近い一七一名になっていることに典型的に現れているように、国交正常化により、日韓間の交流が急速に活発化することとなったからである。日本を訪れた韓国人の数も、同じ年には二万五七九一名を記録、一九七一年には早くも一〇万人の大台を突破することになっている。

当然のことながら、このような新たな日韓間の交流拡大は、韓国内において新たなる「知日派」を生み出すこととなった。ここで注意すべきは、この時期形成された「新しい知日派」の「日本経験」が、日本統治期に形成された「古い知日派」のそれとは全く性質を異にしたことである。韓国における「古い知日派」が前提としていた日本に対する知識が、植民地支配下の経験であり、また植民地支配をもたらした「古い日本」に関わるものであったとするならば、「新しい知日派」が前提としたのは、戦後復興がほぼ終了し、経済大国として台頭しつつある「新しい日本」に関わるものだったからである。

それは比喩的な表現を使えば次のようになる。「古い知日派」の前提にあったのは、植民地支配に対する苦い経験であり、そこには憎悪と畏敬が入り混じった複雑な感情が存在した。総力戦期を経験した彼らにとって、日本は自らの自由を抑圧する憎むべき存在であると同時に、自らを圧倒する巨大な力を持った存在であったからである。

戦後日本の衝撃

しかし、「新しい知日派」の経験は異なった。総力戦期に生を享け、解放以後に青年期を送った彼らにとって、日本とは無謀な戦争を引き起こして敗北した愚かな国であり、また朝鮮半島において理不尽な支配を行った非合理な国家に他ならなかった。李承晩政権下の反日的な空気の中、戦後日本に対する情報は限定され、彼らの多くは隣国の変化に大きな考慮を払おうとしなかった。一言で言うなら、彼らにとっての日本とは、卑しみ、遠ざけるべき存在にしか過ぎなかったわけである。

だからこそ、国交回復以降、発展する戦後日本を初めて訪れた人々の衝撃は大きかった。なぜなら、留学で、ビジネスで、あるいはジャーナリストとして日本を訪れた彼らの目の前に存在したのは、彼らの知らなかった新しい日本の姿だったからである。第二次世界大戦直後の経済的苦境を早期に克服し、成長と繁栄を謳歌する一九六〇年代の日本の姿は、彼らにとって驚きであり、また、そこにおける民主主義の定着も、彼らの予想を遥かに上回るものだった。依然として貧困に苦しむ同時期の韓国とは異なり、そこには豊かで平和で、自由で秩序ある社会が存在した。戦勝国であるアメリカが強大であり、経済的繁栄を謳歌するのは、彼らにとってもよく理解できた。しかし、なぜ、朝鮮半島から石もて追われたはずの日本がかくも強大な存在として再び現れることとなったのか。圧倒的な日本の存在は彼らを打ちのめすのに十分だった。

厄介なのは、このような彼らの経験が、必ずしも日本への畏敬の念に繋がらなかったことだった。当時の日本においては、依然、朝鮮半島出身者に対する深刻な差別が存在し、彼らは日本における日々の生活の中でそれに直面せざるを得なかったからである。ここで彼らが経験したのは後に多くの韓国人が経験したのと同じ矛盾した感覚であった。多くの韓国人にとって、彼らが直接に知り合った日本人の多くは親切であり、尊敬に値する人々に見えた。しかし、集団としての日本人は依然として、彼ら、あるいは彼らの同朋である在日韓国人を差別し、自らの社会に受け入れることを拒み続けていた。日本人は表面では韓国人に良い顔をしながら実は、実際には自分たちを見下しているのではないか。こうして彼らは日本に対する強い疑心暗鬼にさいなまれることになる。

このような韓国の「新しい知日派」の複雑な思いは、一九七〇年代に入り、金大中拉致事件と、朴正熙大統領暗殺未遂事件が勃発することにより、さらに大きなものとなった。これらの事件により当時の日本国内における韓国への印象は大きく悪化し、日韓関係もまた暗礁に乗り上げることになった。

そして日韓関係が悪化する中、彼らの多くはやがてこう考えることになった。同じ自由主義陣営に属する友邦だ、と口にはしているものの、結局、日本と日本人は、韓国と韓国人を利用することしか考えていない。韓国はこのような日本に対峙する方策を持つべきだし、また持たねばならない、と。このような彼らの思いは、同じ時期に、韓国にとっては敵国である中国との国交を日本が正常化し、日本国内に「日中友好ブーム」が訪れることにより、さらに強いものとなった。一言で言うなら、「日本は信用できず、しかし、侮れない存在だ」というわけである。

許文道の場合

一九六五年の日韓国交正常化以後の日韓両国の交流は、小規模ではありながら、植民地支配下に養成された人々とは異なる「新しい知日派」を生み出していった。そして発展した民主主義国である日本への驚嘆の念と、韓国人と韓国に依然として差別的な視線を注ぐ日本人に対する嫌悪の念を併せ持った彼らの対日観は、やがて韓国における対日政策や世論を着実に変えていくこととなる。

既に述べたように、このような「新しい知日派」にとって、全斗煥政権の成立とそれに伴う世代交代は、彼らの対日観を現実政治に反映させる絶好の機会となった。このような人物の代表として、全斗煥政権期の韓国政治に絶大な権力を有していた大統領秘書室の、政務第一秘書官という要職を占めた許文道がいる。先ほど紹介した全斗煥政権期の大統領官邸にて絶大な権力を振るった若き秘書官「スリー・フォー」の一人である。ソウル大学を一九六四年に卒業後、朝鮮日報に就職した彼は、日韓国交正常化直後に東京大学への留学経験を与えられ、一九七四年七月には東京特派員として正式に赴任した。当時の朝鮮日報の特派員室は、提携関係のあった毎日新聞社屋内の地下にあった。許文道はその狭苦しく暗い一室で五年近くを過ごしたことになる。

彼が東京特派員を務めた時期は、ちょうど前年に金大中拉致事件が東京都内で発生し、日韓関係、そして日本国内の対韓国世論が悪化していた時期に当たっていた。ちなみに彼の前任の朝鮮日報東京特派員は編集副局長を兼務していた金潤煥《キム・ユンファン》。後に政界入りし、一九九〇年代には、韓国の「キングメーカー」とまで称される保守派の実力者にのし上がる人物である。

許文道が東京に赴任して最初に執筆した記事は、羽田空港で勃発した日本航空一二四便ハイジャック事件に関わるものであったというから、当時の時代状況はここにもよく表れている。しかし、重要だったのはその直後、一九七四年八月一五日に勃発した朴正煕大統領暗殺未遂事件、別名文世光事件に他ならない。既に述べたように、この事件により日韓関係はさらに大きく悪化し、韓国内では日本を非難する大規模デモが吹き荒れることとなった。日本国内においても、朴正煕政権を批判する声がさらに強くなり、許文道は後にこのような状況を見て、日本社会に強い不信感を抱いたと回想することになっている。こうした状況を背景に、やがて、「日本に対して批判的な新しい知日派」としての許文道が生まれることになるのである。

さて、その許文道は、朴正煕政権の末期、一九七九年に、韓国政府入りを果たしている。背景には、彼自身が大統領であった朴正煕を強く尊敬しており、その下で働きたい、と希望していたことがあったという。とはいえ、実際には駐日大使館広報官に採用された彼は、そのポストで、朴正煕暗殺を迎えることになり、彼が朴正熙と直接会う機会は得られなかった。混乱する母国の状況を懸念した彼は、その後、各国駐在大使館広報官の合同会議のためにソウルに戻ることとなり、ここで高校時代の友人の伝により、粛軍クーデタ以後、権力掌握への道を突き進んでいた全斗煥と会う機会を得た。許文道は、その後、いったん東京に戻るものの、全斗煥の政権掌握後、新たなる政権の参謀格として全斗煥にソウルに呼び戻され、やがて大統領秘書室の第一政務秘書という要職に就くことになった。同じ政権には、許文道と同じ時期に東京大学に留学した金栄作《キム・ヨンジャク》国民大学副教授（当時）も参加し、主として与党・民主正義党のブレインとして活躍することになった。こうして日韓国交正常化以降に日本留学を果たした「新しい知日派」が八〇年代の韓国政治の表舞台に登場することになるのである。

克日運動

許文道ら「新しい知日派」の知見はその後の全斗煥政権の様々な政策に反映されていった。よく知られているのは、一九八一年五月に行われた「国風八一」という名の、大衆文化イベントである。ソウル市内の汝矣島《ヨイド》広場にて、わずか五日間で実に一〇〇〇万人以上の参加者を集めて行われたこのイベントは、一部では、前年の同じ五月に勃発した光州事件一周年をめぐる学生たちの動きを封じ込め、人々の目を政治から逸らさせる目的を有していたとも言われた、いわくつきのものだった。そして、この「国風八一」の開催に際しては、日本の「祭り文化」がその参考にされ、韓国においても同様の祝祭文化を作り上げることが一つの目標であった、とされている。もちろん、許文道をはじめとする「新しい知日派」のアイデアである。

しかしながら、彼らの日本経験がより如実に反映されたのは、もちろん、日本とのより直接的な関係においてであった。この点において重要であったのは、再び一九八二年に勃発した第一次歴史教科書問題であった。既に幾度も述べて来たように、この問題の日韓間における本質は、日本の教科書がこの年に「右傾化」したことではなく、日本の歴史教科書の内容が、韓国あるいは中国のそれとは異なる内容を持っていることが、「重要な問題」として「発見された」ことにあった。事実、第一次歴史教科書問題が勃発した当時の韓国政府や韓国メディアは、日本の歴史教科書に関わる具体的な情報をほとんど何も持っておらず、だからこそ彼らは問題発覚後、慌ててその内容に関する情報収集を行うことになった。この点について、当時『朝鮮日報』の東京特派員であった李度珩は、本社からの依頼で送った日本の教科書問題に関わる記事が、自分の予想よりも遥かに大きく扱われ、日ごとに巨大な反響を呼んでいくことに、戸惑いさえ覚えた、と後に回想している。

このような事態の展開が意味していたのは、一九八〇年代の韓国社会に生きる人々が、同時代の日本について、実は多くの情報を有していなかった、ということだった。この時期、韓国の人口の過半以上は、既に植民地期以後生まれの人々が占めることとなっており、朴正熙政権期の韓国社会の上層部を占めたような、日本統治期に高等教育を受け、一定の社会的地位を占めた人々は、急速に姿を消しつつあった。

だからこそ、当時の多くの韓国の人々は、日本について具体的な知識を持たず、また、持つための独自のネットワークも有していなかった。そして、そこにおいて突如、勃発した歴史教科書問題により、彼らは同時代の日本の状況に目を向けることを余儀なくされた。そして、いったん彼らが目を向けた時、そこに存在したのは、世界第二の経済大国として繁栄を謳歌する八〇年代の日本の姿に他ならなかった。つまり、教科書問題を通じて、韓国の人々は同時代の日本をもまた「再発見」することになったわけである。そしてそれは全斗煥政権期において政権入りした「新しい知日派」が、日韓国交正常化以後、日本の地を踏んだ後に経験したことと同じだったのである。

日韓国交正常化以降に日本経験を積んだ「新しい知日派」は、自分が日本について多くを知らない、という現実からスタートし、そこから日本を知るための努力を積んできた。それは言い換えるなら、彼らが日本を「他者」と見なし、「他者」を知るためには、そのための意図的な努力が必要だ、ということを理解していたことを意味していた。そして、八〇年代、社会の上層部に辿り着いた彼らは、自らの経験を、今度は、韓国社会全体に渡るより大規模な社会運動として展開することになる。すなわち、第一次歴史教科書問題勃発の直後から、『朝鮮日報』を中心として大々的に展開された「克日運動」がそれである。一九八三年一月一日、『朝鮮日報』は、次のように書いている。

大多数の韓国人は、日本に対してほぼ白紙の状態から、過去に我々を支配したこの侮りがたい日本人と、外交やビジネス、さらには技術協力などを行わなければならない立場に置かれている。これは地理的、歴史的に、我々が向き合わねばならず、拒否することも出来ない隣国関係にある日本の人々との間に、敵対関係ではなく、善隣関係を作るための大前提なのである。

克日運動のスローガンは「克日の道は日本を知ることだ」。つまり、日本に「克つ」ためには、日本を知らねばならない、というのがその主張であった。そして、そこには当時の「新しい知日派」の意図的な「仕掛け」があった。当時朝鮮日報の東京特派員であった李度珩は、この背後に、大統領秘書室の政務第一秘書であった許文道と、朝鮮日報の編集局長を務めていた崔秉烈《チェ・ビョンヨル》の間の個人的な関係の存在を想定している。先述のように、許文道は政府入り以前には朝鮮日報に勤務した経歴の持ち主であり、加えて崔秉烈は許文道が卒業した高校の先輩にも当たっていた。よく知られているように、崔秉烈もまたその後、政界入りし、今日のセヌリ党につながる保守系の諸政党の重鎮として活躍することになる人物である。一九八〇年代、それは「新しい知日派」を巻き込んで、日韓関係をめぐる新しい流れが生まれつつある時代だったのである。

日本側の変化

いずれにせよ、こうして登場した「新しい知日派」の動きは、日韓関係を大きく変えていくことになった。徹底した植民地教育を受け、日韓関係を自らのアイデンティティに関わる「自らの内なる問題」として認識せざるを得なかった「古い知日派」とは異なり、「新しい知日派」は日韓関係を自らと分離して考えることができた。比喩的な表現が許されるなら、それはこの時期、日韓関係がようやく植民地支配の頸木から脱出し、普通の二国間関係となりつつあることを意味していた。

そして、韓国におけるこうした変化は、日韓関係の他方の当事者である日本側にもまた変化を強いることになった。例えば、一九七〇年代には、大統領であった朴正熙自身の例に典型的に現れたように、日韓間の外交交渉においてさえ、韓国の首脳が日本語を用いるのが、さほど珍しいことではなかった。「日本語で考え、韓国語で話す」と揶揄された世代に属する彼らにとっては、複雑で時に抽象的な会話を日本語で行うことは、何らの大きな負担にもならなかったからに他ならない。

しかし、全斗煥政権に入ると、この状況は大きく変化することとなる。政権上層部からの「古い知日派」の退場は、韓国政治から高度なレベルで日本語を駆使しうる世代が退場したことを意味していた。当然のことながら、このような変化は、日韓間における様々な実務関係にも大きな影響を与えた。例えば、それが典型的に表れた分野の一つは、ジャーナリズムであったかもしれない。今日においては想像さえし難いことであるが、一九七〇年代末までの韓国に滞在した日本メディアの特派員や日本企業の駐在員の多くは、韓国語を話すことがほとんどできなかった。なぜなら彼らの取材対象や仕事上のパートナーの多くは植民地期に生まれて成長した人々であり、日本語を流暢に話す人々だったからである。だからこそ当時の日本人の多くは、取材や仕事をするに当たって日本人側が韓国語を直接駆使する必要を感じていなかった。もちろん、韓国メディアに掲載された情報の収集・分析など、韓国語を駆使せざるを得ない状況も時には存在したものの、その場合も多くは日韓両国語の出来る韓国人の協力を得れば十分であると考えられていた。

同様のことは、筆者の所属する研究者の世界についても言うことが出来た。例えば、一九七〇年代以前に書かれた韓国政治、社会、経済、あるいは歴史について日本語で書かれた書籍や論文を見てみれば、八〇年代以降の同様のものとは歴然とした違いがあることが分かる。つまり、そこには韓国語の論文はほとんど引用されておらず、また今日の観点から見れば必要不可欠な韓国内の一次資料も挙げられていない。言うまでもなく、そこにあるのは、韓国について学ぶ際にさえ、韓国語を学ぶ必要性はさほど大きくなく、ましてやそれを口頭で話す必要などあるはずがない、という日本人研究者の意識に他ならなかった。

垂直的な関係から水平的な関係へ

ジャーナリストもビジネスマンもまた、研究者も、韓国語を駆使する必要を感じなかった時代。そのような状況の背後に存在したもう一つの要素は、日本人の漠たる韓国に対する優越意識に他ならなかった。そして、同じことは例えば同時期の韓国の民主化運動を支援するような「良心的な」市民団体についてさえ言うことが出来た。例えば一九七〇年代のある時期、人々は東京にて事実上の亡命生活を送る金大中に対し、日本語で話し、日本語で書くことを当然のように要求した。本来なら、日本人が韓国人のために何かを行うのであれば、彼らの韓国人としてのプライドを最大限尊重するのは当然のことであり、そのためには我々が植民地期に押し付けた言語で彼らに話させるのは適切ではないはずである。しかし、ある時期までの日本人の多くは、そのような当たり前のことさえ十分に意識していなかった。この状況は、八〇年代のある時期以降、同じ金大中が日本でも、韓国語を使うようになるのとはまさに対象的である。

だが、一九八〇年代における韓国社会の変化は、こうした日本側の「無意識な傲慢さ」を変えさせることになる。植民地期において高等教育を受けた人々の退場は、当然、日本人ジャーナリストが日本語のみにて取材を行うことを著しく困難なものとさせた。こうしてこの時期、相次いで、流暢な韓国語を駆使するジャーナリストが登場することとなる。共同通信の黒田勝弘（現・産経新聞）、毎日新聞の重村智計（現・早稲田大学）といった、新しい世代の朝鮮半島問題に通じたジャーナリストの登場はそのことを如実に示していた。もちろん、同じことは研究者の世界においても言うことができた。政治学の小此木政夫、社会学の服部民夫、さらには歴史学の吉田光男といった人々が、韓国における研究者らと交流を持ち、自らの研究を打ち立てていったのは、まさにこれ以降の時代に他ならなかった。そして彼らは慶應義塾大学や東京大学といった日本の基幹大学に座り、後進の育成にもまた当たることとなった。こうして後の日本における韓国研究もまた大きく変化してゆくことになった。

こうして一九八〇年代、植民地支配の遺産に規定されてきた垂直的な日韓両国の関係は、急速に水平的な関係へと変わっていった。しかしながら、水平的な関係の到来は、同時に、日韓が互いの立場から激しい競争を展開する時代の到来をも意味していた。例えば、韓国における「新しい知日派」がそうであったように、先に挙げたような日本における「新しい知韓派」もまた、韓国における議論をそのまま受け入れ、韓国に好意的な議論ばかりを展開したわけではなかった。容易に想像できるように、日本における「新しい知韓派」のあり方は、ちょうど韓国における「新しい知日派」のそれと対称的な関係になっていた。両者は共に植民地期における実際の社会経験を持たない世代に属しており、それゆえ、植民地期の過去を含む日韓間の複雑な問題に対し、自らの個人的な過去に束縛されず自由に議論を行うことができた。加えて、実務や研究において自らの国に本拠を置く企業や大学を基盤として活動した彼らは、相手側の国を冷静に、言葉を変えて言うなら「冷ややかに」観察することもできた。彼らにとって互いの国は、紛れもない「外国」あるいは「他者」であり、だからこそ、彼らは「古い知日派」や「古い知韓派」と比べれば、はるかに「客観的」で「冷静」な立場から自らの活動を行うことが出来た。こうして両国間の議論は急速に活性化し、これまでとは全く異なる状況が生まれることになる。

3 『新編日本史』

『新編日本史』――八〇年代の日本ナショナリズム

とはいえ、新しい水平的な関係の到来は、このような「新しい知日派」や「新しい知韓派」の台頭のみをもたらしたわけではなかった。この点について、日本社会の側から見ていくなら、重要だったのは、一九八二年における第一次歴史教科書問題がもたらした影響だった。とりわけ、そこにおいて中韓両国が検定済み教科書の内容に対して事後的な修正を要求したことは、日本における教科書をめぐる議論を大きく混乱させることとなった。なぜなら、第一次歴史教科書問題勃発以前の日本における教科書に関わる議論は、家永三郎に代表されるようないわゆる「進歩的」知識人が、憲法の規定を盾に、文部省による教科書検定が違憲だとして訴え、より広範な出版の自由を獲得することにより、自ら一層「進歩的」な教科書を実現する、という方向で展開されてきたからである。しかしながら、ここにおいて「進歩的」知識人と一部見解を共有するかに見えた中韓両国政府が、むしろ日本政府の責任において、教科書の「上からの改訂」を実現することを求めたことで、日本の「進歩的」知識人たちの議論は大きく混乱することになった。「検定違憲」の立場と、中韓両国政府の「上からの改訂」要求の狭間に立って、彼らの運動は分裂し、やがてそれまで有していた求心力を急速に失っていくこととなった。

さらに、第一次歴史教科書問題の勃発は、これまでとは異なる人々の動きをも刺激した。すなわち、日本ナショナリズムの側に立つ人々の動きである。以下、この経緯を当時の『朝日新聞』の報道により見ていくなら次のようになる。

ここにおいて鍵となるのは、「日本を守る国民会議」に集う人々の動きである。「日本を守る国民会議」とは、一九七八年、元号法制定を求めて設立された「元号法制化実現国民会議」が、一九七九年の元号法制定後、「日本を守る国民会議」と名前を改めたものであり、後に、一九九七年に「日本を守る会」と合併して「日本会議」という団体になり、今日に至っている。神社本庁などの宗教団体の他、日本教師会等の教育団体、さらには各種商工団体等の民間の約一〇〇団体や、個人がその会員である。執行部には、社会的に名のよく知られた人が多く入っており、例えば、一九八六年当時の代表委員には、井深大ソニー名誉会長や宇野精一東京大学名誉教授といった人々が名を連ねていた。団体の主な目的としては、憲法の改正や、国防意識の高揚、さらには教育の「正常化」等が挙げられている。まさに日本を代表するナショナリズム団体の一つだということができる。

さて、第一次歴史教科書問題の勃発は、「日本を守る国民会議」に集う人々に大きな危機感をもたらした。つまり、彼らはこの事件を、中国や韓国が日本の教科書の内容に不当に干渉した事件であり、これにより日本の歴史教科書の内容が歪められつつあるものと受け止めたのである。とりわけ彼らは、この問題の解決のため、日本政府が宮沢官房長官名で「政府の責任において（教科書を）是正する」という談話を出したことに強く反発していた。そしてこの宮沢談話を受けて、「近隣のアジア諸国との間の近現代史の歴史的事象の扱いに国際理解と国際協調の見地から必要な配慮がされていること」を内容とする条項が、検定基準に新たに追加された。いわゆる「近隣諸国条項」とは、このことである。

このような状況の中、「日本を守る国民会議」は独自の教科書作りに着手することになる。一九八二年一〇月三〇日、同会議は東京にて「教科書問題懇話会」を開催し、「真に日本国民のためのと呼び得る様な立派な教科書の製作に取かからう」と公に呼びかけた。進んで八四年三月に入ると、同会議は、元文部省主任教科書調査官の村尾次郎・日韓文化協会長に、自らの教科書作成のための監修責任者としての就任を依頼し、本格的な作業に着手した。翌四月には同会議は機関誌『日本の息吹』にて、高校日本史教科書の執筆を開始したことを明らかにし、これを「一年間で完成する」ことを宣言した。結局、この教科書の原稿は、予定より若干遅れた一九八五年八月二九日、原書房を通じて、文科省に検定申請された。原書房がこの出版を引き受けたのは、同社社長と村尾の個人的関係があったからだ、と言われている。同年一〇月には、与党自民党内で、森山欽司・海部俊樹・林健太郎らの国会議員が「教科書問題を考える議員連盟」を結成し、この教科書の検定通過を積極的に後押しした。このうち、海部は直後の一二月、文部大臣として入閣することとなったから、同教科書の検定通過は目前であるかに見えた。

だが、実際の検定結果は、彼らの考えたものとは、大きく異なっていた。なぜなら、肝心の文部省傘下の教科用図書検定調査審議会が、この教科書の内容に大きく難色を示したからである。結局、同審議会は、一九八六年一月三一日、いったんこれを「条件付き合格」としたものの、その「条件」は後日書き改めた内容を審議会に改めて諮るという、実質的な「差し戻し」に近い内容だった。この審議会における検定意見の詳細は三月二〇日に執筆者・編集者側に伝達された。この修正・改善意見は実に四二〇カ所に及び、「日本を守る国民会議」側は修正・改善意見に沿って書き改めた原稿を再提出したが、その後も文部省との間での駆け引きが続けられた。結局、五月二七日、同教科書はようやく検定を通過することになる。

とはいえ、この教科書をめぐる事態はまだ終わりを告げていなかった。なぜなら、同教科書の検定通過に対し、中韓両国の政府や世論が激しい反発を見せることとなったからである。五月三〇日の『朝鮮日報』の記事をきっかけに、韓国各紙は一斉に「右翼教科書」が検定を通過したことを激しく批判し、これこそが日本の「帝国主義」復活を示すものだとして、警鐘を鳴らした。六月四日には中国政府もまた公式の異議表明を行うこととなり、ついに文部省は検定後の教科書を内外に公開する「教科書展示会」の開催を延期せざるを得ない状況へと追い込まれた。

ナショナリズムを押さえ込む保守政治家

「日本を守る国民会議」作成の教科書をめぐるここまでの経緯で明らかなことは、「日本を守る国民会議」側が出版に積極的な姿勢を見せる一方で、文部省側が終始ブレーキの役割を果たしていることである。すなわち、この事態は、基本的に政府の主導によってではなく、民間の主導によって行われている、と言える。文部省は、本来なら検定における「禁じ手」であるはずの、事後訂正要求を連発し、事態の拡大防止に努めているように見える。

日本政府が教科書の「右傾化」を主導するどころか、教科書検定制度を用いて「右翼教科書」の出版に対してブレーキの役割を果たす、という当時の状況の方向性は、この後の経過でさらに明確に現れることになる。当時の首相は中曾根康弘、もちろん、一九八〇年代を代表する保守派あるいは「タカ派」の大物政治家として知られる人物である。しかしながら、中曾根は「日本を守る国民会議」の教科書に対してはきわめて冷淡な対応に終始した。例えば、中国政府からの抗議の意が寄せられた翌々日、中曾根は文部大臣の海部に対して「宮沢官房長官談話の趣旨に基づき十分配慮」することを要求した。中曾根は一週間後の六月一三日にも、再度海部に同様の「釘」を刺しており、この事態に慎重に対処しようとしていたことを確認することが出来る。結果、文部省は六月八日から一〇日にかけて、水面下で再度、「日本を守る国民会議」側に働き掛け、追加的な教科書内容の修正を要求した。これに際して文部省側は、この修正要求が正式の検定期日であった五月三〇日以前になされたように取り繕うように求めたとも言われており、いかにこの事態の展開に文部省が気を遣っていたかを知ることができる。異例の水面下の修正交渉は難航し、遂には六月下旬、痺れを切らした形になった藤田公朗《きみお》外務省アジア局長が、出版元である原書房の成瀬社長に出版を断念するように直談判する、という事態まで起こっている。外務省は本来、教科書検定の枠外にあるべき官庁であるから、本来ならこの過程において公に顔を出すべきではない存在である。にもかかわらず、あえて彼らまでもが直接動かざるを得なかったことからも、この問題がいかに深刻な国際問題になっており、日本政府がその対応に苦慮していたかを知ることができる。

『新編日本史』の末路

結局、文部省は、六月二七日、三〇項目、八〇カ所にわたって、具体的な文例を示して、さらなる修正要求を行った。この時点では既に検定期日を過ぎていることは誰の目にも明らかであったから、最早なりふり構わぬ要求だといってよい状況である。

これに対し、「日本を守る国民会議」は幹部と教科書執筆陣が緊急会議を開催、対応を協議することになる。結局、「日本を守る国民会議」は「外圧に屈して」も、「耐えがたきをたえてわれわれの教科書を出すことが大事」という結論に至り、政府側の要求を丸呑みすることを選択した。勢いを得た文部省は、畳み掛けるかのように、七月三日、さらに追加の修正要求を出している。翌日「日本を守る国民会議」側は再度の激論の末、やはりこれを受け入れることを決定した。こうして七月七日、文部省はようやく「日本を守る国民会議」側にこの教科書の検定合格を通知した。異常な事態の展開について、文部省の西崎清久初中局長（当時）は記者会見で「六月一一日以降の修正要求は、検定規則には定めのない特例的措置だが、文部大臣の権限内」であるとして釈明することを余儀なくされた。このような事態の展開の背景に、教科書問題が近隣諸国関係にまで影響を及ぼすことを避けたい当時の日本政府、とりわけ中曾根首相の強い思惑があったことは明らかだった。

こうして八六年の『新編日本史』をめぐる事態は収束を迎えることになる。検定合格の以前から、世論と政府の双方から袋叩きとなった同教科書は、その採択過程においても苦戦を強いられた。最終的に、その採択率は一％以下に留まった、と言われている。

一九八〇年代後半、中国や韓国における歴史認識問題への「目覚め」の反動として芽生えた日本ナショナリズム陣営の最初の動きは、ナショナリズムよりも隣国関係を重視する「保守政治家」によってこうしていったん封じ込められることになった。

4 エリート政治の終焉

統治エリートによる歴史認識問題統制の崩壊

ここまでの流れを見て明らかなのは、一九八〇年代の歴史認識問題、特に教科書をめぐる問題には明確な特徴があったことである。つまり、そこでは植民地支配を直接経験しない、若い世代の登場により新しい形の歴史認識問題が発生するようになった一方で、これを統制し、また利用しようとする、統治エリートの試みと努力が未だ存在したことである。日本における、『新編日本史』をめぐる混乱は、当時の統治エリートが、国内のナショナリズム勢力による動きを、いささか強引な手法を用いて封じ込めた事例であり、また韓国における教科書問題から「克日運動」への流れも、台頭しつつあった「新しい知日派」が第一次歴史教科書問題を利用して、国民の「教化」を目指した出来事だった。そして重要だったのは、この段階ではこれらの試みがある程度の成功を収めていたことだった。一言で言うなら、歴史認識問題が未だエリートの掌中で何とかコントロールされていた時代、それが八〇年代だった、と言うことができる。

しかしながら、このような状況はやがて失われていくことになる。その重要な契機となったのは、いわゆる「従軍慰安婦問題」であった。既に幾度か述べたように、従軍慰安婦問題は、歴史教科書問題と並ぶ典型的な「一九八〇年代以降に再発見された歴史認識問題」であり、一九八〇年代中葉までの韓国社会はこの問題に対して、長い間沈黙を保ってきた。言い換えるなら八〇年代に至るまで、韓国メディアがこの問題に対して本格的な議論をしたことは一度もなく、もちろん、韓国の歴史教科書においても従軍慰安婦に対する記述は皆無だった。対照的に日本では既に七〇年代に従軍慰安婦問題の提起がなされ、八〇年代中葉には少なくとも研究者の間でよく知られた問題となっていたことを考えれば、八〇年代中葉以前の韓国における従軍慰安婦問題に対する関心は、同時期の日本より遥かに低かった、ということができる。

これまた既に述べたように、このような状況が変わって、韓国で従軍慰安婦問題に関わる議論が本格的になされるようになったのは、一九八〇年代末以降のことである。ここでの中心となったのは、歴史学の研究者ではなく、女性学の研究者たちだった。この事実からも分かるように、従軍慰安婦問題は、当初から日韓間の歴史認識問題である以上に、ジェンダーに関わる問題としての性格を強く有していた。言うまでもなく、儒教的伝統を有するかつての韓国社会は圧倒的な男性優位の社会であり、このような韓国社会の特質は、六〇年代以降の軍人優位の政治状況の中、強化される傾向さえ有していた。だからこそ、軍人優位の八〇年代以前の韓国社会における女性学や女性運動は、当時の韓国社会に対する強い異議表明の性格を有していた。

さて、一九八〇年代のある時期までの韓国側から見た歴史認識問題の図式は、歪曲された歴史認識を有する統治エリートにコントロールされた強大な日本に対し、優秀で強力なエリートの指導の下、一致団結した韓国が対峙する、という比較的単純なものだった。そこでは韓国側の主たる攻撃対象は軍事大国復活を目指す日本の「邪悪な統治エリート」たちであり、具体的にそれは自民党の一部の保守的な政治家と、これと癒着した官僚たちのことを意味していた。この対立構造において中心的な役割を果たしていたのは、日韓両国の統治エリートたちであり、だからこそ、その対立もまた両国の統治エリート同士の話し合いによって解決することが可能であり、また可能でなければならない、と考えられていた。

しかし、従軍慰安婦問題の登場は、この図式を劇的に変えることとなった。なぜなら、女性学の研究者や女性団体による従軍慰安婦問題をめぐる糾弾は、日本の「邪悪な統治エリート」に対してだけでなく、これと癒着する、韓国の「邪悪な軍事政権」とそれに繋がる勢力、彼らの作り上げた韓国の男性中心社会に対しても向けられていたからである。

以上をまとめると図4-2、図4-3のようになる。このような変化を考える上で見落とされてはならないのは、一九八〇年代中葉の日韓両国の政権や統治エリート間の関係が比較的良好だったことである。全斗煥政権出帆当初こそ、いわゆる「六〇億ドル借款要求問題」や突如勃発した第一次歴史教科書問題によりぎくしゃくした日韓両政府の関係であったが、その関係は八三年一月に実現した中曾根訪韓を契機に急速に改善に向かった。中曾根訪韓は、第二次世界大戦後初の日本首相の韓国公式訪

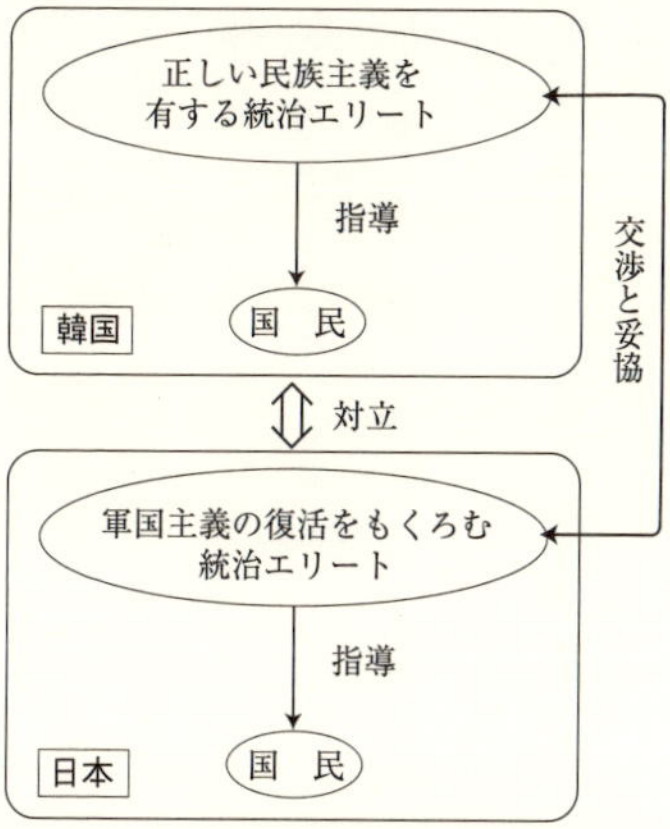

図 4-2　80 年代前期の韓国エリートから見た歴史認識問題の構造

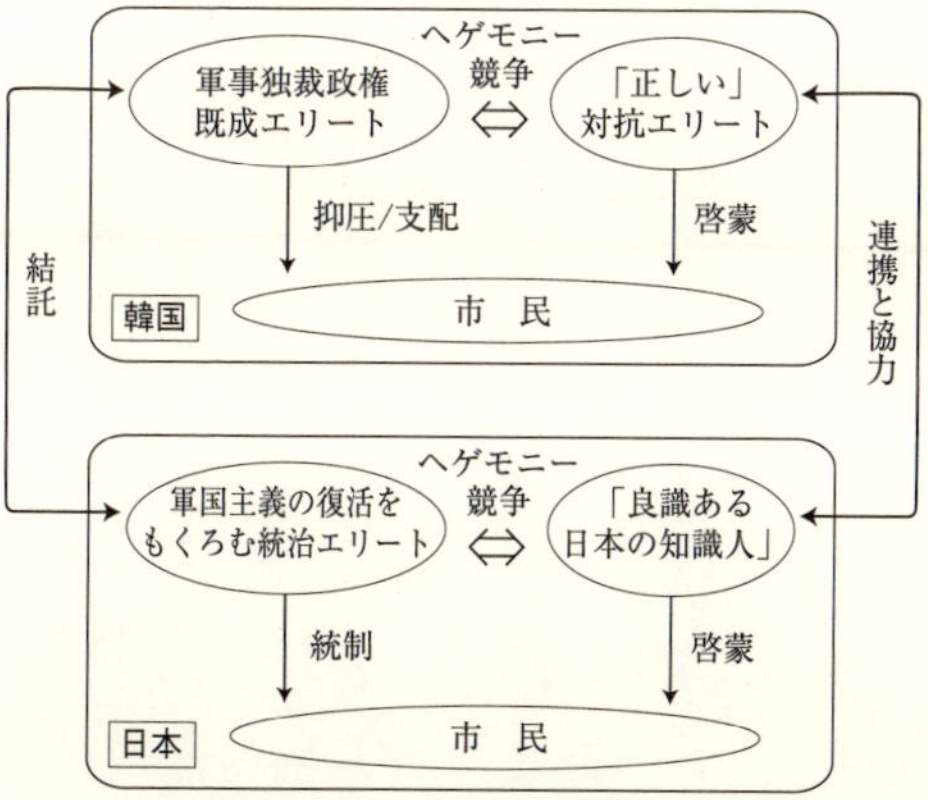

図 4-3　80 年代後期の韓国運動家から見た歴史認識問題の構造

問であり、翌八四年九月には、その答礼としての全斗煥による韓国元首として初の日本公式訪問も実現した。そしてこの背後には、当時のアメリカ政府の強力な後押しが存在した。アメリカ政府は、依然として強大な力を有する東側陣営に対抗するためには、北東アジアにおける二つの同盟国である日韓両国の連携が不可欠であると考え、その関係改善のために積極的な働きかけを行っていたからである。八〇年代中葉、それはアメリカを挟んだ日米韓「未完の三国同盟」が、実現に最も近づいた時期でもあったと言える。

しかしながら、このような日韓両国統治エリート間の蜜月状態は、その後に勃発した韓国の民主化運動の中で異なる意味を与えられていくことになった。すなわち、そこにおいては、日韓両国統治エリートの良好な関係こそが、日本の「邪悪な統治エリート」がこれまた韓国の「邪悪な軍事政権」を積極的に助け、民主化を妨げていることの何よりの証左である、と見なされることになったからである。併せて当時の韓国においては、多くの人々が、アメリカ政府が一九八〇年の光州事件において全斗煥らの過剰な弾圧行為を積極的に共助したと考えており、この反米意識もまた民主化運動と結合していった。こうして韓国の民主化運動は反日、反米運動と連結した。だからこそ、同じ時期に「再発見」された従軍慰安婦問題も、このような構造の中で、新しい意味を与えられていくことになった。

再び歴史認識問題の「同時代的意味」

さて我々がここで再び想起しなければならないのは、歴史認識問題がどのように展開されるかは、議論の対象となっている過去の事実そのもの以上に、議論の対象となっている過去の事実が、それぞれの時代においてどのように解釈され、どのような意味づけを与えられていくかによって決まっていく、ということである。例えば、一九八二年の第一次教科書問題が深刻化したのは、それが日本国内における軍国主義台頭の証であると見なされたからだった。だからこそそこでは八二年を前後する時期の日本の歴史教科書の実際の記述の変化——繰り返しになるが、実際にはそれらは七〇年代の教科書より遥かに韓国の歴史認識に近いものとなっていた

――については顧みられることはなく、ただ、同じ時期の日韓両国の教科書の記述内容の違いと検定の方向性のみが注目された。そして、韓国内では、このような教科書を日本政府が作るのは、彼らが軍国主義復活の野望を持っているからである、という単純な理解が形成されることになった。

しかしながら、日韓両国政府が良好な関係になると、この図式は上手く機能しなくなり、人々には異なる認識枠組みが必要になった。新たな枠組み構築の前提となる理解は二つあった。一つは、一九八〇年代後半が、日本が「バブル景気」に沸いた時期だったことである。それは、世界全体において日本の存在感が急速に大きくなっていたことを意味しており、だからこそ韓国においても日本脅威論がかつてとは異なる大きな説得力をもって受け止められることとなった。

もう一つは、この一九八〇年代後半が、韓国においてマルクス主義が爆発的に受容された時期だということだった。戦後一貫して、知識人の間でマルクス主義とその影響を受けた考え方が主流であった日本とは異なり、冷戦の最前線に置かれた韓国では、長らくマルクス主義とその流れを受けた考え方は「禁断の果実」的な地位を占めていた。しかし、このような状況は、八〇年代に入るとデタントの進行と、全斗煥政権による限定的な思想開放政策により変化した。七〇年代の学園紛争を経て、日本においては既にかつての輝きを失いつつあったマルクス主義は、この時期の韓国では「禁断の果実」であるがゆえにこそ、きわめて新鮮な魅力を持つものとして受け止められた。結果、学生団体をはじめとするこの時期の民主化運動団体は、マルクス主義の影響を強く受けることとなった。

さて、このような時代状況は後の時代にどのように受け継がれていったのだろうか。次に一九八〇年代以降に重要になったもう一つの歴史認識問題のイシューである従軍慰安婦問題について今一度詳細に見ていくことにしよう。

第五章　従軍慰安婦問題

1　五五年体制末期の日本政治

韓国側の理解

一九八〇年代末から九〇年代初頭、韓国においてはマルクス主義や当時流行していた従属理論に影響を受けた新しい考え方が台頭しつつあった。過度の単純化を承知で言うなら、そこで繰り返されたのは次のような理解であった。今日の世界は多国籍資本によって支配されており、その中心には日米両経済大国の巨大資本が存在する。彼らは自らの代理人である日米両国政府の力を借りて、朝鮮半島に支配の手を伸ばし、韓国人を容赦なく搾取している。韓国に君臨する軍事政権はそのような日米両国巨大資本の「傀儡」に過ぎず、だからこそ軍事政権が真剣に韓国国民のために奉仕することなどあるはずがない。韓国の民主化とは、このような日米両国巨大資本の「傀儡」である軍事政権との戦いであり、だからこそ、軍事政権に対してのみならず、その背後にある日米両国に対しても、我々は果敢な闘争を挑まねばならない、と。

そして従軍慰安婦問題もまた、この中で、重要な意味を与えられた。このようにして搾取される韓国人の中でも最も弱い立場に置かれているのは誰か。それは女性、しかも最も屈辱的な立場に置かれている性風俗産業に従事する女性たちである。彼女らの「顧客」の多くが米軍兵や日本人観光客——当時はいわゆる「キーセン観光」全盛の時代である——であることに典型的に現れているように、そこには日米両国によって抑圧され、搾取される韓国人の姿が象徴的に凝縮されている。そして、今ここで問題となっている従軍慰安婦とは、このような性風俗産業に従事し、搾取される韓国人女性の過去の姿に他ならない。すなわち、従軍慰安婦について考えることは、資本主義社会における女性の問題を考えることであり、また、「現在」の韓国を考えることでもあるのだ、と言うわけである。

重要なのは、こうやって従軍慰安婦問題が韓国人女性にとって「他人の問題」としてではなく、「自分の問題」として理解されていくようになったことである。つまり、従軍慰安婦とは、資本主義とその一類型である帝国主義により「歪曲された」韓国社会の早い時期の犠牲者に他ならず、この問題を放置することは、すなわち、「現在」を生きる女性の問題から目をそむけることでもある、というのがその理解である。だからこそ、民主化運動に立ち上がる女性たちは、従軍慰安婦問題にも関心を持つべきであり、また、持つのが当然なのだ、と主張されることになる。

こうして従軍慰安婦問題は、歴史認識問題の新しい枠組みの中で、象徴的な地位を与えられることになった。そしてそこでは韓国の統治エリートは明確な敵の位置を与えられ、逆に日本国内における「良識的知識人」や女性運動は、韓国における運動の同盟者としての地位をあてがわれていくことになった。

日本側の事情

それでは同じ頃、日本国内の状況はどうなっていたのだろうか。

最初に抑えなければならないのは、一九八〇年代中葉からの連続性である。『新編日本史』をめぐる問題に典型的に現れたように、当時の日本政府の基本的な方針は、冷戦下の時代状況の中、同じ自由主義陣営に属する韓国や、共通の敵であるソ連を抱える提携相手としての中国との間の歴史認識問題の激化を極力抑制し、コントロールすることだった。だからこそ、本来保守的な性格を有していたはずの中曾根政権下においても、日本の歴史教科書はむしろ、中国や韓国の歴史観を受け入れる方向に変化していくことになった。

言うまでもなくこのような状況の背後にあったのは、一九八〇年代中葉には依然冷戦下の対立構造が深刻だったことである。言葉を換えて言うなら、当時の自民党の保守的な政治家達は、「保守的だったにもかかわらず、韓国に対して融和的」だったのではなかった。彼らは「保守的だったからこそ、同じ自由主義陣営に属する韓国に対して融和的」だったと言える。

もちろん、このような日韓関係の前提条件は一九八〇年代末になると、急速に失われることになった。周知のように、ゴルバチョフのソ連共産党書記長就任以来、ソ連は西側に対する融和策を推進するようになり、八九年にはベルリンの壁が崩壊し、冷戦は実質的に終焉することになる。当然のことながらこのような状況の変化は、日本内部における保守的な人々の間において、韓国と積極的に協力するための最も大きなインセンティブを失わせた。

もう一つの大きな変化は、日本国内の政治状況にあった。中曾根政権は一九八六年六月、いわゆる

「死んだふり解散」の結果として行われた衆参同日選挙にて圧勝した。しかし、自民党政権はこの直後から、再び大きく迷走していった。当時の政治状況において重要だったのは、この選挙直後に中曾根が打ち出した、当時「売上税」と呼ばれていた消費税の構想と、中曾根退陣後に発覚したリクルート事件に他ならなかった。当時の日本においては、逆進性が強い消費税の導入に対する世論の反発はきわめて大きく、この構想により中曾根政権への支持は急速に失われることになった。結果、翌八七年に行われた統一地方選挙に大敗した中曾根は「売上税」案撤回に追い込まれるとともに、失意の中、同年一一月には退陣することとなる。

しかしながら自民党政権をめぐる状況は、ここからさらに悪化していった。中曾根に代わって政権の座に就いた竹下登は就任直後から低支持率に苦しめられた。加えて一九八八年六月には先に述べたリクルート事件が発覚し、疑惑は竹下自身にも向けられた。竹下はこのような状況下において、あえて消費税の導入を柱とした税制改革六法案を上程し、同年一二月、これを衆参両院における与党の圧倒的多数を利用して成立させた。結果、八九年四月には竹下の支持率は、前代未聞の三%台にまで低下、ついには政権から退くことを余儀なくされた。竹下が退陣を表明した翌日には、リクルート事件で責任を追及されていた竹下の「金庫番」青木伊平秘書が自殺するという衝撃的な事件も起こっている。

竹下の後を襲った宇野宗佑もまた、この状況を挽回することはできず、逆に自らの女性問題により自民党への支持をさらに大きく失った。結果、八九年七月に行われた参議院議員選挙において自民党は「歴史的敗北」を喫することになった。自民党は全一二六の改選議席中、わずか三六議席しか獲得できず、対して新たに就任した土井たか子社会党委員長のもと巻き起こった「おたかさんブーム」で支持を集めた社会党が大きく躍進し、最多の四五議席を獲得した。自民党は非改選議席を含めた参議院の全議席数でも、過半数を大きく下回り、政権の求心力はさらに大きく低下することになった。

重要なのは、一九八〇年代半ばにおける中曾根政権の歴史認識問題に対する「上からの統制」が、自民党政権の安定を前提にしたものだったことである。言い換えるなら、だからこそそこにおける自民党の党勢低迷――実はそれはまだ「はじまり」にしか過ぎなかったのであるが――は、当然のことながら、同党を与党とする政権が歴史認識問題を「上から統制」する余力を失わせていくことになった。

社会党の変容

当時の日本政治においてもう一つ重要なのは、社会党の変容である。とはいえ、そのことが「おたかさんブーム」の結果としての一時的な――と当時は必ずしも見なされなかったものの――社会党の躍進が、かねてより韓国との密接な関係を有する同党の影響力増加をもたらし、結果、日本の韓国への姿勢が融和的な方向へ導かれた、というほど単純なものではなかったことには注意する必要がある。なぜなら、社会党は、従来、中国との間においてはともかく、韓国との間においては、お世辞にも円滑な関係を有している、とは言えなかったからである。すでに述べたように、一九八〇年代までの社会党はむしろ北朝鮮との密接な関係を持つ党として知られており、北朝鮮に同調する形で韓国の国家としての正統性を否定する主張を展開していた。実際、当時の社会党にとって韓国との関係は「長年のタブー」とさえ言える深刻な問題でさえあった。例えばこの状況は、韓国において民主化運動が激しさを増してきた八五年の時点においてさえ、「韓国野党との接触」に際して、書記長だった田邊誠が、平壌に飛んで金日成と会談し、その「お墨付き」を求めなければならなかったことによく現れている。

社会党の韓国との間の歴史認識問題に対する懸隔は、例えば次のエピソードからも見て取れる。一九八四年、全斗煥大統領の訪日において、昭和天皇は過去の植民地支配を「誠に遺憾」とする異例の「お言葉」を行った。しかしながら、この昭和天皇の「お言葉」に対して社会党は、共産党と並んで批判的な論評をもって迎えることになった。興味深かったのはその理由だった。すなわち、当時の社会党八木昇国際局長は「過去の長い植民地支配のお詫びは必要なことと思う。しかし、いわゆる南だけでなく、朝鮮民主主義人民共和国の人々をも含めた全朝鮮民族に詫びる言葉が欲しかった」として、これを批判したのである。つまり、社会党は「お言葉」の内容に対してではなく、このお詫びが北朝鮮に対して向けられなかったことを批判したことになる。このような状況は、自民党を含む他党が「お言葉」を挙《こぞ》って好意的に迎えたのとは対照的だった。このように北朝鮮との関係に捕われていた当時の社会党にとって、歴史認識問題で韓国政府と共闘することはほぼ不可能だった。

だが、このような社会党と韓国をめぐる状況は、その後急速に変化していった。重要だったのは、この時期社会党が「韓国野党との接触」を増やしていったことであり、その韓国側の窓口となったのは、この時期に展開された韓国の民主化運動において、金大中と並んで主要な役割を果たした金泳三《キム・ヨンサム》だった。金泳三との交流を基に社会党は、一九八七年には、それまで原則禁止であった自党議員の韓国訪問を「自由化」し、翌八八年には紆余曲折を経た挙句、石橋正嗣前委員長の訪韓が実現した。そしてその翌年の八九年、社会党は野党内連合政権協議の場を通じて、一九六五年の日韓基本条約の「継続」に合意、ようやく、韓国政府の正統性を「事実上」認めることになった。このような社会党側の変化を受けて、韓国政府もまた山口鶴男書記長を団長とする代表団に公式に査証を発給し、遂に現職の社会党幹部初の韓国訪問が実現することになった。繰り返しになるが、これがようやく一九八九年のことなのである。韓国の民主化は一九八七年だったから、社会党はそれ以降も韓国と満足に接触できない状態だったのである。

ともあれこのような社会党と韓国野党の接近は、当然のことながら、社会党の韓国政府との関係をも遅ればせながら変えていくことになる。例えば一九九〇年五月、六年前の全斗煥に続いて、後任の盧泰愚《ノ・テウ》大統領が訪日した。これに際して、昭和天皇の後を受けた今上天皇は、「わが国によってもたらされたこの不幸な時期に、貴国の人々が味わわれた苦しみを思い、私は痛惜の念を禁じえません」という「お言葉」を発している。そしてこの時の「お言葉」に対して、社会党は「象徴天皇としてのお気持ちを率直に表現されたもの」として肯定的に評価することになった。昭和天皇と今上天皇の「お言葉」の内容には大きな差があったわけではなかったから、このことはこの間に社会党の韓国に対する立場が大きく変化したことを示している。

この時の盧泰愚訪日においては、盧泰愚と土井たか子社会党委員長との会談も実現した。そしてそれはまさに、社会党と韓国の「歴史的和解」の瞬間でもあったのである。

そして歴史認識問題に関する社会党の姿勢が、韓国政府のそれと一致していくのもこの時期であった。社会党はこの頃、植民地支配をめぐる問題について活発な活動を行っており、先の盧泰愚大統領訪日の直前、「過去の植民地支配の清算と侵略戦争に対する責任」を明確にするための国会決議を提案するに至っている。社会党は、先の土井たか子委員長の盧泰愚大統領との会談においても、このことを積極的にアピールし、韓国政府はこれに強い賛同の意を示すこととなっている。こうして今日まで続く、社会党そしてその後継政党である社民党が、日韓間の歴史認識問題については、韓国政府のそれに近い形での主張を展開する、という状況がようやく成立することになる。

注目すべきは、歴史認識問題における立場の類似が、逆に社会党が韓国との関係を改善するのにも、大きな役割を果たしたことだった。こうして社会党は、これ以降、韓国内において「保守的で歴史認識問題に非協力的」な自民党に対する「進歩的で歴史認識問題に協力的」な勢力の代表格として、好意的に受け止められていくことになる。社会党が「植民地支配の清算」問題を前面に打ち出すようになったことで、日本では国会においても歴史認識問題に対する活発な議論が行われることになった。言い換えるなら、こうして日韓の歴史認識問題が、国内の政治的対立軸に反映される、という状況がようやく生まれることになったのである。

「予行演習」としての海部訪韓

他方、自民党においてこの状況に当たったのは首相に就任した海部俊樹だった。一九八九年の参議院議員選挙後に成立した海部政権は、政権発足当初から参議院において多数を占める野党の抵抗に直面したものの、それでも若い首相を歓迎する世論の相対的に高い支持と、党内最大派閥である竹下派の支持を受けて、何とか政権を維持することに成功していた。海部が政権を担当した八九年末から九一年当時は、東西冷戦が終焉に向かい、中東では湾岸戦争が勃発した国際情勢の激変期に当たっている。この中で当時の日本政府、さらに与野党は、新たなる国際情勢の中での日本の国際的地位を模索するべく、活発な外交を展開した。

このような外交的動きの一つが、一九九〇年九月に行われた自民党副総裁金丸信と社会党書記長田邊誠の北朝鮮訪問だった。一九七九年の日中平和友好条約締結以降、北朝鮮との国交樹立は日本外交に残された最大の課題の一つと考えられていた。だが、冷戦下においては、朝鮮半島の分断国家である韓国と北朝鮮を同時に承認することは困難だった。だからこそ、政府および与野党は、この冷戦終焉のタイミングを見計らって、北朝鮮との国交樹立を目論んだ、ということになる。

金丸訪朝団派遣の是非について語ることは、本書の目的を大きく超えることであり、また、ここでその必要があるとも思われない。だが、本書において重要なのは、このような日本の北朝鮮との関係正常化への動きが、冷戦下と比べて大きく改善されつつあったとは言え、依然として北朝鮮との対立関係にあった韓国への事情説明を必要とする方向へ日本政府を追い込んでいったことである。結果、訪朝のわずか一カ月後の一九九〇年一〇月に金丸自身が韓国を訪問したのに続き、首相である海部自身が韓国を訪問し、この頃予定されていた日朝国交正常化交渉の本格化に先立って、韓国側と協議する意を明らかにすることになる。先に述べたように同じ年の四月には盧泰愚が既に日本公式訪問を果たしており、海部の韓国訪問はこの答礼としての意味をも有していた。

こうして、一九八三年の中曾根以来、八年ぶりの日本首相の韓国公式訪問が実現した。そして、この久々の韓国内における大きな日韓間の外交イベントを前にして、日韓の歴史認識問題において活動を続ける韓国の市民団体は大きな「仕掛け」を打つことになった。すなわち、彼らは翌九一年に予定された海部訪韓に合わせる形で、歴史認識問題における日本側の謝罪の不足を糾弾する大規模な抗議活動を展開することにしたのである。

背景には、一九八三年の中曾根訪韓から九一年の海部訪韓の間における韓国の各種市民団体の急速な成長があった。軍事クーデタにより成立した全斗煥政権下の八三年においては、韓国の世論は依然、政府の強い統制下にあった。しかし、八七年の民主化を経た九一年の韓国では、活動的な市民団体が生まれていた。市民団体の一部にとって、日本との間の歴史認識問題は、広範な国民の支持と共感を最も容易かつ確実に集められるイシューであり、海部訪韓は、彼ら、韓国の市民団体が自らの存在をアピールする、絶好の機会を提供していた。そして、海部はこの時の訪韓で、「過去を忘れず、その反省を現在にいかしてこそ曇りのない未来への視野が開けてくる」と述べ、日本植民地支配への「反省」の意を述べることとなるのである。

2 第一次加藤談話

従軍慰安婦問題の本格的浮上

もっとも一九九一年の海部訪韓の時点では、日韓間の主たる歴史認識問題のイシューは総力戦期の労働者「強制連行」問題であり、韓国の市民団体の運動の関心も圧倒的にここに向けられていた。他方、後に重要になる従軍慰安婦問題はこの時点においては、その付随的存在、つまり「強制連行」問題の一部という位置づけしか与えられていなかった。だからこそこの時点では、日韓両国の政府、そして世論も従軍慰安婦問題そのものにはほとんど注目していなかった。

これに対して、その約一年後、一九九二年一月に行われた宮沢喜一首相の訪韓時には、日韓歴史認識問題に関わる両国政府、世論間の議論の圧倒的中心は従軍慰安婦問題に変わっている。このことは、従軍慰安婦問題を考える上での重要な展開が、海部訪韓と宮沢訪韓の間に起こっていたことを示している。

それでは、一体、何が起こったのだろうか。その経緯は次のようなものだった。一九八〇年代末から少しずつ世論の関心が広がりを見せつつあった従軍慰安婦問題が韓国のメディアで初めて本格的な注目を浴びることとなったのは、九〇年一月、以前からこの問題の糾明活動に取り組んできた尹貞玉が、進歩派の新聞として知られる『ハンギョレ新聞』に「挺身隊　怨念の足跡取材記」という表題のコラムを四回にわたって連載した時だった。この連載により世論の大きな注目を集めることに成功した尹貞玉は、同年一〇月には、自らが主宰する団体を含む三六の女性団体の連名で日韓両国政府に対して、従軍慰安婦問題の解明と被害者への補償を求める公開書簡を送付した。続く一一月にはこの内の一六団体が参加して、韓国挺身隊問題対策協議会が結成され、初代代表には尹貞玉自身が就任した。今日まで続く韓国最大の元従軍慰安婦支援団体、「挺対協」の成立である。

しかしながら、この段階では、尹貞玉等の活動は、両国政府を動かすまでには至っていなかった。

海部訪韓に際しても、日韓両国メディアの従軍慰安婦問題に対する取り扱いは付随的なものであり、この時点での彼女らの運動は未だ十分な成果を上げているとは言えなかった。繰り返しになるが、一九九一年初頭当時の日韓間の最も重要な歴史認識問題に関わる争点は、総力戦期の朝鮮半島からの労働者「強制連行」をめぐるものであり、従軍慰安婦問題はその一部としての地位しか与えられていなかったからである。

このような従軍慰安婦問題が、日韓間の最重要イシューとして浮上するに至った契機は幾つかあった。一つは一九九一年八月一四日、元従軍慰安婦の金学順《キム・ハクスン》が実名にてカミングアウトを果たし、証言を始めたことだった。元従軍慰安婦自身の証言は以前から存在したが、実名で証言を行ったのは彼女が初めてであり、これにより「挺対協」をはじめとする韓国の運動団体は、日本政府を相手に実際の訴訟を展開することが可能になった。彼女への取材は殺到し、日韓両国のメディアはその証言を繰り返し大きく報道した。そしてついに、九一年一二月六日、金学順らによる訴状が公式に東京地裁に提出された。当然、日本政府はこの訴訟へ公式に対処することを余儀なくされた。

新たなる状況の展開に際して、日本政府が最初に行ったのは、従来の見解を再確認することだった。一九九一年八月二七日、金学順のカミングアウトを受けた形で行われた社会党の清水澄子議員の国会での質問に対して、当時の谷野作太郎外務省アジア局長は、「政府と政府の関係は六五年の日韓協定でこれらの問題は決着しているという立場だ」として、政府としては新たな補償には応じられない、という立場を確認した。背後には、「過去」にどのような問題があったにせよ、六五年の日韓基本条約及びその付属協定にて、日韓間の「財産、権利及び利益並びに両締約国及びその国民の間の請求権に関する問題」が、「完全かつ最終的に解決」された、とされている以上、日韓間においては新たなる補償問題は生じ得ない、という日本政府の理解が存在した。

しかし、この状況は他ならぬ日韓基本条約の一方の当事者である韓国政府の動きにより、揺さぶられることになる。発端となったのは、やはり金学順らの提訴であった。この提訴が行われた九一年一二月六日、日本政府は加藤紘一官房長官が「(従軍慰安婦の動員等に)政府が関与したという資料は見つかっていない」と表明した。これに対して、韓国政府はやはり金学順らの提訴がなされた四日後の一二月一〇日、韓国駐在日本大使を呼び、「歴史的真相を究明してほしい」と要請した。韓国政府が日本政府に対してこの問題で正式な対処を要請したのは、この時が初めてであった。両国政府が公式に動き出したことにより従軍慰安婦問題は公式な外交問題へと浮上した。従軍慰安婦問題の展開における二つ目の重要な契機がこれである。

問題を複雑にしたのは、この時点で、すでに宮沢首相の訪韓の日程が決まっていたことであった。一九九一年一一月、政治改革関連法案に伴う自民党内の内紛により、首相の座から引きずり降ろされた海部に代わって首相の座に就いた宮沢は、首相就任の直後から、最初の外遊先に韓国を選ぶことを明言し、政府は一一月二九日、この訪韓を翌九二年一月一六日から一八日の三日間とすることを公にしていた。つまり、金学順らの提訴は、この宮沢訪韓決定の直後に行われたことになる。宮沢にとってこの時の訪韓は自らの首相としての国際社会へのデビューの場となるものであった。にもかかわらず勃発した従軍慰安婦問題の深刻化は、宮沢訪韓自体の延期に繋がる可能性さえ有していた。だからこそ、韓国政府は事態のさらなる拡大を防ぐために、日本政府に善処を要請した、というのが当時の実状に近かった。

韓国側についてもう一つ指摘すべきは、海部訪韓時には安定していた韓国の盧泰愚政権の政治基盤が、一九九一年末頃には既に揺らぎ始めていたことである。八七年の民主化にて作られた韓国の憲法は大統領の再選を禁じており、韓国の政界はこの頃既に九二年一二月の次期大統領選挙に向けて動き出していた。加えて、同じ九二年四月には大統領選挙に先駆けて国会議員選挙が行われることとなっており、当時の韓国与党内部では、現大統領である盧泰愚と、次期大統領の与党内最有力候補である金泳三の間で激しい主導権争いが展開されていた。このような状況において、盧泰愚が世論の注目を集めつつあった従軍慰安婦問題に関して、従来のような日本政府との協調関係を維持することは既に困難になっていたのである。

宮沢訪韓に向けて

元従軍慰安婦のカミングアウトと日本政府を相手にした訴訟の開始、これを受けた韓国政府の「真相」究明要求。こうして従軍慰安婦をめぐる状況はいよいよ重要局面に入っていくことになる。

一九九一年一二月一〇日、宮沢訪韓をわずか一カ月後に控えた時点での韓国政府から公式になされた「真相」究明要求に対して、日本政府はついにその重い腰を上げた。日本政府は二日後の一二月一二日、加藤官房長官が「政府が関与した資料が見つかっていないので、いま鋭意調べている。これは単に法律や条約の問題だけでなく、多くの人に損害を与え、心の傷を残した問題でもあるので正確に調査を進めたい」として、わずか六日前に行った発言を事実上修正した。加藤官房長官は、同じ日の国会でも「多くの証言や多くの研究所の歴史的な考察もあるし、従軍慰安婦として働かされた人がいるのは事実だと思う」と述べている。つまり、これまで日本政府は、「政府が関与した資料が見つかっていない」ことをもって、「日本軍による関与が証明されておらず」それがゆえに賠償の必要がない、という比較的単純な主張を行ってきた。しかし、この一二月一〇日の加藤の発言以降、日本政府は、従軍慰安婦問題に対して日本政府が関与した可能性を認めることになった。だからこそ、日本政府は自ら「正確に調査を進め」る、ことを明言した、ということになる。

日本政府の公式の調査開始の宣言に合わせる形で、一二月一三日には韓国国会も元従軍慰安婦への初の聞き取り調査を実施した。これにより、同じ従軍慰安婦問題において、日本国内では文献調査が、韓国国内では元従軍慰安婦への公式の聞き取り調査が行われる形になり、文献と証言の双方からの検証が進められた。こうして見るなら、この時点では両国は少なくとも表面的には共に「事実の解明」へと動いており、対立的というよりは、むしろ協力して、翌月に控えた宮沢訪韓への準備に動いているようにも見えた。日本国内では社会党がより積極的な姿勢を見せ、一六日には糸久八重子副委員長らが、元従軍慰安婦への補償と謝罪を要求して首相官邸を訪問した。

もっとも、この時点ではいまだ状況はどこに向かっているかが、定かではなかった。なぜなら、「政府が関与した資料」が見つからない限り、日本政府は、自らは誠実に調査を進行中であり、ゆえに韓国からの要望に最大限応えている、と自らを弁護することができたからである。もっとも実際には、この時点での日本政府の「調査」はきわめて形式的なものに過ぎなかった。秦郁彦によれば、後に「軍関与を示す資料」として知られることになる文献を所蔵する防衛研究所図書館も、政府からの要請が「朝鮮人従軍慰安婦」に直接関わるものに限られていたという理由で、「該当資料なし」と回答していたという。また、韓国世論の動きも未だきわめて限定されたものだった。例えば、明けて一九九二年一月八日、韓国の「挺身隊問題対策協議会」（「挺対協」）が日本大使館前で、問題解決を求めるデモを行っている。だが、その参加者は「挺対協」メンバーを中心とする三〇名あまりにしか過ぎなかった。宮沢訪韓まで後八日。日韓両国政府は、事態をどうにかやり過ごすことができるかに見えた。

第一次加藤談話

しかしながら、状況はそのわずか三日後の一月一一日に一変した。なぜならこの日、『朝日新聞』が「朝鮮人従軍慰安婦への軍関係資料発見」という表題を掲げた記事を一面にて大々的に報じたからである。報道の中心は、防衛研究所図書館に従軍慰安婦の募集や慰安所の設置に対して軍の関与があることを示す資料がある、というものであり、新聞紙面には資料のコピーも掲載されていた。この宮沢訪韓をわずか五日後に控えた時点での突然の報道は、「政府が関与したという資料は見つかっていない」という日本政府の見解を覆すものであり、これにより政府はこれまでの主張を全面的に見直すことを余儀なくされた。

この報道について、後に秦郁彦は「朝日新聞の奇襲」と記している。今日の段階でこの背後に朝日新聞側にどのような意図が働いていたかはよく分からない。ただ、同紙が同じ日の紙面に、北海道の

「北海道炭鉱汽船会社資料」にも従軍慰安婦への軍の関与を示す資料が存在することを報じていることを考えれば、『朝日新聞』は報道のある程度以前から、これらの情報をつかんでいた可能性が高い。そしてそれをあえて宮沢訪韓の五日前にぶつけたのであれば、そこに一定の政治的な意図がなかった、と言うのはやはり無理がある。他方で日本政府もまた、この報道の数日前に、既に問題となる資料の存在を把握していたことが明らかになっている。だとすれば、日本政府がこの資料をいかにして扱うかを決めかねている最中に、『朝日新聞』の報道が行われ、結果として準備不足のまま、急遽対策を練らざるを得ない状況に追い込まれた、と見るのが正しいかもしれない。

ともあれ明らかなことは、この『朝日新聞』の報道により、政府が急遽従軍慰安婦問題への対策を練り直し、公にするのを余儀なくされた、ということであった。報道が行われた一一日の夜には、早くも渡辺美智雄外務大臣、および加藤官房長官が相次いで、慰安婦問題に関する「軍の関与」を認める発言を行い、日本政府は事実上、これまでの公式見解を修正することになった。翌一二日には、加藤官房長官が講演にて「従軍慰安婦問題は法律論とは別に深刻な問題点を提起しており、単に法律や協定の解釈ではない心の傷の問題が深く内在している。こういう深刻な認識で問題を見ていることを韓国に伝えないといけない」と述べ、訪韓時に、宮沢首相自らが謝罪の意を示すことを明らかにした。

このような日本政府の慌しい対応は、さらにその翌日の一月一三日、加藤官房長官が記者会見を行い、「従軍慰安婦問題に関する談話」を発表することに繋がった。その後の展開を考える上で重要なのでここではこの「談話」の全文を挙げておくことにしよう。

1　関係者の方々のお話を聞くにつけ、朝鮮半島出身のいわゆる従軍慰安婦の方々が体験されたつらい苦しみを思うと、胸のつまる思いがする。

2　今回従軍慰安婦問題に旧日本軍が関与していたと思われることを示す資料が防衛庁で発見されたことを承知しており、この事実を厳粛に受け止めたい。

3　今回発見された資料や関係者の方々の証言やすでに報道されている米軍等の資料を見ると、従軍慰安婦の募集や慰安所の経営等に旧日本軍が何らかの形で関与していたことは否定出来ないと思う。

4　日本政府としては、累次の機会において、朝鮮半島の人々が、わが国の過去の行為によって耐えがたい苦しみと悲しみを体験されたことに対し深い反省と遺憾の意を表明してきたところであるが、この機会に改めて、従軍慰安婦として筆舌に尽くし難い辛苦をなめられた方々に対し、衷心よりおわびと反省の気持ちを申し上げたい。日本政府としては、このような過ちを決して繰返してはならないという深い反省と決意の上に立って、平和国家としての立場を堅持するとともに、未来に向けて新しい日韓関係を構築すべく努力して行きたい。

5　また、日本政府としては昨年末より、関係省庁において日本政府が朝鮮半島出身の従軍慰安婦問題に関与していたかについてさらなる調査を行っているところであるが、今後とも引き続き誠心誠意調査を行って行きたい。

結論から言うなら、この一九九二年一月の加藤談話――加藤は九二年七月にも「朝鮮半島出身者の所謂従軍慰安婦問題に関する加藤内閣官房長官発表」と題する談話を発表することになるため、これと区別するために、本書では九二年一月の談話を「第一次加藤談話」、そして九二年七月の談話を「第二次加藤談話」と呼び区別することにしたい――は、九三年八月に出されることになる河野談話への方向性を決定付けるものとなった。なぜなら、この談話には後の一連の日本政府の「談話」に見られる特徴が既に数多く含まれているからである。具体的には、その特徴は次のようになる。

第一はこの談話が議論のポイントを従軍慰安婦問題に軍や政府の「関与」があったか否かに置き、その上で、これまでの日本政府の見解が誤りであったことを認める形になっていることである。もちろん、それには理由があった。なぜならば、そもそも従軍慰安婦問題において、軍や政府の「関与」があるか否か、といういかなる意味があるのかわからない論点を打ち出したのは、日本政府自身だったからである。国会の議事録によれば、日本政府が初めて従軍慰安婦問題への「関与」という表現を用いたのは、一九九〇年一二月一八日、未だ海部政権当時のことである。そして、宮沢政権もまた、この海部政権のロジックを受け継いで、同様の声明を繰り返してきたことは既に触れた通りである。そして、その最終的な帰結が、九一年一二月六日の加藤官房長官による「(従軍慰安婦の動員等に)政府が関与したという資料は見つかっていない」という声明になっている。

だが、問題はこの「関与」という言葉が、過剰な含意を持っていたことだった。後に秦が指摘したように、少なくとも戦争下の占領地における慰安所の設置等においては、占領地行政等に当たる軍による一定の「関与」があったであろうことは、当然予想されるべきことであったし、その旨の指摘もすでに一部ではなされていた。にもかかわらず、当時の日本政府が、一切の「関与」が存在しない、という前提で議論を行っていた、とするならば、この議論には出発時点から無理があった、と言わざるを得なかった。

言い換えるなら、「関与」があることがすなわち、日本政府にこの問題の「責任」があることを意味しない以上、本来なら日本政府はこの両者を厳然と分けて議論すべきだった。しかし、従軍慰安婦問題が表面化する過程において当時の日本の政権は、この問題に政府や軍の「関与」がなかったことを繰り返し表明し、あたかもそこが従軍慰安婦問題における最重要ポイントであるかのように、日韓両国の世論、そして自らをも錯覚させてしまうこととなった。一言で言うなら、当時の日本政府はこの問題においてどこがポイントであり、何を議論しなければならないのか、明確に理解していなかった。そしてこの混乱こそが、ただでさえ複雑なこの問題をさらに厄介なものに変えていくことになるのである。

第二は、この問題を解決するための調査を行うことが繰り返し言明されていることである。とはいえ、ここでわざわざ「誠心誠意」という言葉が使われていることからも明らかなように、そこでのトーンは先立つ一九九一年一二月の同じ加藤官房長官の発言とは明らかに異なるものとなっている。重要なのは、従来の主張が崩れた形となったこの時点での日本政府が、自分自身、従軍慰安婦をめぐる問題の「真相」に自信を持てなくなっていたことであろう。それはあえて比喩的な表現を用いるなら、次のようになる。日本政府は本来なら、従軍慰安婦問題への政府の「責任」という自らの賠償責任と関わるラインにおいて、この問題を議論すべきだった。しかしながら実際には、日本政府は本来の防衛ラインの遥か前方にある、政府の「関与」という余り意味のない一線に何の準備もなく布陣した。しかしながら、この防衛線は、宮沢訪韓の五日前という切迫した状況で行われた報道によりあっけなく崩壊し、慌てふためいた政府は、本来守るべき一線がどこかであるかも見極められないまま、闇雲に後退を始めることになったわけである。

3 宮沢訪韓

真相解明なき「反省」

第一次加藤談話のもう一つの特徴は、この談話が謝罪の性格を強く持っていたこと、そしてにもかかわらず、具体的に従軍慰安婦問題の何に対して謝罪をしているのかが明確ではなかったことである。例えばこの談話では「わが国の過去の行為によって耐えがたい苦しみと悲しみを体験されたことに対し深い反省と遺憾の意」が表されているが、具体的にこの「わが国の過去の行為」が何であるかについては述べられていない。そしてそれは当然だった。この時点での日本政府は、従軍慰安婦問題においてどのような資料が存在し、実際に何が行われたのかについて、未だ詳細な情報を持っていなかったからである。『朝日新聞』の報道等によって突きつけられた断片的な資料により、一定の軍の「関与」があることは公になった。だが、その「関与」がどこまで及んでおり、日本政府にどのような責任があるかについての議論は、この時点では「まだ」結着していなかった。にもかかわらず本来なら謝罪に先行すべき資料調査を後回しにし、まずはとりあえず政治的配慮から謝罪を先行させた。それこそがこの第一加藤談話の最大の特徴だった、ということが出来る。

だからこそ、この第一次加藤談話により、状況はむしろ大きく混乱することになった。韓国の運動団体は当然のように勢いづき、この談話を日本側が自らの過ちを全面的に認めたものとして解釈し、日本政府が従軍慰安婦への直接補償へと進むことを期待した。談話により韓国世論の関心も高潮し、日本大使館を取り巻くデモ隊は一躍、一〇倍以上の四〇〇名を超える規模にまで膨れ上がった。事態を憂慮した韓国政府は、来るべき宮沢訪韓に対する警備を通常の五〇〇〇人規模体制から倍以上の一万三〇〇〇人体制にまで増員している。

通商問題の激化

そしてこのような中、いよいよ一九九二年一月一六日、宮沢喜一首相が韓国を訪問した。次にこの時の韓国の状況についてやはり当時の新聞報道から見てみよう。

最初に注目されるのは、宮沢訪韓直前の一月一四日から一五日にかけて、韓国新聞各紙が第二次世界大戦下の「勤労挺身隊」の動員が国民学校生（今の小学生に相当）にまで及んでいたことを大きく報じたことである。この前提には、当時の韓国における従軍慰安婦をめぐる用語の混乱があった。当時はもちろん、今日においても韓国国内の従軍慰安婦問題に関わる運動で中心的な役割を果たしている「挺対協」こと「挺身隊問題対策協議会」が「挺身隊」の名を冠していることからも明らかなように、この時点の韓国では、本来異なるものであることが明らかな、動員された労働者を意味する「挺身隊」と、性労働者である「従軍慰安婦」が混同して認識されていた。結果、これらの報道は、日本が現在の小学生の年齢に当たる女児までを「従軍慰安婦」として動員した、と理解されることとなり、韓国社会に大きな衝撃をもって受け止められた。

だがそのことは、この時の日韓会談における、韓国側の最優先事項が従軍慰安婦問題だったことを意味しなかった。例えば、宮沢首相が韓国を訪問する当日、韓国の主要紙の一つである『朝鮮日報』の第一面を飾ったのは「日本、貿易赤字是正三項目拒否」という大きな表題を掲げた記事だった。それは当時の日韓関係において韓国側が最重要視した問題が、従軍慰安婦問題や戦時労働者「強制連行」問題といった日韓の歴史認識問題に関わるものではなく、より現実的な通商問題だったことを意味している。背景には、拡大する当時の韓国の貿易赤字が存在した。一九四八年の独立以降、一貫して赤字基調にあった韓国の貿易は、一九八〇年代後半にいったん黒字に転じた後、九〇年代に入って再び深刻な赤字へと転落していた。とりわけ宮沢訪韓の前年、九一年の貿易赤字は史上最高の九六億ドルに達しており、この状況に韓国政府は強い危機感を有していた。そして日韓貿易はこの赤字額の九〇％以上に相当する八七億ドルの韓国側赤字を稼ぎ出しており、この是正なくして韓国貿易全体の赤字基調を是正することは不可能に近かった。だからこそ、この喫緊の問題に対して韓国政府は、「貿易赤字是正三項目」、つまり、韓国の主要輸出産品に対する関税引き下げ、産業技術移転促進のための韓日科学技術協力財団新設、さらには日本の公共事業への韓国企業参入等を日本政府に要求するに至っていた。

当時の日韓関係における通商問題の重要性は、例えば、盧泰愚が一月一〇日に行われた年頭記者会見においても、わざわざこの問題に触れ、「対日赤字問題の解決なしに日韓の友好はあり得ない」と強調したことにもよく表れている。対照的に日本メディアの軍「関与」報道の前日に行われたこの記者会見において、従軍慰安婦問題をはじめとする日韓間の歴史認識問題について、盧泰愚は何一つ言及していない。この時の日韓首脳会談における主要議題が通商問題だったことは、誰の目にも明らかだった。

しかし、通商問題に対する日本政府の姿勢は強硬だった。すなわち日本政府は、韓国の対日貿易赤字は、日本から中間財を輸入して最終生産物を他国に輸出する、という韓国経済の構造が生み出すものであり、この問題の解決を日本側の譲歩により実現しようとするのは本末転倒であり、不可能である、として韓国側の提案を一切拒否することになっていたからである。結果、宮沢訪韓直前の両国実務レベルでの協議は決裂し、この議論は両国首脳の直接交渉に持ちこされることになっていた。首脳会談としては異例の事態であった、と言うことができる。

従軍慰安婦問題が、この時の首脳会談の中心的な議題ではなかったことは、予定されていた会談の時間配分からも確認することができる。この時の日韓首脳会談は、一月一六日と一七日の二回に分けて行われている。当初の予定では一一〇分間の首脳会談の主たる議題は通商問題を含む国際問題に割り当てられており、二日目の七五分間の首脳会談の時間の大半も、技術移転問題や文化交流、さらには天皇訪韓問題に費やされるはずだった。これに対して、二日間の首脳会談のうち、両国首脳が従軍慰安婦問題等の歴史認識問題に関わる事項について議論する時間は、全一八五分のうち、わずか二二分しか設定されていなかった。

とはいえ、そのことはこの時の首脳会談において従軍慰安婦問題が大きな役割を果たさなかったことを意味はしなかった。それはこの首脳会談を前後する時期における宮沢のスケジュールを見ればよくわかる。訪韓直前の一月一五日、東京にて韓国メディア向けの記者会見を開いた宮沢は、従軍慰安婦問題について「言葉に言い表せない辛苦をなめた方々に対し、衷心よりおわびと反省の気持ちを申し上げたい。まことに胸の詰まる思いだ」と述べている。翌一六日、軍用ソウル空港に到着した宮沢は、直ちに近くにあるソウル市内の国立墓地に向かい献花を行った後、午後から韓国大統領官邸にて行われた最初の首脳会談に臨んでいる。そして、この本来「国際関係」が議論されるはずだった首脳会談にて、まず一つ目の宮沢にとってのハプニングが飛び出すこととなった。それはこの会議で突如、盧泰愚が「不幸な過去についての正しい認識」を日本が持つべき必要性について言及したことである。これに対して宮沢はすかさず「遺憾と反省」の意を示すことになっている。

「反省」に次ぐ「反省」

その後、通商問題について長く議論した両首脳は、晩餐会に移ることになった。晩餐会での挨拶で、盧泰愚は再び、「歴史に対する正しい認識と謙虚な反省を土台にして心の壁を取り崩すようお互いに真摯な努力を傾けなければならない」と述べ、日本側の反応を促した。これに対して宮沢は「過去の一時期、貴国国民がわが国の行為によって耐えがたい苦しみと悲しみを体験された事実を想起し、反省する気持ちを忘れないようにしなければならない」と「一語一語かみしめるように」語ることになった。

重要なのは、こうして首脳会談の主導権が次第に韓国側に移っていったことである。この時の日韓首脳会談の一つの特徴は、それが初めて事務方の調整が失敗した後に行われたことであり、だからこそ両国首脳間の直接の駆け引きはきわめて重要になっていた。そしてこの状況下、韓国政府は自らが明確に優位に立てる従軍慰安婦問題を最大限利用しようとしたように見える。事実、初日に早くも二回の「反省」を強いられた宮沢は、翌一七日にはより過酷な状況に置かれることになった。既に述べたようにこの日午前中に行われた第二回首脳会談では、七五分の会談のうち二二分が従軍慰安婦問題に公式に費やされた。『毎日新聞』によればこの間に、宮沢は実に八回にもわたって「お詫び」や「反省」の意を繰り返した。単純計算で三分に一回以上の頻度で謝罪し続けた計算になるから、この二二分の議論の間、宮沢はほとんどずっと「お詫び」や「反省」を繰り返し続けていたことになる。主権国家同士の首脳会談として、きわめて異例な状況だと言える。

首脳会談の後、行われた記者会見でも、宮沢は従軍慰安婦問題に対して「挺身隊、日本では従軍慰安婦というが、関係者の話を聞くだけで、その方々が体験されたつらい苦しみを思い、胸が詰まる。筆舌に尽くし難い辛苦に対し、衷心よりおわびする」と述べることになった。宮沢訪韓の最後の大きなイベントは日本首相としての初の韓国国会での演説だった。この演説でもやはり宮沢は、従軍慰安婦問題について「誠に申し訳なく思っている」と改めて謝罪し、植民地支配そのものについても「反省の意とおわびの気持ち」を持っていることを明らかにした。

結局、一月一五日から一七日までのわずか三日間の間に、当時の報道に表れているだけでも、最低一三回にわたって宮沢は「お詫び」や「反省」等の言葉を繰り返したことになる。もちろんこの状況は宮沢自身にとっても大きな心理的負担になった。実際、首脳会談を終えて、最後に訪問した韓国の古都慶州で、「なかなかつらい会談をしたから、きょうはしんみりして、大変うれしい」と宮沢は率直に語っている。もっとも首脳会談そのものにおいては、当初最大の争点だと目された通商問題について、遂に日本は韓国に妥協しなかったから、当時の政府関係者の言葉を用いれば、宮沢は「ざっくりと謝る」ことで通商問題に関する韓国政府の攻勢をかわしたつもりだったかもしれなかった。

前提の崩壊

もっともこのような宮沢の「謝罪外交」には、それが可能となる大前提が一つ存在した。それはどれだけ謝罪を行おうとも、一九六五年の日韓基本条約とその付属協定が、「両締約国及びその国民の間の請求権に関する問題が（中略）完全かつ最終的に解決された」と規定している以上、日本政府が追加の補償を行う責任は生じないという前提である。重要なことは、九二年一月の日韓首脳会談開始の時点では、当時の日韓両国政府がこの点について同じ認識を有していたことだった。つまり、この首脳会談の段階では、日韓両国政府は共通して仮に従軍慰安婦問題について日本政府の直接的な責任を示す資料等が出てきたとしても、日韓基本条約が存在する限り日本政府に追加的な補償等の責任は発生しない、と考えていたことになる。だからこそ、日本政府は、賠償の責任が生じることを懸念せず、幾らでも「反省」の意を表することができた、というのが当時の状況だった。「反省」は「無料《ただ》」であり、また「反省」さえすれば問題が解決するなら、これ以上に容易な方法は存在しない、というわけである。だからこそ、この際「ざっくりと」謝ってしまえ、と当時の日本政府関係者が考えたのは、不思議ではなかった。

4 「誠意なき謝罪」という言説

歴史認識問題の構造変化

だが、このような日本政府の「謝罪外交」の基盤はこの直後に突然崩壊した。なぜなら宮沢の帰国からわずか三日後の一月二一日、韓国政府はこれまでの姿勢を一変させ、日本政府に対し、徹底した真相究明と、これに伴う「適切な補償などの措置を取る」よう求めたからに他ならない。それまでの歴代韓国政府は、日本政府と歩調を合わせる形で、日韓間の植民地支配に伴うあらゆる補償問題は、一九六五年の日韓基本条約とその付属協定により、「完全かつ最終的に解決した」という解釈を取っていたから、この変更はきわめて重大な意味を有していた。なぜならこの韓国政府の方針転換により、日本政府がこの問題に対処する際に念頭に置いてきた大前提が失われることになったからである。

繰り返しになるが、一九九二年一月の宮沢訪韓とそこで繰り返された首相自らの「反省」の意の連発は、それにより追加的な日本政府の責任は生じない、という大前提のもとで行われてきた。

しかし、「反省」の後、韓国政府が突如、従軍慰安婦問題で「適切な補償など」を求める方向に舵を切ったことで、宮沢政権は苦境に追い込まれた。重要なのは、この方針転換が、少なくとも理屈の上では、従軍慰安婦問題以外の歴史認識問題に対しても、韓国政府が追加の「補償など」を求めることを可能にするものだったことである。仮に従軍慰安婦問題を、日韓間の過去における請求権に関わる問題で「完全かつ最終的に解決した」ことの「例外」だと認めれば、同様の論理が他の問題でも適用され、次々と「例外」が増えていく可能性があるからである。

そして実際、以後、韓国政府は紆余曲折を経ながらもこの「例外」の範囲を拡大し、日韓間の歴史認識問題に関わる対立構造は大きく変化していくことになる。その意味で、一九九二年一月二一日の韓国政府の決定は、一月一一日の『朝日新聞』のスクープ以上に重要な、日韓間の歴史認識問題に関わる決定的な転換点だったということができる。

盧泰愚政権と民主自由党

では、なにゆえに韓国政府はこの時点で大きな方針転換を行ったのだろうか。その前提になる当時の韓国政治について少し仮説的に見てみることにしよう。

盧泰愚が大統領に就任したのは一九八八年二月。前年一二月における、金大中、金泳三、そして金鍾泌《キム・ジョンピル》のいわゆる「三金」有力政治家との激しい大統領選挙に勝ち抜いてのことだった。とはいえ、そのことは盧泰愚がこれらのライバルに圧倒的な差をつけて勝利したことを意味しなかった。盧泰愚の大統領選挙での得票率は三分の一をわずかに上回る三六・三%にしか過ぎず、この数字は今日に至るまで韓国の歴代大統領の最少得票率になっている。

盧泰愚が小さな得票率で当選することができた背景には、一九八七年の民主化において主要な役割を果たした勢力が金大中支持勢力と金泳三支持勢力の二つに分裂したことがあった。つまり、盧泰愚は両者の対立の漁夫の利を得て、ようやく大統領に当選できたことになる。しかしそれは、同時にこの政権の基盤がきわめて脆弱であることをも意味していた。

そしてそのことは、大統領就任直後の一九八八年四月に行われた国会議員選挙において顕著に現われた。この選挙において盧泰愚政権与党の民主正義党が獲得したのは国会の全二九九議席のうち、わずか一二五議席にしか過ぎなかったからである。対して金大中率いる平民党が七〇議席、金泳三の統合民主党が五九議席で続き、金鍾泌を党首とする新共和党も三五議席を獲得した。少数単独与党への転落で、政権の国会運営はたちまち行き詰まり、盧泰愚は打開策を探すこととなる。

他の大統領制の多くの国々と同様、韓国でも大統領には国会解散の権限がなく、ゆえにここで盧泰愚が唯一取り得る選択肢は、他党との協力関係を模索することだった。盧泰愚はこのため一九八九年頃から水面下で交渉を開始し、その成果が九〇年初頭に現れる。すなわち、与党民主正義党は、金泳三率いる統合民主党および金鍾泌を中心とする新共和党と合党し、新与党「民主自由党」を結成することとなったのである。党内では、統合前の最大勢力であった民主正義党系から盧泰愚が党首格である総裁に就任する一方、第二勢力である統合民主党系から金泳三が代表最高委員、勢力の最も小さかった共和党系の金鍾泌が最高委員に就任し、加えて大統領として多忙な盧泰愚を補佐する形で、盧泰愚と同じ民主正義党系勢力の国会議員であった朴泰俊《パク・テジュン》浦項製鉄会長もまた最高委員に就任した。

統合を果たした新与党は国会内の四分の三近い議席を有する巨大政党であり、この誕生により、盧泰愚政権の政治的基盤はいったん安定した。しかし、この状況もまた長くは続かなかった。なぜなら、一九九二年一二月に予定された次期大統領選挙をめぐる党内の駆け引きが早々に開始されることになったからである。台風の目は、党内ナンバー・ツーの金泳三だった。八七年の大統領選挙で第二位の得票を獲得し、自他共に認める次期大統領の最有力候補だった金泳三にとっての最大のアキレス腱は、党内における脆弱な基盤だった。だからこそ彼は盧泰愚や朴泰俊を中心とする、党内最大勢力である旧民主正義党系から党内の主導権を奪うことに尽力した。このために彼が最大限利用したのは、軍事クーデタにより成立した全斗煥政権の流れを汲む民主正義党系勢力のマイナスイメージであり、また、民主化闘争において果たした役割に由来する自らの民主的正統性に他ならなかった。

韓国国内政治としての従軍慰安婦問題

重要なのは、一九九二年一月の『朝日新聞』報道による従軍慰安婦問題の本格化と、その直後の宮沢訪韓が、このような韓国政治の特殊な環境下に行われていたことだった。この時期、韓国の与党である民主自由党内の権力闘争は最高潮に達していた。巨大与党の大統領候補の座を狙う金泳三は、一月七日、「国民の最大関心である与党の大統領候補者が未決定であることこそが、政治・経済・社会不安の原因である」として、三月に別途予定されていた国会議員選挙以前に、自らの与党大統領候補者としての地位を確定することを公に要求した。そしてこの金泳三の揺さぶりは党内に大きな影響を与えることになった。選挙を目前に控えた与党国会議員達にとって、支持率低下を見せていた盧泰愚に代えて、国民的人気の高い民主化運動の闘士、金泳三を党の看板に据えて選挙を戦うことには、明らかな利益があったからである。こうして民主自由党内ではこれまでの立場を翻して金泳三を支持する議員たちが急増した。

当然のことながら、この状況下行われた宮沢訪韓は韓国政界の各勢力にとって、格好の国内政治上の駆け引きの材料を提供した。最初に動いたのは与党内各勢力ではなく、これに対抗する野党の側だった。この時期の韓国の野党勢力は、金大中率いる平民党に、民主自由党結成に反対して、党に残った統合民主党残留派が合流し、新たに「民主党」を結党した。この首脳会談において、野党民主党はまず、宮沢訪韓初日に行われた晩餐会を欠席することで自らの存在感を示した。この時の晩餐会は韓国社会の要人を網羅した大規模なものであり、与党からも金泳三、金鍾泌、朴泰俊の三最高委員を含め多数の国会議員が出席した。ここにおける民主党議員の欠席が、首脳会談とその内容への異議表明であることは明確であり、その意図は、翌日にさらに明確な形をとって現れた。

すなわち一月一七日、民主党は自らの「女性特別委員会」名義で声明を発表した。声明は、従軍慰安婦問題に対して「宮沢日本総理は今回の訪韓中に明白な謝罪を行い」「日本政府の法的責任と賠償問題を明確にしなければならない」とし、日本政府の「法的賠償」を要求するものだった。既に述べたように、この時点での韓国政府の立場は、未だ植民地支配に関わる補償等は、全て日韓基本条約で解決済み、とするものだったから、民主党の声明はこの韓国政府の立場変更を求めるものでもあったことになる。翌一八日の宮沢首相国会演説においても、民主党はこれを各議員「自由参加」と決定した。結果、同党所属議員七五名のうち、この演説に参加したのはわずか二三名に留まることになった。

つまり、大多数の野党議員は韓国国会における宮沢の演説を事実上のボイコットで迎えたことになる。

重要なのは、このような野党の強硬な対応が、従軍慰安婦問題での与党及び韓国政府の日本に対する妥協的な姿勢をクローズアップさせたことだった。もちろん、与党側も何の準備もしていなかったわけではなかった。民主自由党は既に一六日、朴熺太《パク・ヒテ》スポークスマン名義で「貿易赤字、技術移転、挺身隊問題等において、日本側は言葉のみならず、目に見える形で誠意を示さねばならない」という声明を発表し、「特に挺身隊問題においては真相が白日の下に晒された以上、誠意ある補償を行うべきだ」として、韓国政府に先駆けて「補償」にまで踏み込んだ発言を行っていた。だが、この段階では与党はまだこの「補償」が法的賠償をも意味するものかは明らかにしておらず、依然として野党との温度差は大きかった。

民主自由党にとって厄介だったのは、自らの党内有力者の一人に、一九六五年に締結された日韓基本条約交渉の当事者だった金鍾泌がいたことだった。幾度も述べてきたように、韓国政府が日本政府に対し、従軍慰安婦問題等において「補償等」を要求する際の最大の障害は、この条約とその付属協定が「両締約国及びその国民の間の請求権に関する問題が」「完全かつ最終的に解決された」としていることだった。だからこそ、この状況において金鍾泌は交渉当事者として、このような条約を締結した責任を追及されることになったのである。

このような状況下、金鍾泌は、宮沢訪韓の初日に早くも「日本側の同義的責任認定と補償」を「強力に」求める声明を発表するものの、それはむしろ彼をめぐる状況を悪化させただけだった。事実、翌一七日の韓国各紙は一斉にこの金鍾泌の発言を取り上げて報道し、与党は逆に窮地に追い込まれることになる。例えば韓国の主要紙の一つである『東亜日報』は次のように述べている。

今回の騒動の主役は金鍾泌氏だ。彼の年齢の韓国人なら挺身隊について知らない人間があろうはずはない。にもかかわらず彼は、請求権交渉当時、挺身隊問題は「韓日両国のどこにも資料がなく、実態把握が不可能であり、どうすることもできなかった」と弁明した。

この論理は他人に傷を負わせて「凶器のせいにする」ようなものである。当時は、今よりも多くの証人がおり、もっと多くの資料もあったはずだからだ。三十代の若さで軍事クーデタを主導した彼がこの問題を解決できなかったのは経験不足のためだったのか、それとも日本との野合のためだったのかは、ここではあえて問わないことにしよう。

それよりもこの国の執権与党の指導者の道徳性と歴史認識がこの程度なのか、と問い掛けたい。韓日関係解決の責任を負った政治指導者としての堂々たる発言とは到底思えないものだからだ。

ちなみにこの時の金鍾泌の発言は、日韓基本条約締結時の韓国政府の交渉担当者自らが、交渉の時点で従軍慰安婦問題の存在をある程度は知っていたことを示す意味でも、重要なものである。なぜなら、この証言は時に韓国側の一部が主張する日韓基本条約締結当時には従軍慰安婦問題は「念頭に置かれていなかった」とする理解ともまた明確に相反するものだからである。

この点については、また機会があれば別途議論することにしたい。明らかなことは、この九二年一月の宮沢訪韓時の「謝罪外交」が、当時の韓国与党、政府をも追い込んでいったことである。そしてそれこそが韓国政府がそれまでの日韓基本条約の解釈を変えた理由の一つだった。こうして韓国政府は、日韓歴史認識問題における「ルビコン河」を渡ることになるのである。

九二年韓国大統領選挙と金鍾泌

宮沢訪韓当時の韓国政治を考える上で重要なのは、与党民主自由党がその源流となった三政党の連合体だったことである。そこでは全斗煥政権以来の旧与党民主正義党の流れを汲む勢力と、次期大統領選挙の最有力候補者である金泳三を中心とする統合民主党系勢力との主導権争いが存在し、この対立は次期大統領選挙における党内候補者争いと密接に関連して行われていた。

民主正義党系勢力において当初大統領候補の有力者とされたのは、朴哲彦《パク・チョロン》という人物だった。盧泰愚夫人の従兄弟でもあった朴哲彦は、盧泰愚が大統領に登り詰めるまでの過程において、彼の最側近として重要な役割を果たした、と言われている。盧泰愚もまた、このような朴哲彦の労に報いるべく、早い段階から彼を重職に任用し、周囲は盧泰愚が朴哲彦を自らの後継者と見なしている、と考えていた。

しかし、政権末期に入り盧泰愚のレイムダック化が顕著になると、状況は大きく変化した。決定的な役割を果たしたのは、全斗煥政権とその成立過程における様々な問題に関わる真相究明作業の進行だった。真相究明作業の進行の背後には、盧泰愚自身の政治的思惑があった。なぜなら、政権獲得直後の盧泰愚にとって、前大統領とその威光を借る全斗煥直系勢力の存在こそが、金泳三や金大中といった野党勢力以上に、自らの政治的リーダーシップの制約要因となっていたからである。だからこそ盧泰愚は、一九七九年の粛軍クーデタから翌年五月の五月一七日の事実上のクーデタ、さらには光州事件に至るまでの歴史的事件の「真相究明」作業を、全斗煥直系勢力を政治的に追い落とすために、積極的に利用した、というわけである。

だが、作業の進展は、全斗煥政権下において政権ナンバー・ツーの座を占めた盧泰愚自身に対する疑念をも必然的に呼び起こした。結果としての盧泰愚の求心力は喪失し、一時はこの政権における「皇太子」とまで呼ばれた朴哲彦の影響力も急速に失われることになった。

だが、そのことは民主正義党系勢力と金泳三系勢力の対立の終焉を意味していなかった。朴哲彦の没落後、金泳三のライバルとして浮上したのは民主自由党の最高委員の一人だった朴泰俊だった。軍人出身でありながら、世代的にも人脈的にも全斗煥より朴正熙に近い立場にあった彼は、何よりも国営製鉄会社、浦項製鉄を世界的な企業にまで成長させた伝説的な経営者として知られていた。言い換えるなら、金泳三が金大中と並ぶ民主化の「英雄」だったとすれば、朴泰俊は経済成長の「英雄」だったのである。経済成長は韓国現代史における民主化と並ぶ最重要イシューであり、その「英雄」である朴泰俊の存在は、金泳三の地位を脅かすに十分だと目されていた。

重要なことは、このような与党内二大勢力の対立が、結果として、第三勢力としての地位を占めた金鍾泌にキャスティングボートを握らしめる結果をもたらしていたことである。だからこそ、勃発した従軍慰安婦問題において、野党勢力やメディアがその非難の矛先を金鍾泌に向けたことは、大きな意味を持っていた。野党の政治的意図は明確だった。彼らは従軍慰安婦問題に対して「法的賠償」を要求することで、これまで補償要求へと踏み切らなかった政府、与党と、自らの差別化を図ることができた。しかも政府、与党がその不可能な理由として、日韓基本条約とその付属協定の存在を挙げるなら、彼らはこの条約交渉の当事者である与党重鎮、金鍾泌の責任を追及することで、さらに与党を追い込むことができたからである。

金鍾泌もそのことはよく理解していた。既に述べたように、だからこそ宮沢訪韓の直前、彼は日本政府が従軍慰安婦問題で何らかの補償に踏み込むことを求める声明を発表した。そこにはこの問題を何とか回避したい彼の心情がよく表れていた。だが、日本政府は補償には踏み込まず、結果として金鍾泌は瞬く間に追い詰められることになった。当時の韓国国内政治の文脈で言えば、従軍慰安婦問題とはすなわち日韓基本条約問題であり、日韓基本条約問題とはすなわち金鍾泌問題だったからである。にもかかわらず、与党内の二大勢力は、金鍾泌を切り捨てることはできなかった。なぜなら三〇議席を超える党内派閥を持ち、忠清道という独自の地域的基盤をも持つ金鍾泌は、与党内の大統領候補者争いや、大統領選挙本選の行方に、大きな影響を与え得る人物だったからである。

こうして見ると、宮沢訪韓直後の従軍慰安婦問題に対する韓国政府の方針転換が、当時の韓国国内政治において有していた特殊な意味を理解できる。例えばこの時、韓国外務部長官は「挺身隊問題はこれ以上法的な次元でのみ議論が出来ない」とし、「政府次元の新たな機構構築を通して、真実と真相の究明を行い、これを土台にして、補償等の問題を多角的に検討しなければならない」と述べている。ここでのポイントは、例えば野党勢力と異なり韓国政府が明確な「法的賠償」という言葉を使わず、「補償等」というぼかした表現を用いていることである。重要なのは、韓国政府が問題を「法的な次元」の枠外で解決しようとしたことであり、それはすなわち、日韓基本条約等の議論を回避する形でこの問題を解決しようとすることを意味していた。そしてその理由の一つは、これにより渦中に置かれていた金鍾泌を免責し、与党、政府が自らの責任を回避することができたからだったのである。

5　日本政府の対応

抽象的謝罪と具体的謝罪

さて、今度は日本政府の番である。韓国政府による突然の「補償等」の要求は日本政府を追い詰めることになった。ちなみにこの時点でまだ『朝日新聞』による「軍関与」報道からわずか八日しか経っていないから、事態の展開がいかに早いかがよく分かる。一週間余りの間の事態の急速な変化に、日本政府は懸命の対処を余儀なくされていた。

韓国政府の対応変更に対する日本政府の反応は迅速だった。まず、韓国政府からの正式な補償要求があった一月二一日当日、加藤官房長官は、従軍慰安婦問題に関わる個人補償について「決着済みだと思っている。裁判の結果を待ちたい」と述べている。日本政府は従軍慰安婦問題の「補償等」について、韓国政府との追加的協議には応じないことを改めて明らかにしたことになる。外交交渉としては、門前払いに近い扱いだと言ってよい。

だが、このような一連の日本政府の対応は、この後、日韓間の歴史認識問題に大きな影響を残すことになる。重要だったのは、この結果として韓国内に一つの言説が生まれ、定着したことだった。すなわち、わずか数日の間に首相自らによる「反省」の意が連発され、その直後にこれと一見矛盾するかのような「補償等」拒否が行われたことにより、韓国内では「日本の謝罪は見せかけだけであり誠意がない」という理解が定着し、さらに歴史認識問題の解決には、「日本が反省していることを示す、真の謝罪が必要だ」という世論が形成されていったことである。こうして今日まで続く、日韓歴史認識問題における韓国側の典型的な認識がまた一つ形成されることになった。

背景にあったのは、従軍慰安婦問題の本格化により、歴史認識問題をめぐる議論の基礎条件が変化したことだった。実際、宮沢政権の以前にも日本政府は様々な形での「反省」の意の表明を韓国に対して行っていた。典型的な例は、一九八四年の全斗煥、そして一九九〇年の盧泰愚両大統領の来日時に行われた、昭和、今上両陛下の「お言葉」であったろう。もちろん、「反省」や「おわび」の意の表明は歴代の天皇によってのみなされたわけではない、例えば盧泰愚来日時には、当時の海部首相が、「朝鮮半島の方々が、我が国の行為により耐えがたい苦しみと悲しみを体験されたことを謙虚に反省し、率直におわびの気持ちを述べたい」と述べている。

とはいえ、これらの宮沢訪韓以前の日本政府による「反省」や「おわび」の意の表明には大きな共通点があった。それはこれらの「謝罪」がいずれも抽象的なものであり、特定の事象や具体的な被害者を念頭に置いたものではなかったことである。対して、宮沢訪韓時の「反省」の意の表明は明確に、従軍慰安婦問題の被害者に対して向けられていた。抽象的な謝罪では、向けられた被害や被害者の内容は明白ではなく、だからこそ、そこから即座に具体的な補償や賠償に対する議論に発展することは難しい。しかし、謝罪が明白な対象に向けられた時、そこには具体的な「責任」と「補償等」に関わる議論が可能になる。だからこそ、この時の「反省」の意の繰り返しの表明は、逆に日本政府が「補償しない」ことの意味をクローズアップさせる効果を持っていた。

結局、宮沢訪韓を前後する時期の繰り返しの「反省」の意の表明は、韓国社会において、日本政府の狡猾さを印象づけただけの効果しかもたらさなかった。こうして日本政府はますます追い込まれていくことになる。

難問を押し付けられた日本政府

さて、同じ一月二一日の会見で加藤は、「従軍慰安婦の問題は衷心から謝罪し、これに関連する措置を今後検討していきたい。我々の謝罪の気持ちを表明する何らかの措置をしたい」とも述べている。このことは、既に日本政府が「形式だけの謝罪」が状況を悪化させた効果しか持たなかったことをよく認識していたことを示している。自らの打った手が裏目に出た形になった日本政府は、状況回復のための「何らかの措置」を行う必要があった、というわけである。

しかし、ここで新たな問題が発生する。それは本来なら問題の外交的解決のために、日本政府と共に具体的な方案を練り上げるべき韓国政府が、日本政府との積極的で、公式の協力を放棄してしまったことだった。つまり、韓国政府は従軍慰安婦問題に関わる「補償等」を日本側に求める一方で、それを具体的にどう行うべきかについては沈黙してしまうことになったわけである。

背景には二つの事情があった。一つはこの後、盧泰愚政権のレイムダック化が大きく進行し、同政権が事実上の「選挙管理政権」に転落してしまったことである。当事者能力を喪失した盧泰愚政権には、複雑な民族主義的心情と密接に絡み合った歴史認識問題に対処する余力は存在せず、また、金鍾泌に代表される日韓基本条約締結当時の関係者を抱える与党もこの問題に積極的に関与しようとはしなかった。

とはいえ、より重要だったのは、この「解決策を日本側に丸投げする」ことが、韓国政府にとって最も「合理的な」措置だったことかもしれない。例えば、この後韓国内における従軍慰安婦問題をめぐる問題は、混乱した状況が続くことになった。盧泰愚政権は、「適切な補償などの措置」の範囲を超えて、日本政府の公式な「補償等」の要求を行うことができないまま退陣し、一九九三年になって金泳三が政権を継承すると、韓国政府の姿勢はむしろ後退することになった。すなわち、金泳三政権は従軍慰安婦問題において日本政府に対して「物質的な補償」を求めないことを明確にしたのである。日韓基本条約締結時の関係者を抱える当時の韓国政府にとって、基本条約および付属協定に関わる議論は政治的に微妙な問題であり、彼らはこの議論を回避することを選択した。

だが、そのことは韓国政府が宮沢訪韓以前の日本政府との協調路線に回帰したことを意味しなかった。一九九三年から九四年頃までの時期の韓国政府は、「補償等」の要求からは後退する一方で、日本政府の「誠意ある対応」は一貫して求め続けたからである。日本政府にとって厄介だったのは、韓国政府が求める「誠意ある対応」の具体的な内容が、一向に明らかにならなかったことだった。分かりやすく言えば、韓国政府は従軍慰安婦問題における最大の難問である「誠意ある対応」——言い換えるなら従軍慰安婦問題の解決方法——の策定という難問を、一方的に日本政府に押し付けたことになる。結論から言うなら、この対応は巧みであった。彼らはこれにより自らをも巻き込んだ複雑な法的論議を避けることができる一方で、水面下での様々な接触にもかかわらず日本政府からの「回答」を最終的に拒否する権限をも留保できたからである。

こうして難問を一方的に押し付けられた日本は、以後、その模範解答を作るべく試行錯誤を続けることになる。言うまでもなく、その産物こそが、一九九二年七月の第二次加藤談話であり、九三年の河野談話、また「女性のためのアジア平和友好基金」に他ならなかった。では次に日本政府の試行錯誤の過程について見ていくこととしよう。

6 第二次加藤談話

韓国政府の戦略と従軍慰安婦問題の基本構造

盧泰愚政権の方針転換は、日本政府にとって晴天の霹靂だった。だが既に述べたように、日本政府にとってより厄介だったのは、この時、そしてそれ以後も、韓国政府が従軍慰安婦問題に関して必ずしも明確な姿勢を打ち出さなかったことだった。一般に認識されているのとは異なり、一九九二年以降現在に至るまでの間、韓国政府は、国連にてクマラスワミ報告が出された九六年から九七年初頭までの短い時期を除けば、必ずしも日本政府に公に従軍慰安婦問題に対する「法的賠償」を要求してきたわけではない。とりわけ盧泰愚政権の後を受けて成立した金泳三政権はこの問題で「物質的な補償を求めない」ことを幾度も明言し、続く金大中政権もまた「政府は民間団体が賠償を求める動きを妨げる意志はない」として、事実上、政府自身の姿勢についてはノーコメントを貫いた。二〇〇三年に成立した盧武鉉《ノ・ムヒョン》政権もまた、靖国神社参拝問題や、領土紛争の勃発とも相まって、従軍慰安婦問題について強硬な立場を貫いたが、それでも必ずしも「法的賠償」を外交的に公に要求したわけではなかった。

背後にあったのは、日韓基本条約と一連の付属協定による制約だった。二〇〇五年一月の盧武鉉政権による韓国側外交文書の公開でも明らかになったように、条約締結に至るまでの過程において、個々の請求権保持者に対する事実上の補償の直接支払いを主張したのは、むしろ日本政府の側であり、対して当時の韓国政府は、同じ請求権問題について、韓国政府が一括して日本側からの支払いを受け、個々の請求権者に自ら分配することを強く主張した。この事実は、韓国側が日本側に個々の「被害者」に対して補償等を直接求める際の制約の一つとなっている。

このことの重要性を理解するためには従軍慰安婦問題の法的構造を知らねばならない。それを法学の素人である筆者があえてまとめるなら次のようになる。すなわち、韓国側が日本政府に対して従軍慰安婦問題で補償等を直接求めるには少なくとも次の四つのハードルをクリアすることが必要である。第一は、そもそもの違法行為が存在したかであり、これが存在しなければ、請求権そのものが存在しない。第二は、違法行為に日本政府に責任があることの証明である。違法行為があっても、その責任が日本政府になければ、被害者は、例えば慰安所経営者に対しては賠償を請求はできても、日本政府に対してはこの請求をできないことになる。「連行経緯の違法性」が議論されるのは第一のハードルのためであり、「軍や政府の関与」をめぐる資料が注目されるのは第二のハードルの所以である。

だが、これだけでも韓国側は日本政府に法的賠償を求めることはできない。第三に請求権が「依然として」有効であることを示さなければならない。これが無効になる可能性は大きく二つある。一つ目は、日韓基本条約及びその付属協定の規定によってであり、これにより従軍慰安婦に関わる韓国側の「個人請求権」が消滅したかが議論になっていることはよく知られている。二つ目は民法上の時効である。この点について韓国の裁判所は、「消滅時効が過ぎて賠償責任はないという被告の主張は信義誠実の原則に反して認められない」という判断を示している。最後に第四のハードルとして、最終的な「支払いの義務」が日本政府にあることの証明が必要である。仮に第一から第三の要素を全て満たす場合においても、補償等が、韓国政府が一連の条約の結果として受けた「経済協力金」の中からなされるべきであると解釈されるなら、最終的な費用は韓国政府が支払うことになる。実際、労働者の戦時動員に対する補償等については、韓国政府はこれを認めており、自ら事実上の補償金の支払いを行うに至っている。

だからこそ、盧武鉉政権以降の韓国政府は、これらの問題を回避するために、従軍慰安婦問題は日韓基本条約締結当時には未だ想定されていなかった「新たな」問題であるとして、一連の条約の枠外で処理することを要求するに至っている。だが既に示したように、日韓基本条約の締結に至るまでの段階においても、従軍慰安婦の存在は意識されており、そのことは交渉の当事者達にもよく認識されていた。また、条文を素直に解釈すれば、一連の条約で支払われたのは「賠償金」ではなく「経済協力金」であるから、この金額がどのような「賠償」に向けられたものであるかを議論することは、それ自身、意味がないと言えなくもない。

こうして見ると、日韓基本条約とその付属協定が、韓国側が日本側に法的賠償を求める際に、いかに大きなハードルとなっているかを知ることができる。だからこそ、歴代の韓国政府は、この問題を回避しようと努めてきた。他方、一九九二年以降の韓国国内においては、「挺対協」を中心とする市民団体が、従軍慰安婦問題に対する日本政府の補償等を強力に求めており、その主張は韓国国内において常に強い支持を受けている。民主化以後の韓国政府にとって、この運動に正面から立ちはだかることは困難であり、少なくとも世論の批判に真正面から挑戦する大きな覚悟が必要だった。

日韓基本条約とその付属協定に正面から挑めば、日本側に門前払いされ、少しでも日本側に妥協する動きを見せれば、自国世論の強力な反発に直面する。この深刻なディレンマを克服する方法として、韓国政府が――意図的か結果的にはともかくとして――選択したのは、「従軍慰安婦問題の『解決』方法を日本政府に『丸投げ』する」ことだった。言葉を換えて言うなら、韓国政府が日本政府に求め続けたのは従軍慰安婦問題に関わる「賠償」よりも、むしろ「解決案」だったということになる。こうして彼らはこの「解決案」が何であるかという最も根本的な問題を、一方的に日本政府に押し付けたわけである。

袋小路の宮沢政権

もっとも、このような従軍慰安婦問題の構造の重要性が、明らかになるのは後のことである。ともあれ、こうして宮沢政権は、盧泰愚政権の政策転換後、従軍慰安婦問題の「解決」とは何か、という難題に取り組むことを余儀なくされた。ここで宮沢政権が行わなければならなかったことは、大きく二つ存在した。もちろん、その一つ目は従軍慰安婦に関わる歴史的事実の究明である。九二年の宮沢訪韓は『朝日新聞』による「軍関与」報道のわずか五日後に行われており、この時点では、従軍慰安婦問題に関わる具体的な歴史的事実はほとんど何も明らかになっていなかった。だからこそ日本政府は、真相究明作業を行うことで、まず自らがどのような責任を負っているかを確認しなければならなかった。

二つ目は従軍慰安婦問題の「解決案」策定である。重要なのは、宮沢政権が「真相」究明作業と「解決案」策定を同時進行させたことだった。宮沢訪韓二日前の一月一四日、加藤官房長官は既に従軍慰安婦問題に関する「補償の代替措置」を検討することを明らかにしており、「解決案」の基本的方向はこの段階で一定程度示されていた。このような「真相」が究明される以前に、「解決案」策定に入る、という矛盾した動きの背後にあったのは、当時の日韓両国政府や世論の「予見」であったろう。つまり、当時の日韓両国政府や世論は従軍慰安婦問題において日本政府に何らかの「責任」があることは恐らく自明であり、それは政府による「真相」究明作業によりすぐに明らかになるだろうと考えていたのである。

だからこそ、宮沢政権が目指した「解決案」の意味もこのような当時の文脈で理解される必要がある。従軍慰安婦問題に対する日本政府の何らかの「責任」が立証されるのは時間の問題であるが、日韓基本条約とその付属協定がある限り、日本政府に直接的な法的賠償の義務が生じる余地はない。だからこそ、この状況であえて「補償の代替措置」を上乗せして「解決案」を示すことで、日本政府は韓国政府や世論に対して自らの「誠意を見せる」ことができる。そしてこの過程を短時間で行うことにより、日韓間で最大の懸案となった従軍慰安婦問題を解決し、これにより自らの政権と日韓関係を安定させることができる。当時の日本政府の動きは、このような理解を前提にすると分かりやすい。

だが、この「予見」は、前提となる「真相」究明作業の難航により崩れることになった。なぜなら従軍慰安婦問題において日本政府の明確な法的責任を示す資料が、当初の「予見」通りには発見されなかったからである。

このことより正確に説明するなら次のようになる。もちろん、従軍慰安婦問題における日本政府の「関与」を示す資料は数多く発見された。そのことを、一九九二年七月六日、加藤官房長官の談話――本書で言う「第二次加藤談話」――に沿って説明すれば次のようになる。加藤によれば、一連の調査により、防衛庁七〇件、外務省五二件、厚生省四件、文部省一件、計一二七件の資料が発見され、日本政府が慰安所の設置や、募集規定の策定、さらには慰安所の経営・監督や、慰安所や従軍慰安婦の衛生管理に関与し、慰安所関係者への身分証明書等をも発給していたこと等が明らかになった。

だが問題は、これらの資料が直ちに、日本政府が従軍慰安婦問題において何らかの法的「責任」を負うていることを示すものではなかったことだった。戦前の法律においては性産業労働者の存在そのものは合法であり、日本政府や軍がこれに一定の範囲で関与していることは、必ずしも彼らが違法行為に直接手を染めていたことを意味しなかった。そして何よりも、当時の日韓両国政府や世論が最も期待し、その発見が「予見」されていた肝心の資料が出てこなかった。それは従軍慰安婦の動員過程における違法行為に日本政府が直接関与した、という資料であった。

この点を理解するために重要なのは、従軍慰安婦問題が浮上した歴史的経緯だったろう。既に示したように、一九九〇年から九一年頃の時期において、日韓間の歴史認識問題の焦点は、労働者の「強制連行」をめぐるものだった。この時点では、従軍慰安婦問題は「強制連行」問題の一部と見なされており、だからこそ当時——日本においては恐らく現在でも——従軍慰安婦問題の最大の焦点は、動員過程における強制性の有無だと考えられていた。そしてそのことは、一九九二年、吉見義明と秦郁彦両氏の間で活発に展開された「狭義／広義の強制」をめぐる議論にも典型的に現れていた。日本政府の責任を問う側も、逆にそれに対抗する側も、動員過程における強制性こそが、従軍慰安婦問題の「本丸」だと考えており、だからこそ熱い議論を戦わせていた。

だが現実には、多くの人々の「予見」とは異なり、従軍慰安婦の動員過程において日本政府の法的責任を直接に裏付ける資料は見つからなかった。この、今では日本政府にとって好材料とも見える事実は、むしろ当時の政府にとって逆に大きな制約となって現れた。なぜなら、当時の日本政府は、首相自らが従軍慰安婦問題をめぐり一定の謝罪の意を既に公にし、「補償の代替」措置を行うことも認めてしまっていたからである。だからこそ、「第二次加藤談話」においても加藤は、「改めて衷心よりお詫びと反省の気持ちを申し上げ」、「辛酸をなめられた方々に対し、我々の気持ちをいかなる形で表すことができるのか」を「誠意をもって検討」することを約束することを余儀なくされた。日本政府は自らの先立つ言行に束縛され、この問題の出口を見失いつつあった。

7　河野談話

歴史認識の分岐点

一九九二年一月の朝日新聞報道に始まる従軍慰安婦問題をめぐる展開は、宮沢訪韓時の謝罪と、盧泰愚政権の政策転換へと繋がった。この時点では、従軍慰安婦の「強制連行」に伴う資料は容易に発見されるであろうという「予見」があり、両国政府はこれを前提に動いていた。

しかし、状況は肝心の資料が発掘されなかったことで暗転した。第二次加藤談話にて日本政府は、様々なレベルにおける従軍慰安婦問題への関与を認める一方、強制連行に関する資料は見つからなかったことを明らかにした。この「意に反した」調査結果に、韓国の政府・世論は反発した。一部の人々は進んで、この発表を、日本政府が真相を隠蔽しようとしていることの証左だとさえ見なすことになった。

対抗する形で韓国政府は、直後に自らの調査結果を発表し、元従軍慰安婦らの証言を根拠として

「事実上の強制連行があった」ことは明らかだ、という結論を下すことになる。ここにおいて当時の韓国政府関係者は、「日本側が強制はなかったと主張するなら、我々は逆にそれを立証しなければならない」と述べている。もはや議論が「結論先にありき」の状態になっていることは誰の目にも明らかだった。

重要なことは、こうして従軍慰安婦問題をめぐる日韓の歴史認識が分かれていったことだった。従軍慰安婦問題は、一九八〇年代まではさほど大きく注目されて来なかった問題であり、当時の両国の社会にはこの問題に対する確固たる認識と言えるものは存在しなかった。他方、『朝日新聞』による「軍関与」報道以後においては、日韓両国政府はともに従軍慰安婦の「強制連行」の存在を前提に動いており、むしろ両者の歴史認識は一致していたように見える。だが、この状況は従軍慰安婦問題の真相究明の過程において再び変化した。つまり、韓国では証言に重きを置いて「強制連行」はあったのだ、という認識が形成され、日本では、文献資料の不在により「強制連行」はなかったのだ、という認識が作られていった。その意味で従軍慰安婦問題は、戦後一定以上の期間を経て、日韓両国で新たな歴史認識が生まれ、また分かれていった典型的な事例だったと言える。

政治解決への模索

このような歴史認識の乖離は日本政府が並行して進めていた従軍慰安婦問題の「解決」案策定にも長い影を落とすことになった。第二次加藤談話から約半月後の八月一日、日本政府は「補償に代わる措置」として、政府全額出資の財団を韓国に設立することを明らかにした。後に設立される「女性のためのアジア平和国民基金」（以下、アジア女性基金）が、官民合同出資の財団であり、その本部も日本国内に置かれていたことを考えれば、この時の宮沢政権の提案は、後の村山政権のそれよりも遥かに韓国側の要求に沿ったものだったということができる。だが、この構想に対しては、まず韓国の従軍慰安婦支援団体が反対を表明し、続いて韓国政府も難色を示すこととなった。彼らが挙げた理由は、「真相究明が不足」していることであった。日本政府が従軍慰安婦の「強制連行」を認めていない以上、いかなる構想も受け入れられないというのが彼らの基本的主張だったのである。そこに従軍慰安婦の「強制連行」さえ日本側に認めさせれば、その後の交渉は遙かに有利になるはずだ、という計算があったとしても不思議ではなかった。

日本政府にとってさらに厄介だったのは、この間に従軍慰安婦問題が国際的な関心をも集めていったことだった。日韓両国における従軍慰安婦問題の展開は、同様の問題を抱える他国を刺激する結果となり、中国、台湾、フィリピン等の政府・民間団体が、それぞれの国民に関わる部分において従軍慰安婦問題の真相究明と補償を求めて動き出した。影響は同時に行われていた日本と北朝鮮間の国交正常化交渉にさえ現れた。北朝鮮政府は、従軍慰安婦問題について韓国政府の見解を支持することを表明し、併せて自らも日本政府に対して補償等を要求した。従軍慰安婦問題は、日韓間の問題から世界的な問題へと発展し、翌年には国際連合の人権小委員会でもこの問題が議論されることになる。

だが、ここで日本政府に僥倖が訪れる。既に述べたように年が明けた一九九三年二月、盧泰愚に代わって大統領の座に就いた金泳三が「日本に対して物質的な補償は要求しない方針だ」と表明し、併せて「この問題は、日本側の真相解明こそが重要であり、被害者への支援は韓国の政府予算で行いたい」と述べたのである。九三年三月一五日のことである。

重要なのは、金泳三のこの発言が、「日韓基本条約により補償問題は解決済み」とする日本政府の立場と合致していたことだった。日本政府はこの金泳三の発言を「この問題を早く処理し、新たな日韓関係を構築したい意向の表れ」だと見なし、問題解決への動きを早めることとなった。金泳三の発言の翌日、日本政府はこれまで「証言では立証にならない」として拒否してきた韓国在住の元従軍慰安婦への聞き取り調査を、一転して自ら実施することを明らかにした。併せて、政府は「強制連行」そのものの定義についても、「体を拘束するなど無理やり連行するだけでなく、脅して連れて行ったケースなど『精神的強制』も含める」との新たな定義を明らかにした。下世話な表現を使えば、来るべき調査に備えて、「強制連行」の定義を調整し「ストライクゾーンを広く取った」わけである。当時のある新聞はこれを、日本政府が「資料調査だけでは、韓国側が強く求めている『強制連行』性の立証は不可能と判断、方針転換した」のだと、分かりやすく説明した。

併せる形で韓国政府もまた、「これは被害者個人の補償要求や訴訟を除外することではない」として、日本側が「解決」案として用意する財団設立形式での救済に道を開き、さらには従軍慰安婦問題について日本の教科書への記載を要求するなど、追加的な要求をも行った。五月一八日には韓国国会にて「日帝下日本軍従軍慰安婦に対する生活安定支援法」が成立し、韓国政府による元従軍慰安婦に対する事実上の補償の準備も整った。こうして残る焦点は日本政府による真相究明、つまり元従軍慰安婦への聞き取り調査だけとなったかに思われた。

「駆け込み談話」

だが、調査は難航した。なぜなら、日韓両国政府の政治決着に向けての動きに反発する韓国最大の従軍慰安婦支援団体、韓国挺身隊問題対策協議会、つまり「挺対協」が「調査が不十分であること」を理由として日本側調査への協力を拒否したからである。「強制連行」を示す文献資料が出てこない以上、日本政府が「強制連行」を認めるには、元従軍慰安婦からの証言は不可欠だった。こうして膠着状態の中、時間は無駄に流れていくことになった。

そしてその背後で、日本では大きな政治的変化が生まれ、宮沢政権は急速に終焉を迎えて行くことになった。同じ一九九三年五月、自民党では政治改革を迫る若手議員と党執行部の対立が表面化し、党は深刻な分裂状態に直面した。結果、六月一八日、野党の提出した不信任案に一部議員が同調することにより、宮沢内閣は衆議院の解散に追い込まれた。党内抗争の挙句、自民党は分裂、小沢一郎・羽田孜らを中心とする新生党と、武村正義らによる新党さきがけが新たに結党された。

本来なら、このような内閣の危機により、当然、従軍慰安婦問題をはじめとする外交上の重要問題に対する政府の動きはいったん停止するべきだった。なぜなら、この状況では政府は自らの外交交渉の結果を維持することとすら、覚束ないはずだからである。だがここで、宮沢政権は従軍慰安婦問題の解決を逆に急いだ。不信任案可決から一一日後の六月二九日、政府は外相を韓国に派遣した。背景には、日韓両国政府間の一定の合意が存在した、と言われている。つまり、両国政府は既に現政権下で従軍慰安婦問題の解決を行うことで事実上合意しており、だからこそここにおいて勃発した日本国内の政治的混乱は、むしろ交渉の速度を早めさせる効果を持ったわけである。

とはいえ、この時点では依然、衆議院は解散されたものの、総選挙が実施される以前の状態であり、それゆえ、選挙後も宮沢政権が継続する可能性は皆無ではなかった。事実、七月一八日に行われた総選挙においても自民党は、党分裂後の現有議席を上回る議席を獲得し第一党の地位を維持することに成功した。にもかかわらず宮沢、そして自民党が政権を降りることとなったのは、社会党や新生党を中心とする「非自民グループ」との間の連立競争に敗れたからだった。両者は、キャスティングボートを握った日本新党・さきがけ両党を自らの陣営に迎えるべく競争し、この中で彼こそが連立の最大の障害である、とする党内外からの批判に直面した宮沢は、遂に七月二二日、自らによる政権維持を断念することになった。

それでも、従軍慰安婦問題に関わる宮沢政権の努力は続けられた。少し遡って総選挙二日前の七月一六日、当時においては「挺対協」に次ぐ規模を誇った韓国第二の従軍慰安婦支援団体、「太平洋戦争犠牲者遺族会」が調査の受け入れを決定し、日本政府は韓国に調査官を派遣した。一六名の元従軍慰安婦に対する聞き取り調査が実施されたのは、同月二六日から二七日。つまり既に、宮沢が退陣を決意して後のことだったということになる。この間、日本国内では、「非自民グループ」の連立政権構築作業が継続され、七月三〇日には、「非自民グループ」が、細川護煕を首班とする政権を構築することで合意する。同日、蚊屋の外に置かれた形になった自民党は官房長官であった河野洋平を新総裁に選出した。長らく政権を占めた自民党が遂に野党に転落することが確定した、長い夏の出来事であった。

そして八月四日、その河野洋平自らによって、これまでの従軍慰安婦問題の調査結果が発表された。

つまり政府は内閣官房内閣外政審議室名義で「いわゆる従軍慰安婦問題について」という文章を発表し、補足する形で官房長官名義の「談話」を発表したのである。「従軍慰安婦関係調査結果発表に関する河野内閣官房長官談話」、いわゆる「河野談話」がそれである。翌八月五日には新首相を選任する特別国会が召集されることは既に決まっており、「談話」は河野の官房長官として最後の記者会見でもあった。焦点となっていた従軍慰安婦の「強制連行」について、「談話」は次のように述べている。

従軍慰安婦の募集については、軍の要請を受けた業者が主としてこれに当たったが、その場合も、甘言、強圧による等、本人たちの意思に反して集められた事例が数多くあり、更に、官憲等が直接これに加担したこともあったことが明らかになった。

従軍慰安婦問題で会見する河野洋平官房長官
（1993年8月4日）（時事）

注意すべきは、先の二回の加藤の「談話」が主として朝鮮半島からの慰安婦動員を念頭に置いたものだったのに対し、河野の談話が他地域を含む従軍慰安婦全般をカバーするものだったことである。そして重要だったのは中国大陸や東南アジアの一部にて、日本軍が従軍慰安婦を強制的に徴集した事例があることは以前から資料的に明らかになっていたことだった。だからこそ「官憲等が直接これに加担したこともあった（傍点筆者）」という「談話」の表現は、この限りでは決して誤ってはいなかった。つまりこの「談話」は実証済みの中国や東南アジアの事例に、韓国での調査の結果を上乗せした形で構成されており、それにより巧みに従軍慰安婦募集の際の強制性が認定される形になっているのである。実際、談話発表後の記者会見で河野は東南アジアにおける慰安婦の「強制連行」の事例すなわち、スマラン事件について触れている。当時の報道によれば政府関係者もこれらの事例を意識しつつ、「談話」を作成したことを明確に認めている。

そして時に誤解されているように、この「談話」は、政府による従軍慰安婦の直接的かつ組織的な動員を具体的に認めたわけでもなければ、ましてや全ての従軍慰安婦が「強制連行」されたと言明したわけでもなかった。実際、当時官房副長官だった石原信雄は後にアジア女性基金によって行われたインタビューで、「大部分の人は業者が募集して、戦地に連れて行かれたことは間違いない」と思った、と回顧している。当時の政府関係者が従軍慰安婦の全てが「強制連行」されたと見なしていたわけではなかったことはこの証言からも明らかであった。こうして考えて見れば、河野談話は非常によく出来た「作文」であり、当時の日韓関係が生み出した典型的な玉虫色の回答であったと言ってよいのかもしれない。

この「談話」に明らかな問題があったとすれば、むしろそれが政権終焉間際の「駆け込み談話」として出されたことの方だったかもしれない。いずれにしろ、当時の文脈における河野談話は、日韓両国政府の政治的妥協の産物であり、だからこそ両国政府はこれに責任を持たなければならなかった。しかし、宮沢政権はその責務を果たすことなくすぐに退陣し、やがてこの「談話」は韓国政府から見捨てられてしまうことになるのである。

8　村山談話からアジア女性基金へ

細川政権下の小春日和

河野談話に対する、当時の評価は様々だった。例えば、ニューヨークタイムスは歴史認識問題における「歓迎すべき前進」としてこれを好意的に評価した。中国の新華社通信もまた、日本政府が「アジア、特に朝鮮の女性が強制的に従軍慰安婦にされたことを公式に認め、謝罪した」ものとして、肯定的に受け止めた。

しかしながら、この「談話」に対する被害者支援団体の受け止め方は冷淡だった。「談話」に先立ち日本政府の調査に協力した太平洋戦争犠牲者遺族会は、「日本政府の介入についてはあいまいに認めただけだ」としてこれを非難した。聞き取り調査を拒否した韓国挺身隊問題対策協議会、すなわち「挺対協」はさらに辛辣だった。彼女らは「談話」を「問題の本質を回避したまま調査を終えようとしている」ものとして激しく糾弾したからである。国連の「差別防止及び少数者保護小委員会」では韓国の民間団体代表が、日本政府の報告書について「真実にはほど遠い」ものであるとして、北朝鮮政府代表と口を揃えて「談話」を攻撃した。

「談話」への評価が分かれる中、韓国政府はいったんこれを大きく歓迎した。同政府は「わが国政府の意見を相当水準に反映したものだ。今後、この問題を両国間の外交問題にしない」との見解を発表し、「韓日間の最大の障害物が解消された」ときわめて好意的に受け止めた。当時の韓国政府は、従軍慰安婦問題収拾のきっかけを探しており、この「談話」を、そのための絶好の機会と捉えていたのである。河野が「調査はこれで終わった」と述べたように、日本政府も、この「談話」により紛争を最終決着させたい思惑を強く持っていた。

加えて「談話」の直後に、日本で新政権が成立したことは両国の間にさらなる関係改善の機会をも、もたらした。一九九三年に成立した細川政権は、実に三八年ぶりの「非自民政権」であり、三三年ぶりの韓国における「文民政権」である金泳三政権の成立と併せて、「未来志向の日韓関係」を演出する格好の舞台装置を提供したからである。

そして日韓両国の指導者達もこの機会の重要性をよく認識していた。細川護熙は首相就任直後、太平洋戦争について「侵略戦争で間違った戦争であった」と述べ、まずこの問題についてこれまでの政府のそれから一歩踏み込んだ歴史認識を示すことになった。このような細川の姿勢は韓国でも大きく歓迎され、日韓両国は早期に首脳会談を開催することで一致した。そして、この首脳会談は同年一一月の細川の韓国訪問という形で実現した。それぞれの国内で政治改革を進める両国首脳が、互いにエールを送りあう中で開始された会談にて、細川は、「朝鮮半島の人々が学校における母国語教育の機会を奪われ、自分の姓名を日本式に改名させられたり、従軍慰安婦、徴用など、耐え難い苦しみと悲しみを経験されたことに心より反省し深く陳謝したい」と発言し、金泳三はこれを「韓国民は大変感銘深く受け取っている」と高く評価した。こうして日韓間には「小春日和」にも似た状況が訪れることになった。

村山政権期の歴史認識問題のメカニズム

だが、この「小春日和」は突然終焉する。成功裏に終わった首脳会談からわずか五カ月後の一九九四年四月八日、政治献金疑惑に直面した細川が政権を投げ出したからである。

そして実際、この後の日韓関係は急速に悪化していくことになる。そのことを典型的に示すのが、九五年一一月の中韓首脳会談で飛び出した「悪い癖を叩き直してやる」という金泳三のスラング交じりの発言であったろう。そこには韓国政府の日本への苛立ちが現れていた。それが細川辞任からわずか一年半後の発言であることを考えれば、当時の状況がいかに急速に変化していたかを知ることが出来る。

だが、この状況は奇妙にも見える。なぜなら、細川政権崩壊以降に成立した二つの政権、すなわち、羽田政権と村山政権、とりわけ後者の村山政権は、日本国内においては、歴史認識問題の解決に最も積極的な政権の一つだったと見なされているからである。一九九五年八月の「戦後五〇周年の終戦記念日にあたって」という表題の談話、いわゆる「村山談話」で知られる村山富市は、恐らく第二次世界大戦後の歴代首相の中で最も歴史認識問題の解決に前向きだった人物であったろう。また村山の下で、外相兼自民党総裁としてこれを支えた河野洋平は言うまでもなく、先の「河野談話」を発表した本人であった。しかしにもかかわらず、村山政権は一九九四年六月の成立直後から歴史認識問題をめぐる様々な困難に直面することになるのである。

それでは村山政権の問題は一体どこにあったのか。この点については、細川政権との比較がわかりやすいだろう。結論から言うなら二つの政権の歴史認識問題に関わる第一の違いは、解決のための「具体的な成果」を追求したか否かであった。細川が政権の座にあったのは、一九九三年八月から一九九四年四月。この間、細川は歴史認識問題に関わる積極的な発言を行う一方で、政権担当期間の短かさに由来する時間的制約もあり、いかなる「具体的な成果」をもとりまとめようとはしなかった。にもかかわらず細川政権下の日韓関係は平穏だった。そしてそれは当然だった。河野談話以降の日韓両国政府が行おうとしていたのは、「従軍慰安婦問題を外交問題化しない」ことであり、それゆえに外交的に大きなアクションを起こさないこと自体が重要だったからである。

そしてこれは日韓両国の間に横たわる歴史認識問題の本質に関わる問題であった。本書において幾度も指摘してきたように、歴史認識問題とは過去の事実の如何に関わる問題というよりは、過去の事実に対する我々の認識に関わる問題である。だからこそ、この問題をめぐって紛争が勃発するには、イシューの発見と並んで、次の二つの要因が必要である。つまり、一つは歴史認識が異なること、そしてもう一つはその歴史認識の違いに重要性が見出されること、である。

そのことは、歴史認識問題が激化する条件が二つあることをも意味している。一つは認識の差異が明確化されること、もう一つは認識の違いに意味が与えられることである。逆に言えば、日韓両国が互いの認識の違いを明確にせず、またその違いに重要性を見出さなければ紛争が激化することはないということである。だからこそ、細川政権の選択は正解だった。細川は歴史認識問題に関わる発言を散発的に行う一方で、それを――例えば「談話」のような――まとまった形で示すことはなかったからである。だからこそ日韓両国の政府やメディアは細川の散発的に行われる歴史認識問題に関する発言を「玉虫色」に解釈することができ、両者の歴史認識の違いは明確なものにならなかった。

だが、当初から歴史認識問題の「解決」に前向きだった村山政権は、第二次世界大戦敗戦五〇周年を契機として歴史認識に関わるまとまった見解を出すことを当初から目指していた。つまり、村山政権は自ら積極的に歴史認識が重要であることをことさらに宣伝し、また自らの認識をまとまった形で示そうとしたことになる。しかしながら、今日同様、当時においても日韓両国間の歴史認識には越え難い壁があり、実際、村山政権が示した歴史認識は、韓国側が期待したものとはほど遠いものにならざるを得なかった。だからこそ、韓国政府はこれに反駁し、日本政府との間の溝は深まる結果になった。結局、村山政権の行ったのは先の二つの条件、すなわち日韓両国の歴史認識の違いを積極的に明らかにし、その重要性を印象付けるという、歴史認識問題が紛争化する二

戦後50年にあたり首相談話を発表する村山富市首相（1995年8月15日）（時事）

つの条件を、自ら満たすことに他ならなかった。だからこそ、村山自身の意図とは全く逆に、村山談話とそこに至る過程での日本政府の行為は、結果的に歴史認識問題において韓国に挑戦状を突きつけたに等しい効果しか持たなかった。

弱い政権による「談話」

そして、細川政権と村山政権の間にはもう一つ大きな違いがあった。それは細川政権下においては、首相の歴史認識に関わる発言に対して、閣僚や与党有力者が特段の反応を示さなかったのに対し、村山政権下では首相である村山の歴史認識と明らかに背馳する発言が、閣僚や与党有力者から相次いだことである。韓国側が言う所のいわゆる「妄言」の頻発である。

例えば、表5-1は八〇年代から九〇年代にかけての主な歴史認識問題に関わる「妄言」についてまとめたものである。一見して、村山政権期の状況が突出していることがわかる。そして村山政権下の「妄言」に関わる事件が突出しているのは、その回数においてのみではない。例えば、中曾根政権期や竹下政権期の「妄言」は、歴史認識問題に「一家言」ある特定の政治家によって行われており、これらの人物の閣内や与党における地位も決して高いものではなかった。だからこそ彼らの多くは「妄言」の直後に解任されることになっている。

対して村山政権下での「妄言」は、そのほとんどが連立政権の一角を占める自民党の閣僚や有力者によって為されており、彼らの政権内における地位もきわめて高いものになっている。だからこそ、彼らの発言に対する韓国政府の反応もまた、当然より激しいものにならざるを得なかった。こうして韓国政府は「妄言」事件を繰り返す村山政権の「不誠実さ」に失望し、日韓関係はさらに悪化する、

表5-1　1980年代から90年代にかけての主な「妄言」問題

	首相	発言者	地位	内容
1984/9/17	中曾根康弘	藤尾正行	自民党政調会長	教育勅語
1986/7/25	中曾根康弘	藤尾正行	文部大臣	侵略戦争
1986/9/6	中曾根康弘	藤尾正行	文部大臣	侵略戦争，韓国併合，南京事件
1988/4/22	竹下登	奥野誠亮	国土庁長官	侵略戦争
1988/5/10	竹下登	奥野誠亮	国土庁長官	侵略，靖国神社
1994/5/4	羽田孜	永野茂門	法務大臣	侵略，南京事件
1994/8/9	村山富市	島村宜伸	文部大臣	侵略戦争
1994/8/12	村山富市	桜井新	環境庁長官	侵略戦争，「よい」植民地支配
1995/10/12	村山富市	村山富市	首相	韓国併合
1994/10/24	村山富市	橋本龍太郎	通産大臣	侵略戦争
1995/6/3	村山富市	渡辺美智雄	自民党副総裁	韓国併合
1995/11/9	村山富市	江藤隆美	総務庁長官	韓国併合，「よい」植民地支配，創氏改名

出典：毎索マイサク（毎日新聞），川野徳幸「閣僚失言の政治学」『国際協力論集』（広島大学大学院国際協力研究科），Vol. 7, No. 1, 2001等より，筆者作成。

という悪循環に突入する。

それではこのような状況はどうして生まれたのだろうか。原因はきわめて単純であった。それは村山が自らは積極的に歴史認識の取り纏めを行う一方で、その認識を閣僚に共有させるために必要な政治的基盤を持たなかったからである。周知のように、一九九四年に成立した村山政権は、自民党と社会党、そして小政党さきがけの三党連立政権であり、村山は与党第二党の社会党党首にしか過ぎなかった。連立政権を構成した自社両党は冷戦期において全く異なるイデオロギーを有しており、歴史認識問題において取り上げられるような日本の「過去」に関わる認識も大きく異なっていた。

だからこそ、本来ならこの政権内部においては自社二大政党間での「歴史認識」の調整が不可欠だった。加えて厄介だったのは、ここで社会党が安全保障分野で自党の認識を自民党に近づける代わりに、歴史認識問題では自党の見解を軸に政権の公式見解を形作るのを選択したことである。このような社会党の選択には理由があった。それは村山自身が、アジア諸国との間の歴史認識問題の解決を重要視していたことである。実際、彼は後に、それが自らの「総理になった意味」であったとさえ述べており、この問題に対する村山の意気込みは大きかった。

だが問題は、連立与党第二党の委員長に過ぎなかった村山には、連立相手である自民党の政治家に自らの歴史認識を共有させる政治力がなかったことだった。同じことは政権ナンバー・ツーの地位を占めていた自民党総裁河野洋平についても言うことができた。河野の党総裁としての政治的求心力は、細川・羽田・村山政権の三度にわたって首相の座を逃したことで大きく低下しており、当時の河野は、党内はおろか自らの派閥さえ満足にまとめることができない状態にあった。そして実際、一九九五年七月の参議院議員選挙にて、野党新進党の躍進を許したことにより、河野は総裁の座を明け渡すことになる。代わって総裁の座についたのは、皮肉なことに村山政権下で主要な「妄言」を行った人物の一人、橋本龍太郎だった。

韓国併合の合法／違法問題

村山政権期において相次いだ閣僚の「妄言」。その最初の躓きの石は、この橋本龍太郎の「(アジア諸国を) 相手に侵略戦争を起こそうとしたか」は「微妙な定義上の問題だ」という発言だった。当時、通産相として閣内の要職にあった橋本は同時に代表的な自民党内「タカ派」政治家としても知られており、韓国メディアはこれに大きく注目した。韓国政府もまたこの発言を「アジア侵略を糊塗」するものと激しく非難し、日本政府はその対応に追われることとなった。

だがこの時点では状況は未だそれほど深刻ではなかった。韓国政府はその後、橋本の発言は「中国に対する侵略」と「朝鮮半島に対する植民地支配」を当然のものとして認めた前提に立つものだ、との日本政府の弁明を受け入れることとなったからである。このことは、この時点の韓国政府が未だ問題を不必要に大きくしたくない、という意思を有していたことを示している。

これに対して当時の状況において決定的な転機になったのは、一九九五年六月五日に行われた渡辺美智雄元副総理の発言だった。渡辺は「（併合は）国際的にも合法であったとするのが政府の立場だ」「併合条約は円満裏につくられた国際的条約である」と述べたのである。

重要なのは、一見同じように見える橋本と渡辺の発言に明確な違いが存在したことである。第一の違いは、橋本の発言が日本の過去についての発言の一部としてなされたものであったのに対し、渡辺のそれが独立したものだったことである。だからこそ韓国の政府や世論はこの発言を、韓国を名指しで挑発するものだと受け止めた。だがより重要だったのはもう一つの違いだった。それは渡辺が取り上げた「韓国併合の合法／違法」という問題が、韓国の国家としての正統性に大きく関わるものだったことである。例えば、今日の韓国憲法の前文には、「悠久の歴史と伝統に輝く我が大韓国民は、三・一運動により建立された大韓民国臨時政府の法統」を継承する、という一文がある。この文章が意味するのは「大韓民国」が、一八九七年に成立した「大韓帝国」から正統性を継承した存在だということである。ちなみに皇帝が絶対主権を有した大韓「帝国」が、共和国になったから大韓「民国」なのである。

ここで注目すべきは、両者の間に存在するはずの日本統治の存在が無視されていることである。この背後にあるのは、日本による植民地支配は違法であり、ゆえに法的に無効である、という理解である。つまり、日本による植民地支配は、大日本帝国と大韓帝国間の法的に有効な合意によるものではなく、日本側の軍事力により一方的に押しつけられたものである、という主張である。今日の韓国の歴史教科書等において、植民地期が「日帝強占期」、つまり、「日本により力で強制的に占領されていた時期」と表現されるのもこのような理解を前提にしている。そこでは韓国併合は法的に無効であり、その後も大韓帝国の主権が法的に存在し続けていたのだという解釈がなされ、その主権を継承したのが今の大韓民国なのだ、という説明がなされている。そしてその間には、一九一九年の三・一運動の直後に樹立された「大韓民国臨時政府」が中間的な存在として位置づけられる。つまり、朝鮮半島における国家の正統性は、大韓帝国から大韓民国臨時政府へ、そして大韓民国へと継承されたのだ、という説明である。

もちろん、このような論理は本来主として、朝鮮半島の北半に位置する朝鮮民主主義人民共和国に対し、大韓民国が自らの正統性における優位を誇示するために用いられてきたものだった。だが、韓国が自らの国家としての法的正統性を先のような論理の上に位置づけたことは、必然的に植民地支配をめぐる日韓両国の議論にも長い影を落とすことになった。なぜならこの論理によれば、日本による植民地支配は必ず違法でなければならないからである。他方、日本の側はと言えば、一貫して韓国併合は当時の国際法に照らして合法である、という公式見解を有しており、これを植民地支配に関わる様々な「補償等」をめぐる議論において譲れない一線だと見なしてきた。

だからこそ、村山政権成立以前の日韓両国はそれまで、この厄介で原理的な問題を避けるために様々な努力を行ってきた。その一つが以前に触れた、一九六五年に成立した日韓基本条約第二条における「(一九一〇年以前に日韓両国間で)締結されたすべての条約及び協定は、もはや無効である」との文言であった。この条文を、日本側は、韓国併合条約を含む過去の条約が日韓基本条約締結により無効となった、という意味で解釈し、韓国側は、併合条約を含む過去の条約はその締結当初から無効だった、という意味だと解釈した。現在ではおよそ考えられないことであるが、当時の両国ではそれぞれの政府関係者がそれぞれの国会で同じ条文に対する異なる解釈を公に提示し、にもかかわらず、その違いは両国の政府や世論において大きな問題とはならなかった。韓国併合の法的解釈をめぐる問題を回避するための努力は、八〇年代になっても続けられた。例えば、八六年に「韓国併合は合意の上に形成された」等と発言した藤尾正行文相は中曾根首相によってすぐに罷免されることになっている。

だからこそ韓国併合の合法性に関する渡辺の発言は、日韓両国政府が慎重に回避してきた「パンドラの箱」を開くこととなった。反発に直面した渡辺は、直後に「『円満に結ばれた』という『円満に』は取り消しておわびします」との声明を発表したが、韓国併合が合法である、という自らの主張そのものは撤回しなかった。そしてそれには理由があった。既に述べたように、「（韓国併合は）合法であったとするのが政府の立場」という発言は、日本政府の公式見解と一致するものだったからである。

歴史認識をめぐる努力の「崩壊」

さらに重要だったのは、この渡辺による発言がなされたタイミングだった。発言がなされた当時は、後の「村山談話」に直結する「戦後五十年国会決議文」の内容をめぐる議論が激しさを増している時期であり、渡辺の発言自身も同じ問題をめぐる自民党栃木県連内部の議論の中でなされている。そしてそこには村山内閣の歴史認識に対する自民党内の強い反発が表れていた。

実際、「戦後五十年国会決議文」の内容をめぐる連立与党内部の対立は深刻だった。当時の国会では、自民党所属の衆参議員二一〇名が「終戦五十周年国会議員連盟」を結成し、「歴史的禍根を残す決議は容認できない」として、村山政権が進める「戦後五十年国会決議文」への反対の意を強めていた。紆余曲折を経てこの問題をめぐる与党内合意がなされたのは六月七日。渡辺発言は実はこの合意のわずか二日前のことなのである。

重要なのはこの「決議文」が、このような当時の特異な政治状況の中で作られなければならなかったことだった。だからこそ、後に作られた「決議文」の内容もまた様々な欠陥をも有していた。当時の連立与党内部の力関係を反映し、内容は「玉虫色」なものとならざるを得ず、その内容は細川政権期の歴史認識よりもむしろ後退したものとなった。結果として、村山の強い意志にもかかわらず、「決議文」の発表とそれをめぐる混乱は、海外にてむしろ日本の歴史認識が「右傾化」していることの証であると理解された。実際、この「決議文」は、当時の日本の一部メディアによって激しく批判されたのみならず、アジア諸国の多くからも積極的な評価を得ることができなかった。韓国においては、国営放送KBSが「『謝罪』『不戦』の表現が削除された」ことを批判的に報じ、韓国政府もまたこの「決議文」が「韓国に対する植民地支配などに関し」「その直接的な責任を逃れようとする」ものであるとして否定的なコメントを行っている。

「アジア女性基金」の挫折

歴史認識をめぐる村山政権の混乱した状況は、従軍慰安婦問題に関わる措置にも影響を与えた。既に述べたように、日本政府は宮沢政権期からこの解決のために、何かしらの「基金」を作り、元従軍慰安婦等に対して「見舞金」等を支払うことを検討していた。この構想はやがて村山政権による民間のみの出資による基金設立構想となり、それが世論や韓国の従軍慰安婦支援団体からの批判を受けることにより、さらに政府からも直接資金を出資する「半官半民」的民間基金へと変化したことはよく知られている。いわゆる「アジア女性基金」、正式名「女性のためのアジア平和国民基金」の設立である。

そして、この「基金」の構想もまた、先の「決議文」の内容が決定したのと同じ月、つまり一九九五年六月になされている。もっとも韓国政府はその発表の直後、「当事者たちの要求がある程度、反映された、誠意ある措置」として好意的に論評しているから、少なくともこの時点の韓国政府はアジア女性基金について必ずしも否定的な理解を有していたわけではなかった。

だが周知のように、このような韓国政府の姿勢は後に大きく変化する。翌一九九六年、韓国政府は

「被害者らの納得を得られる解決を期待したい」として、アジア女性基金をめぐる問題について日本政府に公式に追加要求を行うことになった。進んで一九九七年には、進んでアジア女性基金による「見舞金」の支払いの中止を要求するに至っている。

ここで注意すべきは、このような従軍慰安婦問題をめぐる韓国政府の態度変化が、政権交代や政権内の要人交替等、韓国内の政情の変化によってもたらされたのではなかったことである。この時期は一貫して金泳三が大統領を務めた時期であり、その外相もまた韓国きっての「知日派」外交官として知られた孔魯明《コン・ノミョン》であったからである。

ではアジア女性基金に対する韓国政府の態度変更は何が原因だったのだろうか。この点において、韓国内の従軍慰安婦支援団体の活動と並んで重要だったのは、当時の韓国政府が日本政府への信頼を急速に失っていったことだった。皮肉なことに、このような事態をもたらした最大の要因は、首相である村山自身の発言だった。すなわち、一九九五年一〇月五日に参議院本会議にて行われた、「韓国併合条約は当時の国際関係等の歴史的事情の中で法的に有効に締結され、実施された」という発言である。既に述べたように、韓国併合の合法・違法に関わる問題は韓国政府にとって、自らの国家としての正統性に直接関わる問題であり、絶対に譲ることのできない問題だった。だからこそ、韓国政府や世論はこの村山の発言に激しく反発することとなる。

にもかかわらず、当時の日本政府や世論はこの問題の重要性をよく理解していなかった。日本のメディアの多くはこの発言を即日報道せず、これが取り上げられるようになったのは、後日に行われた北朝鮮からの抗議がきっかけであった。この報道がなされた後にさえ村山は「議事録を読めば真意がわかる」と答えているから、彼が自らの発言が韓国においてどれほど大きな反発を招くかを、予測できていなかったことは明らかだった。

だが韓国側の反発は激しかった。ソウル市内では、村山に見たてた人形が「火あぶり」にされ、大規模な反日デモが勃発した。だが、最も重要だったのは、村山の発言に激高した韓国人の一人が、他ならぬ金泳三大統領だったことであった。村山の発言が公になった直後、金泳三は「日本が歴史を歪曲する発言を繰り返している」とこれを非難し、併せて本来なら関係ないはずの村山政権の対北朝鮮政策までを取り上げて、「(日本は) 統一を妨害している」と不満をぶちまけた。日本社会党と金泳三は一九八〇年代以来、長い交流関係を有しており、その関係は元来良好だったはずだから、このような金泳三の一連の発言から、いかにこの時の村山発言が金泳三個人に与えたインパクトが大きかったかが分かる。以後、金泳三の日本に対する信頼は回復されることはなく、その姿勢は彼が政権を降りる時まで変わることはなかった。先に紹介した「悪い癖を叩き直してやる」という金泳三のス

ソウルの日本大使館前の「水曜デモ」
(2002 年 3 月 13 日)(時事)
「水曜デモ」はこの日，500 回目を迎えた。

ラングまじりの発言は、まさに村山発言の直後に行われた中韓首脳会談にて飛び出したものである。

ともあれ、こうして歴史認識問題をめぐる村山政権の試行錯誤は、その意図とは正反対に、日韓関係を大きく傷つけていくこととなった。金泳三政権が協力の意思を失ったことにより、アジア女性基金は漂流し、そこに至るまでの多くの人々の貴重な努力は取り返しのつかない大きな打撃を受けた。加えて日本側出資の財団による「見舞金」という名の実質的な補償の提供という、貴重な外交的カードを浪費したことで、従軍慰安婦をめぐる問題はさらに混迷を深めてゆくことになった。

第六章　「失われた二〇年」の中の歴史認識問題

1　変化する日本社会

さて、先の章の話をまとめてみよう。本書では、まず日韓両国間における歴史認識問題が一九八〇年代以降に急速に悪化したことを指摘し、前章では、この原因を探るために、歴史教科書問題と並ぶ典型的な「八〇年代以降に悪化した歴史認識問題のイシュー」の一つである従軍慰安婦問題の展開過程を明らかにしてきた。そこにおいて明らかになったのは、大まかに言って次のようなことだった。

従軍慰安婦問題の展開から見えてくること

第一に、一九七〇年代以前には韓国社会から注目を浴びなかった従軍慰安婦問題が、八〇年代に入りにわかに注目されるようになった背景には、韓国における女性問題運動家達の動きがあった。民主化運動の高まりの中、自らの活動の再編成を迫られていた彼女等は、当時活発であった「キーセン観光」、つまりは日本人をはじめとする外国人男性による韓国人女性を対象とする「買春観光」に着目し、これへの批判運動を展開した。そして従軍慰安婦問題は、この「キーセン観光」反対運動との関係で、

「外国人により韓国人女性の人権が踏みにじられた先行事例」としての意味合いを与えられ、急速に脚光を浴びることになった。

ここで注目すべきは、従軍慰安婦問題の「再発見」が日韓関係の中からのみではなく、韓国の国内的文脈の中においてもなされていったこと、そしてその過程でそれまでは歴史認識問題と関連を持たなかった社会勢力が、大きな役割を果たすようになっていったことである。これにより韓国における歴史認識問題をめぐる運動は、新しい論理と勢力を与えられ、大きく活性化することになった。

第二に、にもかかわらず、従軍慰安婦問題をめぐる状況は、その時点、あるいはそれまでの異なる歴史認識問題をめぐる状況によっても大きく影響されていた。その最大の現れは、一九九〇年代初頭の従軍慰安婦問題をめぐる議論が、動員過程の強制性を焦点になされたことだった。背景にあったのは、従軍慰安婦問題が日韓間の歴史認識問題における最重要イシューになる直前の時期の最大の争点が、総力戦期の労働者動員の強制性をめぐるものだったことであった。だからこそ、従軍慰安婦問題もまた、当初はメディア等によって「強制連行問題の一つ」という位置づけをなされていた。従軍慰安婦問題に関わる運動団体もまた、他のイシューに関わる運動から、運動の戦略や論理の多くを学んでおり、当然のことながら、他の問題の展開過程から受けた影響は大きかった。

ここで重要なのは、だからこそ従軍慰安婦問題に関わる運動もまた、後に時代環境や歴史認識問題をめぐる状況が変われば、変化したと言うことである。例えば、河野談話から二〇年以上を経た今日、元従軍慰安婦支援団体の運動の眼目は、動員過程の強制性よりも、従軍慰安婦をめぐる全体的な人権状況の劣悪さに移りつつある。その背後にあるのは、従軍慰安婦関係のみならず、多くの「強制連行」関係の日本国内での訴訟が敗訴に終わったことであったろう。この経験により、彼女らは自らの主張をより効率的にアピールできる慰安所等の人権状況方向へと運動の中心を移し始めたわけである。従軍慰安婦関連の運動が女性運動の一環として始められた以上、その重心が次第に「女性の人権状況」へ移っていったのは、むしろ自然な流れだった。

第三に、このようにして「再発見」されていった従軍慰安婦問題が、日韓両国間の歴史認識問題の重要イシューへと浮上する過程においては、日本政府の混乱した対応が大きな役割を果たしていた。典型的な例は宮沢政権と村山政権の対応だった。宮沢政権は、政府の「関与」は存在しなかった、という当初の明らかに過剰な言明から出発し、これが一部メディアや研究者による調査で誤りであることが公にされると、今度は十分な歴史的事実の究明を待たないままに「反省」の意を繰り返した。このような宮沢政権の混乱した対応は、政権担当者等の意図とは別に、状況を大きく混乱させることになった。

村山政権においては、第二次世界大戦敗戦五〇周年に際して歴史認識問題に対する公式見解を明らかにしようとする試みが、逆に日本政府内における様々な歴史認識問題に関わる様々な発言を生み、その発言の一部が、韓国側によって「妄言」と見なされることにより、日韓関係が大きく悪化する、という流れを辿っていった。結果として韓国政府の日本政府に対する信頼は決定的に失われ、このような中で打ち出された村山談話やアジア女性基金構想は、韓国政府からの支持を失うことになった。

こうして日本政府はこの歴史認識問題解決のための貴重な政治的カードの幾つかを失うことになったのである。

第四に、日本政府の混乱した対応の背景には、日韓両国政府やそれを支える両国の統治エリートが、社会や世論等へのグリップを失っていたことがあった。その意味は、例えば一九八〇年代における教科書問題の展開を九〇年代の従軍慰安婦問題と比較すれば明らかであろう。例えば八六年に勃発した『新編日本史』をめぐる問題においては、本来は保守的な性向を有していた中曾根政権が、いったん検定を終えた教科書に再度の修正を求めるという前例のない対応を行った。そしてこの日本政府の行動を、当時の韓国政府は好意的に受け止め、状況がこれ以上エスカレートしないよう努力を共に払うこととなっている。

しかし、一九九〇年代前半の従軍慰安婦問題においては、このような日韓両国政府の協働関係はもはや存在しなかった。盧泰愚政権は問題の激化とともに、請求権に関わる問題は日韓基本条約により解決済みである、という従来の立場を一変させ、従軍慰安婦問題に対する「適切な補償などの措置」を要求した。金泳三政権は、この問題における「物理的な補償」こそ要求しなかったものの、日本側からの歴史認識問題に関わる「妄言」が頻発し、結果として、日韓関係が大きく損われると、日本側が提案したアジア女性基金構想等への積極的な協力を放棄することになった。

そしてこのような変化は、韓国の民主化がもたらした必然的な結果でもあった。民主化以降の韓国政府は常に世論との緊張関係に置かれており、ゆえに従軍慰安婦問題への対処においてもまた、これらの世論を考慮して行わざるを得なかったからである。そのことは大統領の任期が残り少なくなり、レイムダック現象が露わになる各政権の末期においては特に顕著だった。だからこそ本来なら日本政府は、このような韓国政治の変化を織り込んでこの問題への対処を考えなければならなかった。だが、日本政府は一九八〇年代と同様、韓国政府の共助を前提に政策決定を行い、これが韓国政府の不共助により裏切られるという事態が繰り返された。そしてこのような事態が繰り返された理由もまた明確だった。民主化以降の韓国歴代大統領のレイムダック化は、大統領の任期を一期五年に限る韓国の憲法体制上、相当な確率で引き起こされるものである。にもかかわらず、韓国の民主化から一〇年も経っていないこの時期の日本政府やメディアはまだこのような韓国憲法が持つ制度的問題を十分認識出来ずにおり、支持率の高低を大統領個人の政策等によって単純に説明できるものと考えていたからである。ともあれこうして従軍慰安婦問題を大きな一つの契機として、歴史認識問題をめぐる日韓関係は、九〇年代半ばにはデッドロック状態に直面した。

新しい教科書をつくる会

そしてこのような一九九〇年代前半の歴史認識問題をめぐる状況は、日本社会において、新たなるそして後の歴史認識問題の展開に大きな影響をもたらす一つの変化を生み出していった。ここまで述べてきたことからも明らかなように、この時期までの歴史認識問題をめぐる状況は、主として韓国側から問題提起が行われ、これに日本側が対応する、という共通した展開過程を辿ってきた。そして、この背後には、韓国側の動きをサポートしようとする、リベラルな——韓国側の用語を用いれば「良心的な」——日本側の人々の働きかけもまた存在した。だが、これとは逆に、韓国の動きに反発・対抗しようとする日本側の動きは、先の『新編日本史』の事例のような散発的なものがあったに過ぎず、その動きが有した影響力もきわめて限られたものに過ぎなかった。

しかしながら、日韓両国間における歴史認識問題の激化は、必然的に日本国内における歴史認識問題への関心を高めさせることになった。その結果、一九九〇年代後半に入ると、韓国をはじめとする周辺諸国の動きに積極的に対抗しようとする新たな動きが生まれることとなる。言うまでもなくその代表的な例が、九七年に正式に設立された「新しい教科書をつくる会」（以下、「つくる会」）の運動に他ならなかった。

一九九〇年代後半の日本社会におけるこのような状況の持つ意味合いは、例えば一見類似して見える八六年における『新編日本史』をめぐる状況と、「つくる会」をめぐる状況を比較すれば明らかであった。本書でも既に述べたように、『新編日本史』をめぐる状況をリードしたのは、八一年に設立された「日本を守る国民会議」であった。「日本を守る国民会議」の前身は、七八年に設立された「元号法制化実現国民会議」であり、その呼びかけ人を務めたのは、元最高裁判所長官の石田和外《かずと》という人物だった。「元号法」をめぐる当時の政治状況からも明らかなように、この「日本を守る国民会議」をめぐる運動は、当時の政権与党であった自民党、とりわけそこにおける「タカ派」的な人々の動きと密接に連動していた。だからこそ、その幹部のリストにも、運動に賛同する大企業経営者や自民党政権を支える圧力団体の幹部等がずらりとその名を連ねていた。言い換えるなら「日本を守る国民会議」とは、自民党政権やその右翼に位置する統治エリートやそれと密接な関係を持つ人々によって作られたエリート団体であったのである。だからこそ『新編日本史』をめぐる状況においては、当時の日本政府が自らと同じエリート層に位置する人々の動きを統制することが比較的容易であった。

これに対して「つくる会」は、その成り立ちからして「日本を守る国民会議」とは対照的な性格を有していた。よく知られているように、「つくる会」は、藤岡信勝による「自由主義史観」の提唱に刺激を受けた西尾幹二らによって結成された団体であり、創立記者会見が一九九六年一二月、正式な設立総会が翌九七年一月に行われている。ちなみにこの「つくる会」の最初の本格的な活動が、未だ会の設立総会が開かれる以前の九六年一二月に行われた文部省に対する教科書からの従軍慰安婦関連記述の削除を求めるものであったことは興味深い。そのことはこれらの人々の動きが九〇年代前半における従軍慰安婦問題の展開過程の延長線上にあることを、典型的に示している。

「つくる会」設立当時の呼びかけ人は、初代会長に就任する西尾幹二に加えて、阿川佐和子、小林よしのり、坂本多加雄、高橋史朗、林真理子、深田祐介、藤岡信勝、山本夏彦の八名。その最大の特徴は、「国民会議」では重要な役職を占めていた、大企業経営者や有力圧力団体幹部らの名がここに一切見えないことである。設立当初、この団体の事実上のスポークスマンを務めた人物が漫画家の小林よしのりであったことにも現れているように、「つくる会」は運動のアピール方法においても、従来の保守系団体とは明確な一線を画していた。一九九二年以来、『ゴーマニズム宣言』という「思想漫画」を連載し、独自の発信力を培ってきた小林の存在は、初期の「つくる会」の活動において決定的と言ってよいほどの重要性を占めていた。

もちろん、「つくる会」においても、「日本を守る国民会議」と同様に、大企業経営者や有力圧力団体幹部等は「賛同者」として名を連ねていた。しかし、これら大企業経営者や有力圧力団体幹部等が、「つくる会」の活動において果たした役割はきわめて限定されたものだった。事実、設立当時の会長や副会長、さらには理事等に名を連ねたのは、西尾をはじめとする研究者や濤川栄太のような作家たちであり、財界人としては、わずかに監事に東洋レーヨン相談役の古賀正が名を連ねたのが目を引く程度であった。後に会長や理事のポストをめぐって激しい主導権争いが展開されたことにも表れているように、この会を実質的に主導したのは、これら会長や理事の職を占めた人々であり、賛同者として名を連ねた人々の影響力は決して大きなものとは言えなかった。

それでは、一九九〇年代後半の日本社会では、どうしてこのようなこれまでとは性格を異にする運動が生まれることとなったのだろうか。そして、その運動は日韓間の歴史認識問題の展開にどのような影響を与えていったのだろうか。

教科書記述の変化

「つくる会」の出現は、幾つかの意味でそれまでの日韓間の「歴史認識問題」をめぐる状況が、この時期大きく変化しつつあったことを示していた。その第一は、歴史教科書そのものをめぐる状況だった。幾度か述べてきたように、一般的な理解とは異なり、日本の歴史教科書はこの時期急速にリベラルな色彩を強めていた。この中で、日韓間の近代に関する記述もまた、教科書の別を問わず大きく増加し、その水準は一九六〇年代や七〇年代とは比べものにならないものになっていた。

背景には深刻さを増しつつあった日本の歴史教科書をめぐる紛争があった。ここで一つ重要だったのは、一九八二年に作られた「近隣諸国条項」の存在だった。もっともそれは教科書検定の現場にて、この条項が頻繁に適用された、ということを意味しない。『読売新聞』によれば、近隣諸国条項が初めて検定の現場において適用されたのは一九九一年のことである。その後、九二年、九三年の検定でもこの条項は適用されたものの、その後の適用を確認することはできない、とされている。つまりこの新聞が言うように、近隣諸国条項が教科書検定の現場で「直接適用されたのは」「わずかなケースに限られ」たのである。

だがそのことは、この条項の存在が、各出版社の行う教科書編集過程に影響を与えなかったことを意味しなかった。例えば、「つくる会」が出発してからしばらく経った一九九八年、当時の主任教科書調査官がある月刊誌の座談会で、「日本は侵略戦争して悪かったと書いていないとまずいんです。そういうがんじがらめの体制になっていますから」と述べて更迭される事件が起こっている。メカニズムがどうであったかはともかくとしても、「近隣諸国条項が存在する状況」が、この時期の教科書編集に間接にではあったにせよ、一定以上の影響を与えていたことはやはり否定できない事実であった。

しかし、このような状況は「つくる会」が発足した頃から変化していった。このような変化において大きな役割を果たしたのは、やはり従軍慰安婦問題に関わる議論だった。背後にあったのは、この問題に関する歴史教科書における記述の増加だった。例えば従軍慰安婦問題が本格化した一九九二年の段階において、当時発行されていた日本の高校日本史教科書で関連する記述を有していたのは、二〇冊の教科書の中のわずか一冊に過ぎなかった。しかし、河野談話が出される直前に行われた九三年七月の検定では合格した高校日本史九冊の全てに従軍慰安婦に関わる記述が登場した。この流れは以後も、紆余曲折を経ながらも続くこととなり、九六年の検定では中学校用社会科教科書においても、やはりその全てに従軍慰安婦に関わる記述が登場することとなっている。

そしてまさにこのタイミングで登場したのが、後に西尾幹二と並ぶ「つくる会」の創始者の一人となる藤岡信勝によって主導される「自由主義史観」研究会に他ならなかった。ここで注目すべきは、藤岡が歴史学者ではなく教育学者だった、ということである。そして教育学者であったからこそ、藤岡の批判は当初から、歴史的事実の如何ではなく、日本の歴史教育のあり方に直截的に向けられていた。彼らがとりわけ強調したのは日本の歴史教育が「明治維新以後の日本を否定的にとらえるマルクス主義史観と『東京裁判史観』に支配されてきた」ことであり、だからこそ彼らの運動はこのような「悪しき状況」を打破することに主眼を置いていた。これこそ彼らがこの後に展開することになる、いわゆる「自虐史観」批判の骨格となる主張である。そして藤岡はこの「自虐史観」の象徴的な表れとして、当時の教科書に広まりつつあった従軍慰安婦問題に関わる記述を取り挙げた。そして、彼らはここから従軍慰安婦に関する記述の「教科書からの削除を求める国民運動」を展開することになるのである。

既に述べたように、この藤岡らの動きは、やがてもう一人の「つくる会」の生みの親である西尾幹二の賛同を得て「つくる会」へと結実した。だからこそ当初の「つくる会」の運動においても、従軍慰安婦問題に関する活動は中心的な位置を占めることになった。そして実際、彼らの運動は、「つくる会」の正式結成以前から大きな社会的反響を呼んでいた。例えば、政界においては一九九六年九月、自民党内の「『明るい日本』国会議員連盟」が従軍慰安婦関連の記述削除を求める決議を行ったことを皮切りに、一二月には当時自民党と並ぶ二大政党の一つだった新進党においても、「正しい歴史を伝える国会議員連盟」が「記述内容の訂正を求めて行動する」決議を行っている。このような政界における動きはすぐに中央から地方へと波及した。同じ一九九六年一二月に行われた岡山県議会による記述削除を求める決議の採択をきっかけに、全国の多くの地方議会では同様の決議採択を求める陳情と、逆にこれに対抗してその陳情の却下を求める陳情が盛んに行われた。運動が広がりを見せる中、藤岡や西尾の発言はメディアでも大きな注目を浴びることになった。こうして従軍慰安婦問題は「つくる会」運動の言わば起爆剤としての役割を果たすこととなった。

このような従軍慰安婦問題をめぐる状況は、教科書の記述にもすぐに影響を与えることになった。二〇〇〇年の教科書検定では合格した中学歴史教科書七冊のうち四冊で従軍慰安婦に関わる記述が早くも姿を消した。進んで二〇〇四年の検定に合格した同様の教科書では「慰安婦」という記述は完全に姿を消し、一社の教科書が「慰安所」という記述を残すだけになった――もっとも、それ以後も高校日本史教科書には従軍慰安婦に関する記述が存在したことは指摘しておくべきかもしれないが。

いずれにせよ、こうして一九八〇年代から九〇年代中盤にかけては決して「右傾化」していなかった日本の教科書の記述は、この時期に実際にその一部が「右傾化」を始めることになった。このような中、二〇〇一年には「つくる会」自身が編集した中学校用の歴史教科書が検定にかけられた。検定過程では、近現代史部分を中心として一三七カ所に及ぶ修正意見――この中には韓国併合の合法性や南京虐殺に関わる意見も含まれている――が付けられたものの、「つくる会」側がこの全ての修正を受け入れたことで、教科書はどうにか検定を通過することになった。むしろ注目すべきことは、これらの修正意見の中に近隣諸国条項を根拠としたものがなかったことかもしれない。この年の検定において日本政府は、事前にわざわざ「対外的な配慮からの政治介入はしない方針」を公にしており、近隣条項の適用は政治的に困難になっていた。こうして一時期は大きな存在感を見せた近隣条項は、この時期以降急速に影響力を失っていくことになった。

遅れてきた「冷戦終焉」

もっとも周知のようにそのことは、「つくる会」の教科書が直ちに教育現場にて広く用いられたことを意味しなかった。二〇〇一年の検定に合格したこの教科書の採択率は、私立を含めて〇・一％弱。「つくる会」は、二〇〇四年には採択率向上を狙って「主張を和らげ」た改訂版を作ったものの、やはりその採択率は〇・四％というきわめて低い水準に留まった。

その後「つくる会」では活動方針や理事間の個人的見解の差異をめぐる対立が頻発し、会は事実上の分裂状態に直面した。結果、二〇一四年現在、創設時の理事のうち、未だ「つくる会」に留まっているのは藤岡信勝ただ一人という状況になっている。それ以外のかつての理事や歴代会長は運動から退くか、あるいは「つくる会」から分かれて新たに作られた「日本教育再生機構」に移って活動を続けている。この「再生機構」は、「本家」である「つくる会」と並行して教科書発行も行っている。採択率は、二〇一一年現在で「つくる会」版の教科書が〇・〇二%であるに対し、「再生機構」版の教科書は三・七%になっている。つまり教科書市場においては、「本家」を「分家」が上回る形である。

とはいえ、その後の「つくる会」の混乱は、彼らの活動が一時的な「徒花《あだばな》」であったことを意味しなかった。なぜなら、「つくる会」によってなされた主張は、その後の日本人の歴史認識に大きな影響を与えていったからである。そしてその背後には、この時期の日本社会の大きな変化があった。

教科書採択結果を受けて会見する「つくる会」の西尾幹二会長ら（2001年8月16日）（時事）
左より，小林よしのり，田中英道，西尾，藤岡信勝，中島修二，高森明勅の各氏。

ここで重要だったのは、冷戦終焉が日本社会にもたらした影響である。なぜなら一九九〇年代初頭における冷戦の終焉は、日本においてもそれまである程度自明の存在であった「左右」の対立軸を打ち壊したからである。かつて共産党員だった藤岡が自らの思想的転機を九一年の湾岸戦争に置いていることに典型的に表れていたように、冷戦終焉が「左」側のイデオロギーの保持者たちに多大な影響を与えたことは我々にも理解しやすい。「つくる会」が活動を開始した時期は、冷戦下の二大政党の一つであった社民党（一九九六年に社会党から改称）が小政党へと転落していく時期にも当たっている。そしてその衰退はかつての「進歩派」知識人の発言力の衰退と裏腹な関係にあったのである。

だがより重要だったのは、冷戦終焉が「保守派」にもまた大きな影響を与えたことだった。そのことは「つくる会」初期の幹部の多くが自民党に近い「親米保守」的な思想よりも、「反米保守」的な思想と強い親和性を有していたことによく表れている。すなわち、冷戦終焉は保守陣営内部においても、かつては安全保障上絶対的な存在であったアメリカとの協力関係に対して疑念の目を向けることを可能とし、結果、それまで「親米保守」のヘゲモニーの下、保守陣営における傍流的な地位に甘んじていた「反米保守」勢力にこれまで以上の活動の機会を与えることとなったわけである。

エリート批判の登場

このような「つくる会」のあり方は、「左」側から転向してきた藤岡と、「右」側において傍流に属した西尾の合作として作られた、というこの会の形成過程によく現れていた。そして、そのことはこの運動が単なる、両軸から分かれた勢力による「野合」だったことを意味しなかった。なぜなら、この両者には明確な合意点が存在したからである。「つくる会」に一度は集った――そしてすぐに分かれることとなる――人々の合意点。それは、彼らが第二次世界大戦後の日本の体制、すなわち、「戦後レジーム」を否定的に理解していたことであった。彼らはそれまで論壇にて大きな影響力を有してきた保守進歩双方の主流勢力を、「戦後レジーム」を作り上げてきた共犯者であり、打倒されるべき「古い腐敗したエリート」と見なしていた。その意味で、「左」側から分かれた藤岡がかつて自らの所属した共産党を激しく批判し、反米保守の立場に立つ西尾が時に「親米保守」路線論者に厳しく対峙したことは示唆的であった。彼らはこれにより、かつて左右双方の「古いエリート」に対して「批判者」としての立場を取ることが出来たからである。

そして、この「古いエリート」への明瞭な対決姿勢こそがまた、この時期、彼らの活動が脚光を浴びた理由の一つであった。背景には、もう一つの特殊な時代的状況があった。すなわち、一九九〇年代に始まる日本の長期経済的低迷である。「つくる会」の活動はまさにこの最中に行われており、またその活動が絶頂に達した九七年から九八年は、アジア通貨危機の影響を受け、「失われた二〇年」の中でも日本の経済状況が最も深刻な危機に直面した時期に当たっていた。長期にわたる経済低迷は、それまでの日本社会をリードしてきた統治エリート、とりわけその中核を占めると目された官僚に対する不信感を増大させた。そしてその不信感こそが、二一世紀に入ると小泉純一郎という「稀代のポピュリスト」による「上からの構造改革」をもたらすことはよく知られている。

だからこそいったんはスポットライトを浴びた彼らの主張は、統治エリート自らが「戦後レジーム」に対する「改革者」としてふるまうようになると、その魅力を失っていくこととなるのである。

2 ナショナル・ポピュリズムの時代

グローバル化の国内的影響

幾度も述べているように、日韓の歴史認識問題は単なる両国の「過去」における事実にのみ左右されているのではない。それは「過去」の事実以上に、それぞれの時代を生きる「現在」の人々の問題であり、だからこそそこにはそれぞれの時代における様々な要素が影響を与えることになる。

では、今日の日韓関係において、最も大きな影響を与えているものは何か。その答えの一つは「グローバル化」である。一九九〇年代以降、急速に進行したグローバル化は、日韓両国にも様々な影響を与えている。その一つが、経済関係の多様化であり、結果としての日韓両国にとっての互いの重要性の低下であることについては、本書でも既に述べた通りである。

しかし、グローバル化の影響はそれだけに留まらない。グローバル化は日韓両国間の関係に直接影響を与えるだけでなく、日韓両国内部における、政治、経済、あるいは社会的状況を変化させることにより、間接的にも影響を与えているからである。そしてその要因の一つが、それまで日韓両国において経済成長をリードしたと信じられてきた、既存エリートの信頼喪失であり、それに伴う日韓両国の政治状況の変化であった。

経済的低迷と失われたエリートの威信

このような日韓両国における既存エリートの信頼喪失を考える上で重要だったのは、第二次世界大戦後長期にわたった両国の高度成長の記憶だった。日韓両国の経済成長において国家がいかなる役割を果たしたかについては、一九八〇年代以来、多様な議論が行われてきた。そこでは、経済成長における「司令塔」としての国家の役割を重視するものから、その役割をほとんど評価しないものに至るまで様々な議論が存在する。もちろん、政治経済学の門外漢である筆者がこれら既存の議論を評価することは不可能であり、また本書においてそれは必要もない。ここで重要なのは、日韓両国において、その客観的状況がどうだったかとは離れて、経済成長の過程で統治エリートが重要な役割を果たしたと「信じられてきた」ことである。

見落とされてはならないのは、歴史認識問題や領土問題においては対立する日韓両国が、国内、とりわけ政治、経済、あるいは社会的構造の面では一定の範囲ではあったにせよ類似性を有していたことであった。すなわち、ある段階までの両国には、ともにそれぞれ東京大学やソウル大学等の有力大学を頂点とするピラミッド型の教育制度によって生み出される典型的な「学歴エリート」が存在し、この「学歴エリート」が高級官僚や政治家、あるいは大企業の経営者になる形で国家や社会が運営される形がとられてきた。それはすなわち、万人が等しく認める「良き大学」があり、「良き就職先」がある時代だった。言い換えるなら、そこにおいては現在ほど「自分にあった大学」「自分に相応しい職場」は重視されず、万人が同じ「出世」への階段を上がることが、未だ当然視されていた。

だからこそこの時代においてエリートは無前提に価値ある存在であり、多くの人々がこのエリートの優秀性を素直に認めていた。そして実際この時代、これら既存のエリートに率いられた両国の社会は高いパフォーマンスを発揮しているように見えた。経済成長率は高く、所得分配も他国と比べると平等な部類に属している、と信じられていた。だからこそ、エリート達は自らの成功を誇り、人々もまた彼らの言うことを相当程度まで信じることが出来た。

だがこの状況は一九九〇年代に入ると一変した。なぜなら、それまでエリート達への信頼を支える最大の根拠であった、良好な経済的状況が失われることになったからである。周知のように日本では九〇年代初頭にバブル景気が終焉し、当初は一過性のものと見なされた不景気が長期化した。政府による経済政策は効果を上げず、結果、各銀行が抱える不良債権は大きく膨らんだ。一九九五年頃になると中小銀行の破綻が見られるようになり、日本経済の危機は次第に深刻化していった。この過程で人々は、長引く不景気への処方箋を見出せない既存のエリートへの信頼を大きく失っていくことになった。

同様のことは韓国についても言うことができた。大きなアップダウンを繰り返しながらも、高度経済成長を維持してきた韓国経済は、一九九五年を頂点として急速に下降線を辿ることとなり、九七年初頭には一部中小財閥の破綻が始まった。とはいえ、韓国においてより深刻だったのは、国内的経済危機が、九七年七月に始まるアジア通貨危機と結びついたことだった。貿易赤字構造から脱却できず、海外からの短期金融に多くを依存していた当時の韓国に対する国際市場の信頼は、金泳三政権による財閥処理の不透明性によりさらに大きく損なわれた。結果として外資が急速に流出することで、九七年末、韓国は遂にデフォルト直前の状態へと追い込まれた。窮地に陥った韓国政府はＩＭＦの救済金融を申請し、屈辱的な構造調整を強いられることになった。

既に述べたように韓国を襲ったアジア通貨危機は、橋本内閣下の緊縮金融政策とも相まって、日本にも深刻な影響を与えることになった。金融市場は逼迫し、一九九八年には、日本長期信用銀行、日本債権信用銀行、そして北海道拓殖銀行が相次いで破綻することとなった。

こうしてこの時期の両国は、世界経済のグローバル化の渦に飲み込まれていった。そしてそのことは、一面ではグローバル化が進む世界の中では、日韓両国がそれまで行ってきたような、「護送船団方式」での経済運営が機能しないことを意味していた。とはいえこれにより、日韓両国のエリート全てが等しく信頼を失ったわけではなかったことも注意しなければならなかった。なぜなら、この状況における信頼の喪失は日韓両国の政治的エリート、より具体的には官僚と政治家に集中的に表れた現象だったからである。二〇〇〇年に行われたある調査によれば、日本国内の「改革すべき機関」として、当時不祥事を重ねていた警察と並んで、官僚と国会の名が挙げられている。同様の傾向は韓国においてはより顕著だった。アジア通貨危機から一年後の一九九八年の東亜日報による調査では、「改革すべき対象」として半数近くの人が「政治・行政」を選んでいる。興味深いのは、本来であれば同様に責任を追及されてもおかしくないように見える金融機関等の経済的エリートに対する批判の声は相対的に小さかったことである。そのことは日韓両国の国民が、当時の困難な経済的状況は、経済的エリートの失策によってではなく、政治的エリートの誤った政策運営によりもたらされた、と考えていたことを示していた。

「ポピュリスト」の登場

だからこそ、一九九〇年代末から二一世紀初頭の日韓両国では政治・行政改革の必要が強く叫ばれることになった。だが、ここには大きなディレンマが一つ存在した。それは両国における政治的エリートの威信失墜が官僚のみならず、改革実行の責を負わされた政治家自身にも及んでいたことである。国民からの信頼を失った政治的エリートが、どうすれば「既得権者」による大きな抵抗が予想される政治・行政改革に取り組むことが出来るのか。二一世紀初頭の日韓両国の政治的リーダーは大きな困難に直面していた。

ここで日韓両国の政治的エリートは――意図的かそうでなかったかはともかくとして――同じ選択を行った。つまり、彼らは共に「既存の政治的エリートとはスタイルを異にし、所属政党とは無関係の独自の個人的人気を有する政治家を自らのリーダーとして起用する」ことになったのである。言うまでもなく、この結果として登場するのが、小泉純一郎と盧武鉉という、二一世紀初頭の日韓両国の政治的リーダーだ、ということになる。

この背後には次のような状況があった。政治的エリートへの信頼喪失はより具体的な政治現象としては、与野党を問わない全般的な政党支持率の低迷と、無党派層の増加として表れた。結果、各政党は政党自身の支持率のみで安定して政権を維持することが困難になり、何らかの方法でその支持率を上乗せする必要に迫られた。そしてここで多くの政党は自らへの支持を上乗せする「個人的人気を有する政治的指導者」を起用することにより、選挙での勝利を図ることを選択した、というわけである。言い換えるなら、政党自身の支持率が低下したこの時期において、「個人的人気を有する政治的指導者」を起用するのは、各政党にとって合理的な選択であり、また、選挙での勝利を考えるならある程度必然のことでさえあったのである。

そして実際、一見異なる方向を向いているかに見えた小泉と盧武鉉は実際には多くの共通点を有していた。第一に彼らは強い政治・行政改革志向を持ち、また自らの主張する改革の必要性を「グローバル化する世界への対応」により正当化した。第二に彼らは、テレビ等の既存メディアはもちろん、当時はまだ目新しかったメールマガジンやインターネット上の掲示板等を駆使して、大衆に直接語りかける政治スタイルを選択した。彼らが用いた言語は先立つ政治指導者たちと比べれば遥かに平易なものであり、自らのメッセージを効率的に伝えるためには時に感情的な表現を用いることさえ厭わなかった。

第三に彼らは自らを既存の政治的エリートと異なる存在と位置づけ、「古い政治的エリート」と見なした人々を容赦なく切り捨てていった。小泉が二〇〇五年のいわゆる「郵政選挙」において自らの改革に反対する党内の「抵抗勢力」を排除したように、盧武鉉もまた、大統領選挙時に自らを支えた民主党を飛び出して、新党「開かれたウリ党」を結党した。だが第四に、既成政治のアウトサイダーを演じた彼らは、実際には既成政治の中で成長した「与党」政治家に他ならなかった。政治家の家系に生まれ、総裁派閥であった森派の会長を務めた小泉はもちろん、盧武鉉もまた金大中政権下で閣僚を務めた人物であり、またある段階までの彼の経歴の背後には郷里慶尚南道で大きな力を振るった金泳三の姿が存在した。

ナショナリストになったポピュリスト

そして周知のように、この小泉・盧武鉉政権期に日韓の歴史認識問題をめぐる状況は大きく悪化した。二〇〇一年、首相に就任した小泉が靖国神社への公式参拝を公約したことや、同じ年に「つくる会」の教科書が検定を通過したことに始まるこの時期の歴史認識をめぐる両国間の紛争は、やがて二〇〇五年、島根県がいわゆる「竹島の日」条例を可決したことにより、国交正常化以後の両国がこれまで経験したことのない水準にまで悪化した。そして事態は、二〇〇六年四月には竹島近海に派遣された海上保安庁の測量船に対し、盧武鉉が「韓国の領海内に侵入した場合は警備艦と衝突させ、撃沈せよ」と命令するまでに至ることとなる。

とはいえそのことは、小泉や盧武鉉が政権獲得の当初から頑迷でナショナリスティックな姿勢を取って来たことを意味しなかった。小泉の靖国参拝公約は多分に、自民党総裁選における最大のライバルであった橋本龍太郎が日本遺族会元会長だったことを意識したものであり、また、既に述べたように「つくる会」の検定通過も一面では「つくる会」側が、文科省側の検定意見を「丸呑み」した結果にしか過ぎなかった。同様のことは盧武鉉についても言うことができた。盧武鉉は大統領就任直後の二〇〇三年六月、当時の麻生太郎外相による「創氏改名は韓国人が望んだもの」という発言が行われる中、世論の反対を抑えて初来日を強行し、自らの政権下においては「歴史認識問題を争点化しない」ことを宣言した。実際、盧武鉉が大統領に就任した二〇〇三年からしばらくの間日韓関係はきわめて良好な状態だった。二〇〇四年の首脳会談においても盧武鉉は再び「(自らの)任期中は歴史問題を公式に争点として提起しない」ことを明言し、この問題に対する自らの方針を再確認するに至っている。

だが、このような状態は二〇〇五年に入ると大きく崩れ去ることとなる。既に述べたようにそのきっかけは、島根県による「竹島の日」条例制定だった。それではこのような状況の背景には何があったのだろうか。

3 ポスト・ポピュリズム時代の歴史認識問題

ポピュリズムからナショナリズムへ

ここまで述べてきたように、一九九〇年代末から二〇〇〇年代初頭、日本や韓国ではこれまで両国の政治を主導した「古いタイプの政治家」たちが一斉に退場し、従来とは異なる政治スタイルを持つ政治家たちが登場した。彼らは、等しく既成政治からの脱却を訴え、経済的低迷をもたらした「古い体制」の改革と、これまでの体制を支えてきた様々な「タブー」の打破を主張した。このような現象は、同じくアジア通貨危機を経験した、当時の北東アジアから東南アジアにおいて広く見られる現象だった。台湾では国民党の長期政権を打ち破って民進党の陳水扁が政権を握り、タイでは今日まで隠然たる影響力を誇るタックシンが古いエリートへの挑戦を開始したのがこの時期である。

重要なことは、こうして出現した新たなるリーダーが挑戦した「タブー」の中にナショナリスティックなものもまた数多く含まれていたことだった。つまり、それは小泉純一郎にとっては靖国神社参拝であり、盧武鉉にとっては国内外の「古い歴史認識」への挑戦であり、また陳水扁にとっては「台湾独立」の主張だった。こうして北東アジアにおいては、これらのポピュリスティックなリーダーの出現が、各国のナショナリズムを刺激するという共通の現象が生まれることになる。

しかし、このような時期は長くは続かなかった。政権獲得の当初こそ新しい政治スタイルと、過激な「既成政治」批判で世論の注目を浴びたポピュリスティックな政治家達の多くは、すぐに自らの限界に直面することになったからである。すなわち、「古い体制」を批判する点では、彼らのメッセージは確かに強い説得力を持っていた。しかしながら、「古い体制」を破壊した後にいかなる「新しい体制」を作るのかについて、彼らは必ずしも明確なアイデアを持っていなかったからである。だからこそ彼らの打ち出した改革案は時に曖昧なものであり、また、十分な実効性を持つものではなかった。

早過ぎるレイムダック現象の出現

結果として生じたのは、当初は世論の大きな期待を集めた彼らへの支持が、その「改革案」に大きな効果がないことが明らかになると、急速に失われるという状況だった。ここではこのようなポピュリズム政権後に生まれた状況を「ポスト・ポピュリズム」状況と呼ぶことにしよう。

もっとも、このような「ポスト・ポピュリズム」状況の実際の現れ方には、日韓両国間で違いも存在した。この点についてまず、日本の例を見るなら次のようになる。「郵政改革こそが改革の本丸である」というスローガンを掲げた小泉が、与党自民党の分裂状況下で臨んだ衆議院議員選挙で大勝を収めたのは二〇〇五年。小泉はこの選挙の直後に首相職からの翌年の勇退を表明している。二〇〇六年九月、小泉の後を継いで首相の座に就いたのは安倍晋三であり、彼の政権もまた、当初は高い支持率で迎えられた。しかし、安倍に対する支持は早期に失われ、彼は失意のうちにわずか一年で政権の座を去ることとなった。続く二年間、自民党から選出された福田康夫、麻生太郎の両首相が直面した状況も類似していた。早期に支持率が低下した福田は、党内の求心力を失ってやはり一年で政権を投げ出すこととなり、麻生に対する支持は、安倍・福田よりもさらに早い速度で失われた。結果、行われた二〇〇九年八月の衆議院議員選挙にて敗北した自民党は、民主党に政権を譲り渡すこととなる。

だが、状況は民主党政権になっても変わらなかった。「増税なき改革」を掲げた鳩山由紀夫はすぐにその改革案の未熟さに直面し、同じく不用意に掲げた「普天間米軍基地県外移設」という公約も、国内外の反対に直面して実施不可能な状況に追い込まれた。鳩山がわずか九カ月で政権を投げ出した後に首相に就任した菅直人もまた、党内紛争に直面して混乱した政権運営を続け、二〇一〇年九月に勃発した尖閣問題で躓いて大きく支持率を低下させた。東日本大震災から半年後、二〇一一年九月に就任した野田佳彦も同様だった。そして、今度は民主党が二〇一二年一二月の衆議院議員選挙に敗北し、自民党が再度政権の座に就くことになる。

こうして日本では、小泉辞任以後、安倍、福田、麻生、鳩山、菅、野田、とわずか六年の間に六人もの総理大臣が、誕生まもなく支持率を急速に低下させ、一年前後で辞任するという異常な状況が出現した（表6-1）。とはいえ、このような状況は、一面では日本が議院内閣制を有する国家であるがゆえに生まれたものだった。議院内閣制をとる日本では、首相の支持率が一定以下、より正確には与党の支持率に近い水準まで低下すると、次期選挙における悪影響を懸念して、与党内における首相の求心力が急速に失われる。だからこそ、この水準に達すると与党が自ら首相を交代させるわけである。既に述べたように、一九九〇年末以降の日本においては政治不信が大きく拡大した結果、各政党の支

表 6-1 2002 年以降に成立した日本・韓国・台湾政権の支持率の推移（就任後 1 年以内） （%）

月	安倍（第 1 次）	福田	麻生	鳩山	菅	野田	安倍（第 2 次）	盧武鉉	李明博	朴槿恵	馬英九
1	51.3	44.1	38.6	60.6	41.2	50.1	54.0	72.1	57.4	50.4	37.8
2	51.4	41.3	38.8	54.4	31.8	42.2	61.4	59.6	45.0	45.3	27
3	41.9	40.1	16.7	46.8	36.0	35.5	61.4	40.2	19.7	53.5	36.1
4	40.7	34.5	17.8	47.1	45.6	32.4	62.1	—	21.5	61.5	24.9
5	34.9	32.5	16.4	35.7	39.2	28.4	60.2	—	26.9	59.6	23.6
6	34.7	30.9	17.6	30.9	27.8	24.9	57.4	33.4	32.8	58.8	29.8
7	40.6	27.6	25.2	23.7	21.0	27.4	53.6	28.6	25.4	67.0	30.3
8	39.4	19.9	26.3	19.1	21.3	21.7	54.2	25.5	33.2	59.0	28.7
9	28.8	19.1	24.1	—	17.8	23.3	61.3	—	34.7	58.1	34.5
10	25.7	21.1	16.3	—	18.9	24.3	55.8	23.9	34.0	53.2	28.6
11	22.6	23.6	16.7	—	20.5	21.3	56.6	—	34.8	54.5	32.8
12	25.5	—	13.4	—	21.9	19.8	47.1	25.1	38.5	56.6	38.9
出典	時事通信	時事通信	時事通信	時事通信	時事通信	時事通信	時事通信	韓国ギャラップ	EAI	リアルメーター	遠見

注：日本については内閣支持率を，韓国・台湾については大統領自身の支持率を挙げた。また盧武鉉については，韓国ギャラップが調査を行った月の支持率のみを示している。

持率は大きく低下しており、各党が選挙において勝利するためには、「人気のある党首」を看板にし、自らに対する支持を底上げすることが必要だったからである。

だが大統領制を採用する韓国の状況は異なっていた。より正確に言うなら、改革の必要性を訴えて登場した政治的リーダーたちに対する支持が、その改革案の曖昧さと実効性の不足により早期により失われた、という現象は韓国においても同じであった。しかし、大統領制の下、明らかな法律違反等、弾劾に値する事件等がない限り、大統領の任期が保証されている韓国では、与党といえども、大統領をその座から追い出すことは容易ではなかった。結果として、韓国においては、早期に支持を失いレイムダック化した大統領がその後も長期にわたってその職に留まり続ける、という状況が生まれることになった。

政治状況の不安定化と歴史認識問題の激化

当然のことながら、このような状況は日韓両国の政治状況を不安定化させ、このことは日韓間の歴史認識問題にも影響を与えることとなった。以下この点について具体的に見てみることとしよう。

まず分かりやすいのは、韓国側の状況である。これまでも幾度か述べてきたように、韓国においては歴代の大統領が就任当初においては、その時点で焦点になっている歴史認識問題や領土問題に関してこれらを政治イシュー化しないことを日本側に表明するものの、その任期が終わりに近づき、支持率が低下する時期になると、歴史認識問題や領土問題に対する姿勢を一変させ、これを強力に提起する、ということが繰り返されてきた。当然のことながら、政治的信頼の低下に伴う「早過ぎるレイムダック現象」の出現はこれまで以上に大統領の支持基盤を不安定化させ、韓国政府は以前よりも早い段階から歴史認識問題や領土問題を強固に日本側に突き付けることになった。その典型は、二〇〇五年二月以降の盧武鉉政権の領土問題に対する強硬姿勢や、二〇一一年一二月以降の李明博政権における従軍慰安婦問題や竹島問題等の提起という形で現れた。

そしてこのような韓国側の動きが日本社会にもたらした影響は、日本側の状況により、さらに増幅された。支持基盤の弱体化した政権がナショナリスティックな世論の突き上げに抗することが困難であることは、日本においても同様であり、小泉以後の日本の歴代政権は——能動的か受動的かの違いはあったにせよ——韓国、さらにはこの時期激化した歴史認識問題や領土問題をめぐって、中国に対する姿勢を硬化させていった。

こうしてこの時期、日韓両国間における歴史認識問題や領土問題はますます深刻化することとなり、事態は急速に悪化していった。両国の政治的リーダーにとって、世論の一致度が高い歴史認識問題や領土問題の提起は、落ち込みつつある自らへの支持を底上げこそすれども、傷つける可能性の少ない方法であり、だからこそ彼らはいずれも政権の末期になり支持率が低下すると、このカードをより多く切ることとなった。このような状況は、両国の世論自体にも大きな影響を与えた。すなわち、両国の世論は共に、相手国においてはナショナリズムが激しく高揚し、その中で自らに対する批判が高まっている、と認識するようになったからである。そして、このような認識を強化する働きを果たしたのが同時期に急速に普及したインターネットと、そこにおける多言語サイトの登場だった。これによりこれまで相手国の言語を解する「専門家」のみが接することが出来た相手国の言説に、「普通の人」が簡単に接することができるようになったからである。加えて機械翻訳システム等を用いれば、インターネット上で互いに相手国の人々と直接議論することすら可能となった。

この結果生まれたのは、これまでは限られた人たちだけが知っていた、日韓両国の間の歴史認識問題や領土問題をめぐる認識のギャップに、「普通の人々」が直接触れることが出来る機会だった。こうして「専門家」にとっては周知の事実であった両国の認識の違いが、「普通の人々」によって大きな驚きと、時に憤りをもって、またもや「再発見」されることになった。こうして日韓歴史認識問題は互いの世論が直接ぶつかりあう新たな段階へと突入していくことになったのである。

4 悪化する日韓関係

嫌韓流——韓国を過剰に意識する日本人の登場

ここでもう一回少し時間を遡ってみよう。小泉政権期の日本においては、一つ後の韓国に対する意識における幾つかの重要な変化が起こっていた。一つは二〇〇二年に行われたサッカーワールドカップの日韓共催である。周知のように一九九六年の国際サッカー連盟総会で決定されたこの大会は、当時の日韓両国において、互いの交流をより深化させることにより、両国関係を円滑にする絶好の機会と考えられていた。この大会の開催に併せて、日韓両国では様々なイベントが用意され、その効果か否かはともかくとしても、日本人の韓国に対する感情

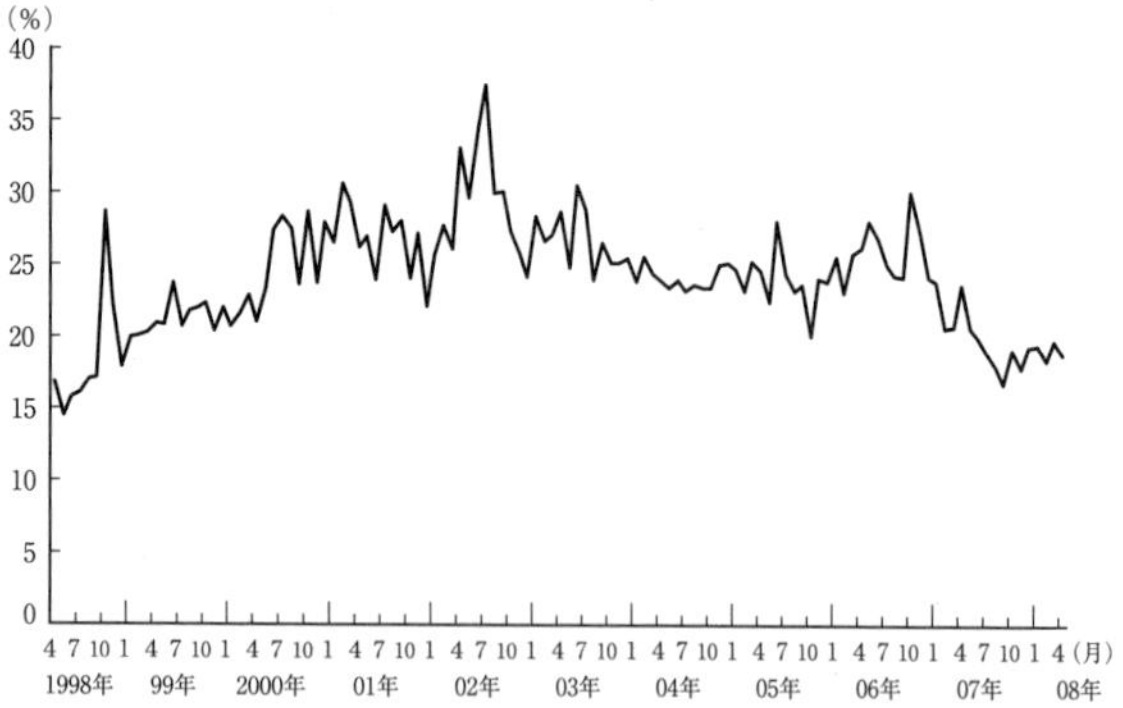

図 6-1　「日本にとって重要な国」として韓国を挙げた人の割合
出所：時事通信の世論調査により，筆者作成。

は、この時期、確かに好転していった。

そしてその直後の二〇〇三年には、韓流ブームが訪れた。韓国側の粘り強い売り込みもありNHKにより繰り返し再放送されたドラマ「冬のソナタ」は、やがて「ヨン様ブーム」と呼ばれた社会現象を引き起こした。ブームは二〇〇四年における「ヨン様」こと、ペ・ヨンジュンの初来日時には、成田空港に三〇〇〇名を超えたとも言われる多くのファンが詰め掛ける事態となり、日韓両国では本格的な「韓流」ブームの到来が叫ばれた。そこでは「韓流」ブームが両国関係にプラスの影響をもたらすであろうとの予測がなされ、日本市場における韓国大衆文化コンテンツの前例のない規模での成功により、この現象が日韓両国、とりわけ日本人の韓国に対する認識を進展させ、その結果、両国に存在する歴史認識をめぐる問題にも好影響が及ぶであろう、という楽観的な「期待」があちこちで語られた。

だが、その後の事態の展開は、このような「期待」とは大きく異なるものであった。図6-1からも明らかなように、日本人の韓国に対する意識は、二〇〇二年のサッカーワールドカップの日韓共催頃をピークとして、むしろ悪化していくこととなったからである。この時期は、ちょうど「2ちゃんねる」をはじめとするインターネット上の多くのサイトにおいて、感情的かつ揶揄的な韓国への「書き込み」が急増する時期に当たっていた。そして、このようなネット上の議論はやがて一つのベストセラーを生み出していくことになる。すなわち、二〇〇五年に発売された山野車輪『嫌韓流』がそれである。山野自身が後に述べているように、この著作は先の「2ちゃんねる」をはじめとするインターネット上の掲示板等でなされた議論を参考に書かれたものであり、だからこそ出版が行われる以前に、この著作は既に一定の「読者」を有していた。

とは言え、そのことは『嫌韓流』の影響が、インターネット上において同様の意見を有していた人々の間にのみ限定されていた、ということを意味しなかった。なぜならこの書籍をきっかけとして、「バーチャル」な世界の議論が、「リアル」な世界にも紹介されたことで、その影響を受ける人々の数は飛躍的に増加したからである。そしてこのような議論は、ちょうど同じ時期に勃発した竹島問題を契機に日韓関係が悪化したことで、さらに大きな注目を浴びることになった。こうしてインターネット上における感情的かつ揶揄的な韓国に対する議論が、より多くの人々の支持を獲得していくことになった。

日本ナショナリズムの変化と「米中新冷戦」

注目すべきは、この時期の日本人が急速に韓国側の政府やメディア、さらにインターネット上の議論に対して過敏とも思えるほど、敏感に反応するようになっていったことである。言うまでもなく、このような状況はかつての日韓関係におけるそれとは全く異なっていた。例えば歴史教科書問題をはじめとする一九八〇年代の日韓間の歴史認識問題に関わる紛争では、韓国側の世論が大きな反応を見せる一方で、日本側の世論はよく言えば冷静、悪く言えば無関心な態度に終始していた。しかしながら、二〇〇〇年代においては、時に韓国側以上に日本側の世論がこれらの問題に対して神経質な対応を見せるようになっている。

このような状況を考える上で重要なポイントは、日本のナショナリズムの変化である。例えばそのことは、日本における民族主義的な政治家の代表格である石原慎太郎の言説を見ればよく分かる。一九八〇年代の彼の代表作の一つである盛田昭夫との共著『「NO」と言える日本』が、批判のターゲットとしたのはアメリカだった。しかし、今日、同じ石原の言説においてアメリカへの言及はほとんど影を潜め、代わって中国と韓国への言及が頻繁に登場することになっている。そして、このような日本のナショナリストにおける批判の対象の変化は、石原のみならず多くの日本のナショナリトの言説に共通するものである。

このような状況はより大きな視点から見れば次のように整理できる。冷戦期における日本のナショナリストの「仮想敵」は、言うまでもなく、社会主義ブロックの盟主であるソ連だった。この状況は、日本の経済的台頭と冷戦終焉に向けての動きに合わせて変化し、やがてナショナリスト内部における反米的議論の台頭がもたらされた。だが、このような状況は九〇年代に始まる経済的低迷と、アジア周辺諸国の経済的・軍事的台頭により再度変化した。中国や北朝鮮の軍事的脅威が増大する中、日本は再びアメリカを必要とするようになり、結果としてナショナリストの間における反米的主張は後退し、代わって中国や北朝鮮を「仮想敵」とする議論が展開されるようになった。二〇〇二年の小泉首相訪朝以後における北朝鮮警戒論はその一つの端的な現れであった、と言える。

このような新たなる状況の到来は、一時は、アメリカとの同盟関係を持つ日韓両国の関係改善の助けになるようにも見えた。なぜなら、仮に台頭する中国や北朝鮮が日韓両国に共通の「仮想敵」であるならば、両国には協力の必要が生まれるからである。しかし、実際には、このメカニズムは機能しなかった。むしろ、そこではこの時期の韓国が歴史認識問題や領土問題において中国と歩調を合わせているように見えたことや、二〇〇〇年代初頭の反米的な韓国の世論を受けて成立した盧武鉉政権期の米韓関係が不安定なものであったこと、さらには、金大中、盧武鉉両政権が北朝鮮に対する融和政策を展開したこと等により、逆に韓国は日本とアメリカの側にではなく、中国と北朝鮮の側に属する国家である、という漠然たる理解が日本国内に広まる結果をもたらした。こうして「米中新冷戦」の進展が逆に日本における韓国に対する感情を悪化させていく、という転倒した状況が生まれることになる。

政権交代の残したもの

とはいえこうした二〇〇〇年代の日韓関係においても、まだ「期待」が存在しなかったわけではなかった。とりわけ重要だったのは、二〇〇八年から二〇〇九年における両国の政権交代だった。二〇〇八年二月における李明博政権は、金泳三政権以来、韓国において実に一〇年ぶりに誕生した保守政権であり、大統領自身が第二次世界大戦終結直前の日本国内に生まれたこととも相まって、同政権は進歩的な盧武鉉政権期に悪化した日韓関係の立て直しに取り組むに違いない、との「期待」を日本国内にて膨らませた。二〇〇九年九月に成立した日本の民主党政権にて首相の座を占めた鳩山由紀夫は、以前から従軍慰安婦問題等、歴史認識問題の解決に積極的な政治家として知られており、その「東アジア共同体構想」とも相まって、これらの問題で日本が何らかの歩み寄りを見せるのではないか、という韓国内での「期待」をもたらした。

そして、当初はこれらの「期待」は現実になるかのようにも見えた。李明博は就任当初から日韓関係の重要性を強調し、一部で懸念された二〇一〇年の韓国併合百周年も巧みに乗り切ることに成功した。鳩山の「東アジア共同体構想」は対象とされた中韓両国政府の無関心から空振りに終わったものの、それでもしばらくの間、日韓両国の間には比較的安定した状態がもたらされた。

だが、このような日韓関係の小春日和は長くは続かなかった。関係悪化のきっかけとなったのは、二〇一一年八月の韓国憲法裁判所による従軍慰安婦問題をめぐる「(日韓請求権協定)第三条が定めた手続きに従って解決しないでいる被請求人(=韓国政府)の不作為は違憲である」とする判決だった。これにより、韓国政府には従軍慰安婦問題「解決」のために何らかの行動を取る義務が生じ、結果、同年一二月には京都で行われた首脳会談にて李明博が、これまでの方針を一変させて、従軍慰安婦問題の「解決」を日本政府に強硬に求めるという事態に至ることになる。これにより悪化した日韓関係が、さらに、翌二〇一二年八月における同じく李明博による竹島上陸と天皇の謝罪を求める発言によりさらに大きな打撃を受けることになったことは、我々の未だ記憶に新しい所である。

そしてこのようにして作られた状況は、今日に至るまでの日韓関係に大きな傷を残している。なぜなら、日韓両国において、互いに相手側に「期待」する勢力が政権の座に就いたにもかかわらず、関係が改善に向かうどころか、むしろ大きく悪化したという事実は、両国の世論における問題解決への「期待」を決定的に傷つけることになったからである。言い換えるなら、二〇〇五年から二〇〇六年頃においては、両国には、未だ歴史認識に関わる問題は小泉や盧武鉉といった「特異な」政治的リーダーによって生み出された一時的な現象である、という理解が存在した。だからこそ人々は依然この時点では、このような政治的リーダーさえ交代すれば、日韓両国はかつてのような円滑な関係に復帰できるという「期待」を持つことができた。しかしながら、両国の国民が関係修復に大きな期待をかけた政治的リーダーが政権についたにもかかわらず、むしろ大きく関係が悪化したことにより、人々はこの問題が単に一部の政治的リーダーの個人的資質に由来するものではなく、両国の世論や「国民性」といったより大きな原因に由来するものなのだ、と考えるようになった。

「期待」の消滅

こうして二〇一二年に至るまでの間に、日韓両国においては、二つの関係改善に向けての「期待」が失われていった。すなわち、活発な交流により関係が改善するという「期待」と、政権交代により互いに好意的な政権が生まれさえすれば両国関係は自ら好転するという「期待」である。「期待」の喪失は、同時に、日韓両国間における関係改善のシナリオの消滅であり、結果、二〇一二年以後の両国関係はより深刻なデッドロック状態へと帰着した。状況は、二〇一二年末の第二期安倍政権と一三年二月の朴槿恵政権の成立によっても好転しなかった。それどころか、

ソウルの日本大使館前に設置された少女像（2011年12月14日）（時事）

朴槿恵政権は政権出帆の当初から、従軍慰安婦問題等の歴史認識において日本に対して強硬姿勢を取ることを明言することとなり、二〇一三年には日韓両国は首脳会談すら実施できない状況に追い込まれた。

それでは最後にこのような日韓の歴史認識問題について、我々はどのような展望を持ち得るのだろうか。最後にこの点を述べて、本書の筆を擱くことにしよう。

終章　日韓歴史認識問題をどうするか

さて、本書ではここまで日韓両国間の歴史認識問題とその歴史的展開について述べてきた。それでは結局我々はこの問題についてどのように対処するべきなのだろうか。

日韓歴史共同研究の教訓

まず明らかなのは、この問題が単なる植民地支配期の「過去」に関わる問題である以上に、一九四五年以降現在に至るまで七〇年近くにわたる「現代史」上の出来事だということである。既に述べたように、日本の朝鮮半島における植民地支配は、公式には一九一〇年から四五年までの三五年足らずだから、植民地支配が終了してから現在までの時間は植民地支配そのものの既に二倍近くに相当するものになっている。言い換えるなら、歴史認識問題とはこの間に我々が「過去」をどのように議論し、理解してきたかに関わる問題であり、ゆえにただ単に「過去」の事実を議論してもこの問題の解決には至らない。

このような日韓両国の歴史認識問題の構造を典型的に示したのは、日韓両国の間で二度にわたり行われた「日韓歴史共同研究」であったかもしれない。二〇〇一年、時の小泉首相と金大中大統領の合意により開始されたこの共同研究は、期待とは裏腹に、両国研究者間の歴史認識の違いを浮き彫りにしただけに終わることになった。そしてその理由の一つは簡単だった。それは共同研究に集った研究者の大半が、歴史学の専門家ではあっても、「歴史認識問題」の専門家ではなかったからである。

この点について、筆者も参加した第二期日韓歴史共同研究の例から示してみよう。当然のことながら、この共同研究を行うに当たっては、そもそも具体的に何を研究するかを決めなければならなかった。だが、第二期日韓歴史共同研究はこの段階からいきなり困難に直面した。なぜなら、両国の歴史研究者の間では「何が議論されるべきか」についての「認識」がまず異なったからである。例えば、日本側から参加した研究者は当然ここで領土問題についての議論がなされるべきと主張したが、韓国側はこれを頑強に拒否し続けた。理由は韓国政府の公式見解によれば「独島（竹島の韓国側呼称）が韓国領土であることは疑問の余地がなく、ゆえにこの島をめぐる議論自体が存在し得ない」とされているからである。歴史教科書に関わる議論でも同様の対立が存在した。共同研究では当然、日韓両国の歴史教科書が等しく分析されるべきとする日本側に対し、韓国側は「歴史認識問題において問題となっているのは日本の教科書だけであり、ゆえに韓国の教科書を検討対象とするのは誤りである」と主張したからに他ならない。実際、第二期の日韓歴史共同研究の一部の部会では、このような研究以前の段階での議論に大半の時間が浪費され、本来行うべき研究に十分な時間を割くことさえできなかった。

「共通の歴史教科書」は作れない

このような日韓歴史共同研究の経験から改めて分かるのは、日韓間の歴史認識問題は「過去」の事実に関わる問題である以上に、「現在」を生きる我々自身の問題だ、ということである。だからこそ、「過去」の歴史的事実に関する専門家である歴史学者を集めても、その「過去」の事実の中から、何を「現在」議論すべきかをさえ決めることはできない、ということになる。

そしてこの問題は、歴史教科書をめぐる問題においてはきわめて深刻なものになる。日韓両国間では悪化した外交関係を打開する手段の一つとして「共通の歴史教科書」の作成が議論されることがある。とはいえ、このような「共通の歴史教科書」の作成は、少なくとも今日の日韓両国社会においては、実現可能な目標では有り得ない。ここでそもそも各国の歴史教科書に書かれているのは、歴史的事実以上に、それぞれの歴史「認識」そのものだと言うことが重要である。例えば日本史の教科書を例に考えてみよう。我々が学んだ日本史の教科書には、先史時代から現在までの間、日本列島に居住した様々な人々のことが書かれている。しかし、それは彼らが我々の祖先だからか、と言えば厳密には必ずしもそうであるわけではない。例えば、一説に拠れば弥生系の人々の多くは大陸から移住してきたとされ、その後も大陸の各地から多くの人々が日本列島に移住してきたことはよく知られている。にもかかわらず、我々は普通日本列島に来る以前の彼らの「歴史」について「日本史」の一部として関心を払うことはない。そしてそれは、彼らこそが我々「日本人」の真の祖先であるにもかかわらず、である。言い換えるなら、今日我々が言う「日本史」とはそれぞれの時点で「日本列島に住んできた人の歴史」であり、「我々の祖先を網羅する歴史」ではないのである。

言うまでもなく、このような「日本史とは何を対象にすべきか」という問題は、考古学的な発掘や文献調査によっては決まらない。なぜなら「日本史」とは、「日本」という「実態」に対する歴史ではなく、今日の我々が「日本」と「認識」するものの歴史だからである。だからこそ歴史教科書には、「過去」の歴史的「事実」以上に、このような我々の「認識」が直截に反映されているというわけである。

加えて教科書には、それぞれの社会において何がその科目で教えられるべきかに関わる「認識」も反映されている。だからこそ教科書作成には常に有形無形の制約が課せられている。もちろん、検定制度を採用する日本では、教科書の執筆者は学習指導要領や教科用図書検定基準等に沿ってしか教科書を書くことができない。韓国の歴史教科書も初等教育レベルでは国定制、それ以外は検定制を採用しているから、公的な制約があるという意味では日本と同様、あるいはより大きな制約が課せられていることになる。当然、ここにおいて両国の教科書作成に関わる指針が異なれば、共通の教科書など作れるはずがない。そしてそれは何も歴史教科書のように両国のナショナリズムに関わる分野だけの話ではない。両国政府の求める教科書への指針が異なる以上、我々は「共通の数学教科書」すら作ることができないのである。そもそも日韓共通の歴史教科書という場合には、それが具体的に何の科目の教科書――例えば、「日本史」なのか「世界史」なのかはたまた新しい「日韓関係史」という科目なのか――かさえ不明である。「教科書」の以前に詰めなければならないことは山とある。だからこそ、「専門家」とりわけ「歴史の専門家」が集い、議論を積めば、やがては日韓共通の歴史教科書が作れる、というのは幻想でしかないのである。

日本自身の重要性を説明せよ

とはいえ、先述のような「専門家」の集まりが、いかなる役割をも果たさないか、と言えばそうではない。第一に、少なくともこのような会合により、日韓両国間における歴史認識の差違を学術的に明らかにすることが出来る。第二に、「専門家」による会合を持っていることを理由に、両国は自らが問題解決に向かって進んでいるかのようなポーズを取ることができる。有体に言えば「専門家」の会合は、両国の政府が事態の解決に向けての何らかの努力を行っているかのような、アリバイ作りの役割を果たすことができる、ということになる。実際、第一期の日韓歴史共同研究は小泉政権初期の日韓関係悪化を緩和する効果を持ったし、また第二期の共同研究も、同じく悪化した盧武鉉政権末期の両国関係が改善へ向かう契機として機能した。

だがこのような政府によりお膳立てされた「専門家」の集まりの効果はあくまで一時的なものであり、それ自身に中長期的な効果を期待することは難しい。一九八〇年代以降の日韓歴史認識問題の展開過程は、韓国における日本の圧倒的重要性を基礎とした両国エリート間の暗黙の了解が、国際環境の変化と世代交代により崩れていく過程に他ならなかった。こうして日韓関係はエリートによってコントロールされる時代から、一般の人々を中心とする世論が直接ぶつかり合う事態へと移行した。だからこそ、仮に「専門家」や外交官、さらには政治家や企業人等、一部のエリートによる妥協が行われても、そこに大きな直接的効果を期待することは難しい。ましてや「専門家」は「伝道師」ではなく「研究者」なのである。「研究者」の目的は事実を明らかにすることであり、そこにおいて何かしらの政治的予断を挟むことは絶対に許されない。だからこそ、そのような「専門家」のみの会合に世論を劇的に変えるような何かしらを期待するのは最初から間違っている、という他はない。

結局、鍵を握るのは両国の世論である。そして重要なことは、この今日の両国の世論において、日韓関係はもはや重要ではない、という声が頻繁に聞かれるようになっていることである。本書で繰り返し述べてきたように、背景には経済のグローバル化や東アジアの安全保障上の環境変化があり、だからこそ一般の人もエリートも、以前のように真剣に日韓関係のために動かなくなっている。さらに悪いことに、このような変化は、本質的に基本的には不可逆的なものである。だからこそ、日韓両国にとって互いが、安全保障面や経済面で、あるいは社会面で、必要不可欠な重要性を持っていた「古き良き時代」は絶対に戻ってこない。

それでは我々は状況を放置するしかないのだろうか。考えなければいけないのは、「重要性が低下している」ことは、「重要ではない」ことを意味しない、ということである。例えば経済関係をとってみよう。日韓両国は互いにとって依然として米中両国に次ぐ第三位の貿易相手国であり、韓国にとっての日本は自国に対する投資においても大きな比重を占めている。日本から韓国への輸出額も、日本からドイツやオーストラリアに対するものの三倍近くに達している。

そしてそれはある程度当然のことなのである。日韓両国はそれぞれ一億二〇〇〇万人と五〇〇〇万人という相対的に大きな人口と、世界第三位と第一五位の巨大なＧＤＰ、さらには世界有数の軍事力を持つ世界的な「大国」だからである。だからこそグローバル化等により、隣国ゆえの特殊な重要性が失われても、その存在は互いに一定の重みを持ち続けることになる。国際社会において一定の力を持つ国といたずらに対立し、ひいては敵に回すことが控えめに言っても益がないことは誰の目にも明らかであろう。

もちろん、だからといって、ここでいたずらに相手に強い要求を突きつけても、問題は何も解決しない。互いの影響力が落ちているのだから、一方的に何かを求めても、相手側にはこれに応じる積極的なインセンティブが見つからない。だとすれば我々が行わなければならないことは明白である。自らの要求が省みられないことの原因が、相手側が自らを重要でないと考えていることにあるのなら、行うべきは自らの重要性を相手側に今一度理解させ、我々と協力するインセンティブを再構築することである。重要なのは「彼ら」にとって「我々」がどう重要なのかをきちんと説明することであり、さらにはこれを相手国のエリートのみならず、相手国民に対して粘り強く伝えることである。

そしてここで考えなければならないことがある。それは、そもそも我々日本人は、これまで韓国や中国等、周辺国に対して、自らの重要性をきちんと説明してきたのか、ということである。そのことは韓国や中国が国際社会に対して何を行っているかを見ればすぐに明らかになる。彼らは今日においても、世界に対して自らの重要性を積極的に宣伝し、そのための様々な活動を活発に行っている。

対して長年「アジア唯一の経済大国」としての地位を占めてきたわが国は、長らくその地位に胡坐をかき、「彼ら」に対する「我々」の重要性を積極的に説明することを怠ってきた。だが、今やこの地域における日本の影響力は、かつてとは比べものにならないほど小さくなっている。だからこそ、日本は自ら積極的に、自身の重要性を説明することが必要になっている。

そもそもわが国は今日でも依然としてアメリカと中国に次ぐ経済規模を有する世界有数の「大国」であり、ゆえに日本がこの国際社会において無力で、重要性を持たないはずはない。にもかかわらず、韓国をはじめとする周辺国が我々の存在に重要性を見出せないとすれば、それは周辺国の問題というより、むしろ我々自身の問題だと言うことが出来る。そしてそのためには国力をどのように使うのかについて知恵を出す必要がある。ＦＴＡ等を利用して巨大な日本の国内市場を利用して相手を誘引するのも一案だし、グローバル化によっても失われない地政学的な配置を利用して、送電網や原油パイプライン等、エネルギー安全保障に関わるネットワークの構築を提案することも一案である。共に一次資源を海外からの輸入に依存する国家として、無駄な競争により資源の価格を吊り上げるのではなく、協力して応札することを働きかける方法もあるかもしれない。

日韓の歴史認識問題が問うているもの。それは我々がこの世界においてどのような重要性を有する存在なのか、ということなのかもしれない。

参考文献（日本語文献を中心に主要なものだけを挙げた）

新聞データベース等

朝日新聞「聞蔵Ⅱビジュアル」 http://database.asahi.com/library2/
日本経済新聞「日経テレコン」 http://t21.nikkei.co.jp/g3/CMN0F12.do
毎日新聞「毎索」 https://dbs.g-search.or.jp/WMAI/IPCU/WMAI_ipcu_menu.html
読売新聞「ヨミダス歴史館」 https://database.yomiuri.co.jp/rekishikan/
Nifty「新聞・雑誌記事横断データベース」 http://business.nifty.com/gsh/RXCN/
한국언론재단「기사통합검색 KINDS」 http://www.kinds.or.kr/
동아일보「donga.com 미디어검색」 http://news.donga.com/
조선일보「조선일보 아카이부」 http://srchdb1.chosun.com/pdf/i_archive/
중앙일보「중앙일보 PDF 보기」 http://pdf.joins.com/
한국일보「통합검색」 http://search.hankooki.com/

国会・選挙データベース

国会議事録検索システム http://kokkai.ndl.go.jp/

대한민국 국회「회외록시스템」 http://likms.assembly.go.kr/record/index.html
중앙선거관리위원회「선거통계시스템」 http://www.mofa.go.kr/main/index.jsp

人物情報データベース

동아일보「인물정보」 http://www.donga.com/inmul/
Joins「인물정보」 http://people.joins.com/
Chosun.com「DB조선 인물DB」 http://db.chosun.com/people/index.html

統計等データベース

総務省統計局「統計データ」 http://www.stat.go.jp/data/index.htm
KOSIS 국가통계포털 http://kosis.kr/
World Databank http://databank.worldbank.org/data/home.aspx

世論調査

内閣府「世論調査」 http://www8.cao.go.jp/survey/
時事通信「時事世論調査」 http://www.jiji.com/service/yoron/result/
EAI http://eai.or.kr
Realmeter http://realmeter.net

資料・論文等データベース

国立公文書館　アジア歴史資料センター　http://www.jacar.go.jp/
Korean Studies Information System, http://kiss.kstudy.com/
DBpia, http://www.dbpia.co.kr/

公的機関等ホームページ

デジタル記念館　慰安婦問題とアジア女性基金　http://www.awf.or.jp/
대한민국 청와대　http://www.president.go.kr/
외교부　http://www.mofa.go.kr/main/index.jsp
한국정신대문제대책협의회　https://www.womenandwar.net/contents/home/home.nx
한국정신대연구소　http://www.truetruth.org

教科書等

家永三郎『検定不合格　日本史』三一書房、一九七四年。
井上光貞・笠原一男・児玉幸多『詳説日本史（新版）』山川出版社、一九八三年。
『日本史』実教出版、一九八三年。
朝比奈正幸他『新編国民日本史』原書房、一九八七年。
西尾幹二ほか『新しい歴史教科書　市販本』扶桑社、二〇〇一年。
국사편찬위원회編『국사：고등 학교』대한 교과서、一九七四〜二〇〇二年。

日本語文献（含む翻訳）

新しい歴史教科書をつくる会編『新しい歴史教科書を「つくる会」という運動がある』扶桑社、一九九八年。

マックス・ウェーバー『歴史は科学か』森岡弘通訳、みすず書房、一九六五年。

大沼保昭『「慰安婦」問題とは何だったのか――メディア・NGO・政府の功罪』中央公論新社、二〇〇七年。

河上民雄『社会党の外交』サイマル出版会、一九九四年。

川野徳幸「閣僚失言の政治学」『国際協力誌』七（二）、二〇〇一年。

金泳三『金泳三回顧録――民主主義のための私の闘い』1～3、尹今連監訳、九州通訳ガイド協会、二〇〇二年。

金雲龍『偉大なるオリンピック――バーデンバーデンからソウルへ』ベースボール・マガジン社、一九八九年。

剣持久木・小菅信子・リオネル＝ハビッチ編著『歴史認識共有の地平――独仏共通教科書と日中韓の試み』明石書店、二〇〇九年。

小菅信子『戦後和解――日本は〈過去〉から解き放たれるのか』中公新書、二〇〇五年。

小林よしのり『ゴーマニズム宣言』1～8、幻冬舎、一九九三～九六年。

坂井俊樹『現代韓国における歴史教育の成立と葛藤』御茶の水書房、二〇〇三年。

澤田克己『脱日する韓国――隣国が日本を捨てる日』ユビキタ・スタジオ、二〇〇六年。

女性のためのアジア平和国民基金「オーラルヒストリー――アジア女性基金」二〇〇七年、http://www.awf.or.jp/pdf/0212-1.pdf
高橋史朗「新編日本史『検定』全記録」『諸君！』一八（九）、文藝春秋、一九八六年九月。

高橋哲哉『靖国問題』筑摩書房、二〇〇五年。

朝鮮日報編『韓国人が見た日本――日本を動かしているもの』サイマル出版会、一九八四年。

鄭鎮星『日本軍の性奴隷制――日本軍慰安婦問題の実像とその解決のための運動』鄭大成・岩方久彦訳、論創社、二〇〇八年。

西尾幹二『国民の歴史』産経新聞ニュースサービス、一九九九年。

日韓歴史共同研究委員会編『日韓歴史共同研究報告書　第2期　教科書小グループ篇』日韓歴史共同研究委員会、二〇一〇年。

日本会議『日本の息吹』一九八三年四月号。

ジョン・ハケット『第三次世界大戦』青木栄一訳、講談社、一九八一年。

秦郁彦『慰安婦と戦場の性』新潮社、一九九九年。

船橋成幸『〈証言〉戦後半世紀の政治過程――混迷のいま、二一世紀へのメッセージ』明石書店、二〇〇一年。

K・E・ボールディング『紛争の一般理論』内田忠夫・衛藤瀋吉訳、ダイヤモンド社、一九七一年。

宮澤喜一述、御厨貴・中村隆英編『聞き書宮澤喜一回顧録』岩波書店、二〇〇五年。

村尾次郎監修『新編日本史のすべて――新しい日本史教科書の創造へ』原書房、一九八七年。

村山富市述、辻元清美編『そうじゃのう…――村山富市「首相体験」のすべてを語る』第三書館、一九九八年。

村山富市・佐高信『「村山談話」とは何か』角川書店、二〇〇九年。

村山富市述、薬師寺克行編『村山富市回顧録』岩波書店、二〇一二年。

盛田昭夫・石原慎太郎『「Ｎｏ」と言える日本――新日米関係の方策』光文社、一九八九年。

山野車輪『マンガ嫌韓流』普遊社、二〇〇五年。

吉見義明編『従軍慰安婦資料集』大月書店、一九九二年。

李淑子『教科書に描かれた朝鮮と日本――朝鮮における初等教科書の推移一八九五～一九七九』ほるぷ出版、一九八五年。

李鍾元・木宮正史・浅野豊美編著『歴史としての日韓国交正常化』Ⅰ・Ⅱ、法政大学出版局、二〇一一年。

河野談話作成過程等に関する検討チーム編「慰安婦問題を巡る日韓間のやりとりの経緯——河野談話作成からアジア女性基金まで」、http://www.mofa.go.jp/files/000042173.pdf

韓国語文献

안병직『일본군 위안소 관리인의 일기』이숲、二〇一三年。
経済企劃院編『韓國統計年鑑』、経済企画院統計局、一九六七年。
経済企劃院編『韓國統計年鑑』、経済企画院統計局、一九六八年。
劉奉鎬『韓國教育課程史 研究』교학연구사、一九九二年。
윤종영『국사 교과서 파동』혜안、一九九九年。
鄭泰秀『7・30 教育改革』叡智閣、一九九一年。
歴史學會編『한국사 回顧와 展望』1〜3、國學資料院、一九九六年。

英語文献

Alexis Dudden, *Troubled Apologies Among Japan, Korea, and the United States*, Columbia Univ Press, 2008.
Jennifer Lind, *Sorry States: Apologies in International Politics*, Cornell Univ Press, 2010.
Kosuke Mizuno and Pasuk Phongpaichit ed., *Populism in Asia*, NUS Press, 2009.
Marie Soderberg ed., *Changing Power Relations in Northeast Asia*, Routledge, 2010.

筆者関連

木村幹「第三回韓国併合再検討国際会議——「合法・違法」を超えて」『日本植民地研究』一四、二〇〇二年六月。

木村幹『朝鮮半島をどう見るか』集英社新書、二〇〇四年。

石田佐恵子・木村幹・山中千恵編著『ポスト韓流のメディア社会学』ミネルヴァ書房、二〇〇七年。

Kan Kimura, 'Nationalistic Populism in Democratic Countries of East Asia,' *Journal of Korean Politics*, Vol. 16 No. 2, 2007.

木村幹『民主化の韓国政治——朴正熙と野党政治家たち 一九六一～一九七九』名古屋大学出版会、二〇〇八年。

木村幹『韓国現代史——大統領たちの栄光と蹉跌』中公新書、二〇〇八年。

木村幹「ポピュリズムの中の歴史認識——日韓の事例を中心に」『レヴァイアサン』二〇〇八年春号、二〇〇八年四月。

鄭奈美・木村幹「『歴史認識』問題と第一次日韓歴史共同研究を巡る一考察（一）」『国際協力論集』一六（一）、二〇〇八年七月。

鄭奈美・木村幹「『歴史認識』問題と第一次日韓歴史共同研究を巡る一考察（二）」『国際協力論集』一六（二）、二〇〇八年一一月。

木村幹『近代韓国のナショナリズム』ナカニシヤ出版、二〇〇九年。

木村幹「韓国における歴史論争と日韓関係」『現代韓国朝鮮研究』九、二〇〇九年一一月。

木村幹「日韓歴史共同研究をどうするか」『現代韓国朝鮮研究』一〇、二〇一〇年一一月。

Kan Kimura, 'Why Are the Issues of "Historical Perceptions" between Japan and South Korea Persisting ?,' 『国際協力論集』19（1）、二〇一一年七月。

浅羽祐樹・木村幹・佐藤大介『徹底検証 韓国論の通説・俗説——日韓対立の感情 vs. 論理』中公新書ラクレ、二〇一二年。

Kan Kimura 'Discovery of Disputes: Collective Memories on Textbooks and Japanese-South Korean Relations,' *Journal of Korean Studies*, 17(1), November 2012.

Koji Kagotani, Kan Kimura and Jeff Wever 'Democracy and diversionary incentives in Japan-South Korea disputes,' *International Relations of Pacific-Asia*, Vol. 13 No. 3, September, 2013.
「新政権下の日韓関係：日韓両国は何故対立するか」『問題と研究』二〇一三年一〇・一一・一二月号、二〇一三年一二月。
Kan Kimura, 'Northeast Asian Trilateral Cooperation in the Globalizing World: How to Re-establish the Mutual Importance'、『国際協力論集』21（2／3）、二〇一四年一月。
木村幹「第一次歴史教科書紛争から「克日」運動へ――全斗煥政権期の対日観の変化についての一考察」『国際協力論集』二二（一）、二〇一四年七月。

むすびにかえて

以下は、筆者のわがままな個人的追想である。

本書は筆者が二〇一一年四月から二〇一四年三月まで、ミネルヴァ書房のPR誌『ミネルヴァ通信「究」』にて連載した「日韓歴史認識問題にどう向き合うか」というコラムをまとめたものである。この連載の依頼を、ミネルヴァ書房の堀川健太郎氏からいただいたのは、連載が始まる一〇カ月ほど前の二〇一〇年六月、ちょうど筆者が所属先からの研究休暇を得て、アメリカはシアトルにあるワシントン大学の客員研究員として滞在していた頃のことだった。したがって、既にそれから四年以上の月日が過ぎたことになる。

当時を顧みて鮮明に思い出されるは、疲弊した自分の状況である。二〇〇〇年にやはりミネルヴァ書房から自らにとって最初の著作であった『朝鮮／韓国ナショナリズムと「小国」意識』を出版して以後、筆者は毎年のように新しい著作を出版し、その数は二〇〇七年と二〇〇八年には年二冊を超えるペースにまで達することとなった。そもそもが能力の乏しい筆者にとってこれがオーバーワークであることは明らかであり、にもかかわらず、このような状態に陥ったのは、筆者が「仕事を断ること」

ができなかったからだった。今振り返れば、生来の臆病者である筆者は、仕事を断るのは、自らの能力の限界を自ら認めることであると考え、依頼者のためというよりは、自分のプライドを守るために、闇雲に仕事に取り組んでいたのかもしれない。当然のことながら、このような愚かな行為により、筆者はますます心理的に追い込まれ、次第に精神的余裕を失ってゆくことになった。

このような状態に置かれていた筆者に最終的に「とどめ」をさす結果になったのは、本書にも登場する二〇〇七年六月から二〇一〇年三月までの間行われた第二期の日韓歴史共同研究であった。この日韓歴史共同研究とは、二〇〇一年の小泉純一郎首相と金大中大統領間の首脳会談における合意によって始められたものであり、筆者は二〇〇二年から二〇〇五年に行われた第一期の共同研究にも「研究協力者」として参加した経験があった。しかしながら、「研究協力者」から「研究委員」に格上げされて臨んだ共同研究の経験は悲惨なものだった。なぜなら、筆者が配属された「教科書小グループ」では、日韓両国の研究者が自らの主張を譲らず対立し、会議は紛糾に紛糾を重ねることとなったからである。当然のことながら筆者は会議の中でさらに疲弊し、また事態の収拾のために不必要な神経を使わなければならなかった。

二〇一〇年四月からの一年間のシアトル滞在は、そのような筆者にとって、一面では「目にしたくない現実」からの逃亡であり、より端的には「仕事からの逃亡」であったと言えた。正直、当時の筆者の精神的状況はきちんとした学術論文を書けるどころか、ちゃんとした学術書を一冊まともに最後まで読み切るための集中力を維持することさえできないほど荒廃したものだったのである。だからこそ当時の筆者はこのような状況の中、自らに心理的余裕ができるまでは、書籍や論文の執筆を止めることとし、シアトルではひたすら休養に努めようと思っていた。

そうして休養に努めて二カ月経ち、どうやら精神的余裕も少し生まれつつあった頃、突然、飛び込んできたのがこの依頼だった。最初の著作の出版以来、一〇年以上もお世話になってきたミネルヴァ書房からの依頼であり、また、新聞や雑誌への連載は幾度か行った経験があったから、PR誌への連載程度ならさほど大きな負担にはならないに違いない、と考えこれを引き受けたのは、自分ながら今となっても浅はかだったのか、あるいは大英断だったのか、きわめて難いところである。ともあれ、連載の準備を始めてすぐに明らかになったのは、どうやら担当になった堀川健太郎氏が求めているのが、おちゃらけた「在シアトル韓国研究日記」ではなく、硬派で学術的な内容であり、また、筆者と並んでPR誌に連載を行う先生方が猪木武徳先生や富永健一先生等、筆者が大学院生の時代から尊敬してきた大家の先生方である、ということだった。

つまり、分かったのは、どうやら自分が「毎月四千字強の分量の学術論文に匹敵する内容を持つ文章を書き続ける」という途方もない仕事を引き受けた、ということだった。しかもこの連載は当初から終了後まとめて一冊の本にする、という話になっていたから、きちんとした構造を持ち、同じトーンで書き続けなければならない、という「おまけ」さえついていた。プロスポーツ選手に譬えれば、日本でオーバーワークで故障して、アメリカで長期療養生活を行っていた筆者は、この連載の開始により、無理やり「リハビリのためのトレーニング」に取り組まねばならない状況になったわけである。

こうして筆者のシアトル滞在は、当初の療養を中心としたものから、毎月四千字強という正確なペース配分の下、堀川氏という優秀な「トレーナー」の遠隔操作により行われる過酷な「リハビリキャンプ」に変質した。当初は二年間、二四回の予定であったこの連載は、幸いなことに多少の好評をいただいたことと、何よりも筆者自身が当初与えられた期間では上手くピリオドを打てなかったことにより、一年延長して三六回続けられることとなった。この間に、筆者を担当する「トレーナー」は、堀川氏から田引勝二氏へと交代した。田引氏はミネルヴァ書房から『韓国における「権威主義的」体制の成立』や『高宗・閔妃』等を出版した際の担当編集者であり、この交代により、「リハビリキャンプ」の終わりに向けた「現役復帰」へのプレッシャーが増すように感じられたのは、恐らく偶然ではなかったに違いない。

ついでに言えば、このスパルタ「リハビリキャンプ」の結果、筆者はさらに他の仕事を引き受けることが難しくなり、いつしかこの連載の原稿を書くことこそが、自らの研究生活の中心になった。この場を借りて、以前からご依頼をいただいている他の出版社の方々にお詫びを申し上げるとともに、ミネルヴァ書房の巧みな「仕掛け」に引っかかった形になった筆者をお許しいただければと思う。

もちろん、この「リハビリキャンプ」の結果として出来上がった本書が満足の行く内容を有しているかは読者の皆様の判断されるべきことである。筆者のこれまでの著作とは異なり現在にかなり近い時代を扱ったことにより、分析のための客観的で信頼性の高い資料が不足していたこと、そして何よりも他ならぬ能力不足の筆者によって限られた時間で書かれたことにより、本書に様々な限界が存在することは事実である。批判は真摯に受け止め、今後の自身の研究に反映していければと思う。

最後に本書の出版に至るまでにお世話になった方々に御礼を申し上げることとしたい。既に述べたように、ミネルヴァ書房の堀川健太郎、田引勝二両氏には、本書を作り上げるまでの過程で様々な形でのご助力をいただいた。優秀なコーチやトレーナーなくして、プロスポーツ選手の活躍がないように、優れた編集者なしに良い原稿を書くことを出来ないことを改めて痛感させられたこの四年間だった。本著の出版により、筆者が「現役復帰」できたとすれば、それは両氏のお陰である。今後の研究成果の進捗とともに筆者の研究を見守っていただければ幸いである。

もちろん、プロスポーツ選手が活躍するためには、良い環境を与える優れた経営者も必要である。ミネルヴァ書房の杉田啓三社長は、日本の出版文化の中心である東京から離れた関西において、水準の高い学術書を出版する機会を与えてくださる貴重な経営者であり、また編集者である。改めて、研究者として駆け出しの頃から、筆者に貴重な機会を与えてくださっている、杉田社長をはじめとするミネルヴァ書房の皆様に厚く感謝したい。

同時に、本書の構想とその大部分は、筆者の一年間のシアトル滞在時に書かれている。美しいシアトルの町並みとこれを取り囲む自然が、荒廃していた当時の自分の精神状態の改善に、どれだけ助けになったかは計り知れない。このような貴重な機会を与えてくださった、ワシントン大学ジャクソン国際学部韓国センターのハ・ヨンチュル先生や、クラーク・ソレンセン先生に感謝したい。また、アメリカ滞在中であるにもかかわらず分厚い日韓関係に関わる研究が出来たのは、同大学東アジア図書館の貴重な蔵書のためである。とりわけ当時この図書館で日本関係の書籍のまとめ役をされていた横田恵子さんに御礼申し上げたい。また本書の校正においては、筆者が勤務する神戸大学大学院国際協力研究科の山下達也君、亀田奈緒子さんにも協力していただいた。貴重な時間を割いて協力してくれた両名には、後でたっぷりと御返しをしたい、と思う。さらに本書の一部の内容は、科学研究費補助金・基盤Ｂ「全斗煥政権期のオーラルヒストリー調査」の結果を利用して書かれている。李度珩、許文道両氏をはじめインタビュー調査に応じていただいた多くの方々、そして、研究を支援していただいた日本学術振興会の支援なくして本書を完成させることはできなかった。

最後に、本書は筆者にとってシアトルにおける家族との楽しい思い出と共にある。英語も満足に話せないままアメリカにやってきて苦労した二人の娘達、二葉と雫、精神的に不安定な筆者をいつも支えてくれる妻、登紀子に改めて感謝して、本書の筆を擱くことにしたい。

二〇一四年九月七日　秋夕休暇で閑散とした高麗大学の宿舎にて

木村　幹

日韓歴史認識問題関係年表

西暦	和暦	関係事項
一九〇五	明治三八	1・28日本政府、閣議にて竹島領有の意思を「再確認」。11・17第二次日韓協約。
一九一〇	四三	8・29韓国併合条約。
一九四五	昭和二〇	8・15終戦の詔勅。9・2大日本帝国の降伏文書調印式。9・11第一次戦犯指定。9・11朝鮮半島南半にてアメリカ軍による軍政開始。11・19第二次戦犯指定。12・2第三次戦犯指定。12・15神道指令。靖国神社、宗教法人に。
一九四六	二一	4・17A級戦犯二八名確定。5・3極東軍事裁判開始。
一九四八	二三	5・3日本国憲法施行。8・15大韓民国建国。初代大統領は李承晩。11・12極東軍事裁判判決言い渡し終了。
一九五一	二六	9・8日本国との平和条約（サンフランシスコ講和条約）調印。10・30第一次日韓会談開始。
一九五二	二七	1・18韓国政府、「平和線」（通称李承晩ライン）設置。

一九五三	二八	4・20「独島義勇守備隊」、竹島に上陸。10・6 第三次日韓会談、久保田貫一郎首席代表の発言をめぐり紛糾。
一九五六	三一	4月 慶尚北道鬱陵警察署が竹島に警察官を常駐させる。
一九五九	三四	3・28 国立・千鳥ケ淵戦没者墓苑竣工。
一九六〇	三五	4・19 韓国にて「四月革命」勃発、李承晩政権退陣へ。
一九六一	三六	5・16 朴正煕等による軍事クーデタ。
一九六二	三七	11・12 金・大平メモ作成される。
一九六五	四〇	6・12 家永三郎、第一次教科書訴訟を提訴。6・22 日韓基本条約締結。
一九六七	四二	6・23 家永三郎、第二次教科書訴訟を提訴。
一九七一	四六	10・25 中華民国、国際連合での代表権を喪失。
一九七二	四七	2・21 ニクソン米大統領、訪中。9・29 日本国政府と中華人民共和国政府の共同声明。
一九七三	四八	1・27 ベトナム和平協定。8・8 金大中拉致事件。
一九七四	四九	8・15 文世光による朴正煕暗殺未遂事件。
一九七五	五〇	4・30 サイゴン陥落、南ベトナム崩壊。8・15 三木武夫首相、初めて終戦記念日に靖国神社参拝。
一九七八	五三	8・12 日本国と中華人民共和国との間の平和友好条約。10・17 靖国神社、A級戦犯を合祀。

一九七九	五四	1・1米中国交正常化。10・26朴正熙大統領暗殺。12・12粛軍クーデタ、全斗煥等軍内主導権掌握。
一九八〇	五五	5・17全斗煥等、事実上のクーデタにより政権掌握。5・18光州事件。
一九八一	五六	8・20日韓外相会談、韓国政府日本側に六〇億ドルの借款を要求。
一九八二	五七	4・8日本最高裁、第二次教科書訴訟に対して、破棄差戻し判決（家永敗訴）。6・26日本メディアが教科書検定結果について大きく報道。7・20中国『人民日報』、教科書問題で日本政府に対する公式批判開始。10・30「日本を守る国民会議」、新たなる教科書作成を宣言。
一九八三	五八	1・1『朝鮮日報』、「克日の道は日本を知ることだ」というスローガンの下、連載開始。1・11中曾根康弘首相、日本首相として初の韓国公式訪問。
一九八四	五九	1・19家永三郎、第三次教科書訴訟を提訴。9・6全斗煥大統領、韓国大統領として初の日本公式訪問。
一九八五	六〇	8・15中曾根康弘首相、靖国神社を公式参拝。
一九八六	六一	7・7『新編日本史』検定最終通過。
一九八七	六二	6・29盧泰愚民主主義党党首による民主化宣言。
一九八八	六三	9・17ソウル五輪開幕。この頃、「キーセン観光」批判頂点に。

一九九〇	平成 二	1・4尹貞玉、『ハンギョレ新聞』に「挺身隊 怨念の足跡取材記」連載開始。11・16韓国挺身隊対策問題協議会結成。12・18日本政府、慰安婦問題に対する政府の「関与」を否定。
一九九一	三	1・9日韓首脳会談（海部俊樹・盧泰愚）。8・14金学順、元慰安婦としてはじめて実名カミングアウト。12・6金学順等、東京地方裁判所に日本政府を相手にする訴訟を提起。12・6加藤紘一官房長官「政府が関与したという資料は見つかっていない」と発言。
一九九二	四	1・8在ソウル日本大使館前における「水曜集会」が初めて開催される。1・11『朝日新聞』、慰安婦に関する「軍の関与」報道。1・13第一次加藤談話。1・16日韓首脳会談（宮沢喜一・盧泰愚）。1・21韓国政府、慰安婦問題に対して初めて「追加の補償等」を公式に求める。7・6第二次加藤談話。
一九九三	五	6・16宮沢内閣不信任案可決、自民党分裂へ。8・4河野談話。
一九九四	六	12・24橋本龍太郎通産大臣、「（アジア諸国を）相手に侵略戦争を起こそうとしたか」は「微妙な定義上の問題だ」と発言。
一九九五	七	6・5渡辺美智雄元副総理、「併合条約は円満裏につくられた国際的条約である」と発言。6・14五十嵐広三官房長官、日本政府、「女性のためのアジア平和友好基金」（仮称）の設置を説明。7・19「女性のためのアジア平和国民基金」発足。8・15村山談話。10・5村山富市首相、「韓国併合条約は当時の国際関係等の歴史的事情の中で法的に有効に締結され、実施された」と発言。11・14金泳三大統領、中韓首脳会談にて、「日本の悪い癖を叩き直してやる」という表現で日本を非難。

一九九六	八	2・6国際連合人権委員会にラディカ・クマラスワミが報告書提出。8・1「女性のためのアジア平和国民基金」、フィリピンでの「償い金事業」開始。
一九九七	九	1・30「新しい教科書をつくる会」設立総会。12・27韓国政府、IMFに対して救済金融を申請。
一九九八	一〇	10・1日韓パートナーシップ宣言。
二〇〇一	一三	4・5扶桑社版『新しい歴史教科書』『新しい公民教科書』が検定意見箇所を修正し、検定に合格。4・26小泉純一郎首相就任。11・3第三回日韓併合再検討シンポジウム。
二〇〇二	一四	5・31FIFAワールドカップ日韓共催大会開始。9・30「女性のためのアジア平和国民基金」、「償い金」事業終了。
二〇〇四	一六	4・3「ヨン様」こと裵勇浚初来日。この頃、韓流ブームがピークに。
二〇〇五	一七	1・17盧武鉉政権、日韓基本条約関連韓国側外交文書を公開。以後、従軍慰安婦問題、サハリン在留韓国人問題、韓国人被爆者問題、を日韓基本条約の枠外として法的責任を追及する方針が定まる。2・22島根県議会、「竹島の日」を制定。7・26山野車輪『マンガ嫌韓流』発売。
二〇〇六	一八	4・19日本政府が竹島近海に測量船派遣を計画。盧武鉉大統領が「同海域に測量船が入った場合は韓国側の船をぶつけて破壊するよう指示」。8・15小泉純一郎首相、靖国神社を参拝。
二〇〇七	一九	3・31「女性のためのアジア平和国民基金」解散。

二〇一〇	二二	**8・29** 韓国併合百周年。
二〇一一	二三	**8・30** 韓国憲法裁判所、従軍慰安婦問題の現状を「政府の不作為による違憲状態」と認定。**12・14** 在ソウル日本大使館前に「少女像」設置される。
二〇一二	二四	**5・24** 韓国最高裁、日韓基本条約にて個人の請求権は消滅していない、として判決を差し戻し。**8・10** 李明博大統領、竹島上陸。
二〇一三	二五	**3・1** 朴槿恵大統領、三一節記念式典にて、日本の植民地支配を激しく非難。**12・26** 安倍晋三首相、靖国神社を参拝。
二〇一四	二六	**6・25** 米軍慰安婦として働かされていた韓国人女性ら一二二人が韓国政府を相手取り国家賠償を求めて訴訟を起こす。**8・5** 朝日新聞が吉田清治の証言を虚偽と認定し撤回。
		9・11 朝日新聞の木村伊量社長が会見し、慰安婦報道記事に関して謝罪。**11月** 米国政府が八年かけて行った日独の戦争犯罪の大規模な再調査の結果、日本による慰安婦強制連行の証拠発見できなかったことが明らかに。
二〇一五	二七	**7月** 日韓両国、ユネスコ世界遺産委員会にて、「明治日本の産業革命遺産」をめぐり対立。日本政府、「forced to work（働かされた）」という表現を使用。**11月** 三年半ぶりに日韓首脳会談開催（安倍晋三・朴槿恵）。**12月** 日韓両国政府、慰安婦問題に対して合意発表。合意履行を前提に「最終的・不可逆的解決」を表明。

人名索引

あ 行

か 行

さ 行

た 行

な 行

は 行

ま　行

や　行

ら・わ行

事項索引

た　行

な　行

は　行

ま　行

や　行

ら・わ行

《著者紹介》

木村　幹（きむら・かん）

1966年　大阪府河内市（現・東大阪市）生まれ。

1992年　京都大学大学院法学研究科修士課程修了。博士（法学）。

愛媛大学法文学部助手，同講師などを経て，
現　在　神戸大学大学院国際協力研究科教授。

著　書『朝鮮／韓国ナショナリズムと「小国」意識』ミネルヴァ書房，2000年〈第13回アジア太平洋賞特別賞受賞〉。

『韓国における「権威主義的」体制の成立』ミネルヴァ書房，2003年〈第25回サントリー学芸賞受賞〉。

『朝鮮半島をどう見るか』集英社新書，2004年。

『高宗・閔妃』ミネルヴァ書房，2007年。

『ポスト韓流のメディア社会学』共編著，ミネルヴァ書房，2007年。

『民主化の韓国政治』名古屋大学出版会，2008年。

『韓国現代史』中公新書，2008年。

『近代韓国のナショナリズム』ナカニシヤ出版，2009年，ほか。

叢書・知を究める④
日韓歴史認識問題とは何か
――歴史教科書・「慰安婦」・ポピュリズム――

2014年10月20日　初版第１刷発行　〈検印省略〉
2016年３月20日　初版第６刷発行

定価はカバーに
表示しています

著　者　木　村　　幹
発行者　杉　田　啓　三
印刷者　田　中　雅　博

発行所　株式会社　ミネルヴァ書房
607-8494　京都市山科区日ノ岡堤谷町１
電話代表（075）581-5191
振替口座 01020-0-8076

創栄図書印刷・新生製本

ISBN978-4-623-07175-3
Printed in Japan